为差异而教
小学数学差异教学十五年探索与实践

杨宏权◎著

中国商务出版社
·北京·

图书在版编目（CIP）数据

为差异而教：小学数学差异教学十五年探索与实践 /
杨宏权著. -- 北京：中国商务出版社，2025.3.
ISBN 978-7-5103-5589-9

Ⅰ.G623.502

中国国家版本馆 CIP 数据核字第 2025JB4493 号

为差异而教：小学数学差异教学十五年探索与实践
杨宏权◎著

出版发行：中国商务出版社有限公司
地　　址：北京市东城区安定门外大街东后巷 28 号　邮　　编：100710
网　　址：http://www.cctpress.com
联系电话：010—64515150（发行部）　　010—64212247（总编室）
010—64515164（事业部）　　010—64248236（印制部）
责任编辑：曹　蕾
排　　版：北京天逸合文化有限公司
印　　刷：宝蕾元仁浩（天津）印刷有限公司
开　　本：710 毫米×1000 毫米　1/16
印　　张：16.5　　　　　　　　　　　　字　　数：258 千字
版　　次：2025 年 3 月第 1 版　　　　　印　　次：2025 年 3 月第 1 次印刷
书　　号：ISBN 978-7-5103-5589-9
定　　价：79.00 元

凡所购本版图书如有印装质量问题，请与本社印制部联系
版权所有　翻印必究（盗版侵权举报请与本社总编室联系）

序

强国之道，必先优师。我国正在向教育强国的目标迈进，实现这个目标需要成千上万的优秀教师。2023年教师节前夕，习近平总书记致信全国优秀教师代表，明确提出并深刻阐释了中国特色教育家精神，其中将"育人智慧"高度提炼为"启智润心，因材施教"。"因材施教"是国之瑰宝，是教育的最高境界。孔子是世界上最早认识到学生差异的教育家，他提出的因材施教理念一直是我国教育的重要原则之一。但是孔子并没有明确因材施教的具体方法，在春秋战国时代也不可能提出并解决在班集体教学中照顾学生差异的问题。

差异教学继承了因材施教的思想，是因材施教在当今的一种教育样态。当然，差异教学既要以马克思主义为指导，还要在当代的生动教育实践中提炼智慧，发展、丰富因材施教思想。差异教学强调在班集体教学中共性与个性的辩证统一，注重学生个性健康发展与集体的共同成长。差异教学研究致力于解决因材施教的操作问题。在多年的研究与实践中，我们已提炼出"差异教学策略""课堂模式"和"三级干预德育模型"，给教师实施差异教学提供抓手。

杨宏权老师十多年来一直追随我进行差异教学的研究与实践。他对学生怀有"仁爱之心"，心中始终装着学生。他刻苦学习差异教学的有关著作，独立思考、积极探索，在小学数学的教学实践中取得了丰硕的成果。他也成长为江苏省小学数学特级教师、正高级教师，并成为"苏教名家"培养对象。他提出的"为差异而教"的教学主张是对传统"整齐划一"教学方式的挑

为差异而教：小学数学差异教学十五年探索与实践

战。"差异"是自然的存在，也是对学生集体的生动描述，学生集体因"差异"而精彩。"为差异而教"的核心要素是"尊重差异""顺应、照顾差异""差异化发展"。"为差异而教"追求的是"各美其美，美美与共"，追求的是每个学生的充分发展，"让每朵花绽放属于自己的美丽"。

《为差异而教》一书由杨宏权老师及其团队经多年研究后积淀而成，书中介绍了"为差异而教"产生的背景、本质内涵、形成过程，特别可贵的是，书中还结合小学数学教学特点，总结提出八个策略、课堂特质、课堂范式等理论成果，推出操作工具包，有效地解决了如何在小学数学教学中因材施教的问题。当然我也期待他们在未来的研究中进一步关注学生情感、态度、价值观等方面的差异，利用现代数字技术更好地满足学生的不同需求，促进学生的全面发展。该书不仅可供小学数学教师学习参考，对其他学科教师实施差异教学也有所启迪与帮助，我在此将其推荐给大家。但也希望教师们不要只学习书中介绍的差异教学的具体案例，更要领会其精神，并创造性地加以应用。

"差异教学"理论创始人
中国教育科学研究院研究员
华国栋
2024 年 10 月 20 日于扬州念泗

前　言

课堂，因差异而精彩

19世纪初，资产阶级为了满足工业化生产的需要，扩大了教育对象的范围，班级授课模式应运而生。由于班级授课制妥善地解决了普及教育的刚需问题，所以至今其仍然是教学的重要组织形式。班级授课制是工业社会发展的产物，带有明显的规模化、标准化、规范化的工业特质。不过，课堂中的"加工对象"却是一个个鲜活而又独立的学生，他们不同于生产线上冰冷且规格要求完全一致的产品。在班级授课制下，不同的学生被集中在同一课堂中，接受"批量生产"式教育，这样的"一师多生"模式难以充分兼顾学生的差异。古代提出的"因材施教"以及新时代倡导的"适合的教育"等理念的推行，皆因这样的教学组织形式举步维艰。而造成这种教育困境的主要矛盾在于班级授课制的统一性与学生个体的差异性之间的对立。在普及教育一时还无法改变、班级授课制仍是教学主要组织形式的当下，我们唯有从"差异"入手，尊重它、应用它，并在提升教师专业素养的基础上，才能在班级授课制下实现"因材施教"的美好夙愿。

差异是课堂的生态。班级中的学生来自不同的家庭，这些家庭的社会背景、生活习惯、教育理念等都不尽相同。即便是同一个家庭的孩子，也会因为年龄、性别、兴趣、性格等不同，而成长为一个个"独一无二"的个体。同时，多元智能理论也告诉我们，每个学生自身的能力也存在差异。当这样一个个不同的个体汇集在一个班集体中时，课堂的生态便形成了。

为差异而教：小学数学差异教学十五年探索与实践

面对同样的学习内容、学习环境或问题解决情境，由于每个学生的思维方式、学习习惯不同，课堂中所呈现的学习效果也是不一样的。这样的课堂就不应是只有一个声音的课堂，更不应是死气沉沉的课堂；差异的存在，使得我们的课堂呈现出多姿多彩的样子，生机勃勃，充满活力。在这样的课堂生态中，教师应该学会拥抱差异，感悟它的精彩，而不应视而不见，更不能视同一律。

课堂有别于工厂，不仅体现在"进料"的复杂，也体现在"产出"的多样。经历过课堂学习之后，每个学生对教师所教授内容的理解程度、内化效果不尽相同，成长速度自然迥异，这也是课堂生态的主要体现之一。

差异是教学的资源。教学资源的开发与利用，对于提高课堂教学的质量和效果有着不可或缺的作用。日常教学中，我们往往将教学资料、教学工具和教学媒体视为教学资源，如教材、投影仪、网络资源等。然而，作为课堂教学中的主体——学生，他们的差异是客观存在的，这些差异包括认知能力、生活经验、思维水平和知识储备等，从而使得每个学生都有其独特的学习习惯和发展需求。教学中，当他们面对相同的学习任务时，就必然会出现若干个不同的、具有个性化的学习结果。而这一学习结果，在有丰富经验的教师眼中便是宝贵的教学资源。精彩的、充满智慧的学习结果，可以让所有人在分享中体悟智慧所在，从而以智促智；典型的、不正确的学习结果同样意义非凡，在保护个人隐私或是征得本人同意的前提下，剖析错误原因，在加深正确理解的同时，给犯同样错误的孩子以警醒，给没有犯错的孩子以警示，从而让大家在错误中获得成长。除了学习成果可以成为教学资源，学生的家庭背景、生活经验均可成为教师教学当中可灵活运用且多样的资源。

因此，差异是教学中重要的、具有动态生成性的教学资源。课堂中，我们应尊重差异并合理利用差异资源，更好地促进"教教相长""教学相长""生生相长"，从而促进学生的个性化、全面性发展。

差异是教师的挑战。学生天然是多样的、有差异的，课堂教学理应考虑

前 言

个体差异，为每个学生提供最适合的教育，教育要让"钱学森式"的学生成为"钱学森"，让"巴金式"的学生成为"巴金"……然而，"一刀切""大一统"的教学模式一直占我国教育的主导地位，不同地区、不同学校往往采用相同的教学模式和考试评价体系，这种做法显然不利于个性化发展。为了帮助每个孩子打好人生底色，课堂教学要基于学生的差异进行设计。但在现实教学中学生的差异却成了教师面临的一项重要挑战。首先，教师需要全面地了解学生的差异，包括知识水平、兴趣爱好和性格特点等方面。只有深入了解学生的差异，教师才能更好地制定教学计划和教学方法，以满足不同学生的需求。这里所讲的"了解差异"不仅需要投入时间，而且非常考验一线教师的专业素养。其次，教师需要根据学生的差异进行差异教学。这需要教师具备丰富的教育经验和创新能力，根据不同学生的特点采用不同的教学策略，以达到更好的教学效果。此外，教师还需要不断更新自己的知识储备和教育理念，不断学习和探索新的教学方法和技巧，提高自己的教学水平，以应对学生差异带来的挑战。

因此，差异教学对于在"大一统"环境中成长起来的教师而言，确实是非常大的挑战。有挑战才会有进步，为了给学生提供适合的教育，作为教师的我们，面对再大的挑战也会迎难而上，其实这也是课堂的精彩之处。直面挑战，便能抓住机遇，渡人亦成就自己。

差异的课堂是生态的课堂，是资源的课堂，更是挑战的课堂，最后也必将是差异发展的课堂。因为差异，我们的课堂才会如此生机勃勃、充满未知，才会如此精彩纷呈。因为认识到了差异的自然性与重要性，才有了笔者这一生教育教学的追求——"为差异而教"。如今，笔者已在"差异教学"之路行走十余年，也一直践行着"为差异而教"这一教学主张，只有尊重并保护好学生差异，充分、科学地利用差异资源，方能促进每一个学生最大限度的发展。

本书是笔者十余年来立足小学数学一线教学，围绕"为差异而教"这一教学主张的实践成果。作为一线教师，笔者拥有丰富而多样的实践经验，希

为差异而教：小学数学差异教学十五年探索与实践

望这些探索经历与成果，能给关注差异教学的读者带来一些帮助或启迪。欢迎大家阅读！因本人水平有限，书中难免有疏漏不当之处，敬请提出宝贵意见，笔者将在以后的研究中努力进行优化与完善。

杨宏权

2024 年 11 月

目 录

第一章 "为差异而教"的产生背景 / 001
  第一节 积极响应国家教育政策 / 001
  第二节 主动顺应数学课改理念 / 003
  第三节 努力策应学生的自然生长 / 005
  第四节 切实解决学校发展的困境 / 008

第二章 "为差异而教"的本质内涵 / 010
  第一节 "为差异而教"的概念界定 / 010
  第二节 "为差异而教"的理论依据 / 011
  第三节 "为差异而教"的核心要素 / 013

第三章 "为差异而教"的形成过程 / 019
  第一节 寻梦初心,看见每个学生 / 019
  第二节 差异教学,看懂每个学生 / 022
  第三节 快乐教育,看好每个学生 / 025

第四章 "为差异而教"的实践样态 / 029
  第一节 "为差异而教"的课堂特质 / 029
  第二节 "为差异而教"的教学模式 / 042
  第三节 "为差异而教"的课堂工具 / 056

第五章 "为差异而教"的教学策略 / 065

  第一节 多路径精准分析学情 / 065

  第二节 适时调整学习目标 / 072

  第三节 安排适宜的教学内容 / 080

  第四节 动态隐性合作与交流 / 097

  第五节 提供适合的学习辅导 / 105

  第六节 及时性大面积的反馈 / 109

  第七节 设计有效性数学练习 / 120

  第八节 照顾差异的板书设计 / 128

  第九节 开展多元化教学评价 / 133

第六章 "为差异而教"的实践探索 / 152

  第一节 数学眼光之抽象能力实践探索 / 152

  第二节 数学思维之运算能力实践探索 / 167

  第三节 数学语言之模型意识实践探索 / 187

  第四节 核心素养落实之练习课实践探索 / 205

  第五节 核心素养落实之复习课实践探索 / 220

  第六节 核心素养落实之"综合与实践"实践探索 / 235

参考文献 / 250

后　记 / 252

第一章 "为差异而教"的产生背景

"为差异而教"这一教学主张源于实践。同时,其积极响应了国家教育政策,充分体现了对宏观教育导向的精准把握,以实际行动践行国家对因材施教的倡导;主动顺应了数学课改理念,在学科改革的浪潮中找准方向,为学生的数学学习提供更具针对性的方法;同时努力策应学生的自然生长,尊重每个孩子独特的发展节奏和需求,让教育真正成为孩子成长的阶梯。不仅如此,该主张还可切实解决学校发展的困境,为学校的进步开辟新路径。这一理念的产生并非偶然,而是多方面因素共同作用的结果,其将为教育带来新的活力与变革,为孩子们的美好未来奠定坚实基础。

第一节 积极响应国家教育政策

在当今时代,国家的发展与进步离不开高素质人才的支撑。习近平总书记在二十大报告中明确提出"全面提高人才自主培养质量,着力造就拔尖创新人才,聚天下英才而用之",这一理念为我国教育事业的发展指明了方向。在此政策背景下,"为差异而教"的教学主张应运而生且意义深远。

中华民族伟大复兴的中国梦的实现,需要各个领域的拔尖创新人才。而这些人才的培养,必须从基础教育阶段抓起。因材施教作为教育家精神中"启智润心、因材施教的育人智慧"的核心要义之一,凸显了其关键地位。在国家大力倡导培养拔尖创新人才的大环境下,因材施教不再仅仅是一种传统

为差异而教：小学数学差异教学十五年探索与实践

的教育理念，更是构建更高水平教育体系的根本之策。

每个学生都是独一无二的个体，他们有着不同的天赋、兴趣、学习风格和发展潜力。"为差异而教"能够充分尊重和挖掘这些个体差异。从国家教育政策来看，全面提高人才自主培养质量意味着不能采用千篇一律的教育模式，而是要针对不同学生的特点进行个性化的教育引导。只有这样，才能最大限度地激发每个学生的潜能，为造就拔尖创新人才奠定基础。

着力造就拔尖创新人才要求教育能够精准地识别和培养具有特殊才能的学生。这就需要教育工作者深入了解学生的差异，通过"为差异而教"，为那些在某些领域具有天赋的学生提供特殊的学习资源和发展机会。无论是在科学、艺术、人文还是其他领域，都有可能隐藏着未来的拔尖创新人才，而个性化的教育能够让这些潜在的人才尽早脱颖而出。

"聚天下英才而用之"体现了国家对于人才的高度重视。教育作为人才培养的摇篮，肩负着重大的责任。"为差异而教"可以使教育资源得到更高效的利用，避免资源的浪费和同质化的培养。通过差异教学，将资源合理分配到不同类型的学生身上，让他们在各自擅长的领域得到充分的滋养。

从基础教育阶段开始构建因材施教体系，是响应国家教育政策的必然选择。在小学和中学的课堂上，教师可以通过多元化的教学方法、分层教学、开设兴趣小组等多种方式来践行"为差异而教"。这样可以让不同层次、不同特点的学生都能在学习中找到成就感，从而激发他们的学习动力。

同时，"为差异而教"也符合教育公平的理念。教育公平并非是让所有学生接受完全相同的教育，而是要让每个学生都能获得适合自己发展的教育机会。在国家教育政策的引领下，"为差异而教"有助于打破传统教育的局限性，使教育更加公平、高效、优质。

总之，在国家大力推进人才自主培养、造就拔尖创新人才的政策背景下，"为差异而教"的教学主张具有重大的现实意义。其既是对国家教育政策的积极响应，也是构建更高水平因材施教体系的关键举措，将为中华民族伟大复兴的中国梦提供源源不断的高素质人才支持。

第二节　主动顺应数学课改理念

"为差异而教"这一教学主张的兴起，深深植根于《义务教育数学课程标准》的历次修订与数学课程改革的不断深化之中。其不仅是教育理念的进步，更是对尊重个体差异与满足个性化教学需求的积极响应。随着教育理念的更新和社会发展需求的变化，数学教育从传统的"一刀切"模式逐渐向更加灵活、多元、个性化的方向转变，"为差异而教"正是这一转变的集中体现。

一、教育理念的演进：从统一标准到多元发展

自《全日制义务教育数学课程标准（实验稿）》发布以来，数学教育界就开始探索如何在保证基础教育质量的同时，兼顾学生的个体差异。实验稿初步提出了"人人学有价值的数学，人人都能获得必需的数学，不同的人在数学上得到不同的发展"的基本理念，这一理念为后续版本的修订奠定了基调。《义务教育数学课程标准（2011年版）》进一步细化了课程目标，强调了数学课程的基础性、普及性和发展性，为实施差异教学提供了理论支撑。而《义务教育课程方案（2022年版）》明确提出了"面向全体学生，因材施教"的基本原则，标志着数学教育正式迈入了一个更加关注个体差异、促进多元发展的新阶段，这为"为差异而教"提供了政策支持。

二、学生主体性的凸显：从被动接受到主动探索

随着教育理念的转变，学生在数学学习中的主体地位日益凸显。在传统教学中，学生往往被视为知识的被动接受者，而现代数学教育则鼓励学生成为知识的主动探索者和建构者。这一变化要求教师在教学过程中充分考虑学生的个体差异，包括兴趣、能力、学习习惯等，设计符合学生特点的教学活动，激发学生的学习兴趣，培养其自主学习和解决问题的能力。"为差异而教"正是基于这样的理念，旨在通过差异化教学策略，让每个学生都能在适合自己的学习节奏和学习方式下，获得最佳的学习效果。

三、技术赋能教育：个性化教学的技术支持

信息技术的飞速发展，为实施差异教学提供了强有力的技术支持。大数据、人工智能、云计算等技术的应用，使得教师能够更加精准地分析学生的学习数据，了解学生的学习状态和需求，从而制订更加个性化的教学计划。例如，智能教学系统可以根据学生的答题情况，自动调整题目难度和类型，为不同水平的学生提供定制化的学习路径。这种技术赋能下的个性化教学，不仅提高了教学效率，而且极大地促进了学生的个性化发展。

四、社会需求的变化：培养创新型人才的需要

在全球化、信息化的时代背景下，社会对人才的需求发生了深刻变化。传统的知识型、技能型人才已难以满足未来社会的需求，创新型人才成为新的培养目标。而创新型人才的培养，离不开对学生个体差异的尊重和个性化发展的支持。"为差异而教"正是通过差异教学的实施，激发学生的创新思维和创造力，培养其独立思考和解决问题的能力，为培养创新型人才奠定坚实的基础。

五、教育公平的深化：从机会均等到质量均衡

教育公平是社会公平的重要基石。传统的教育公平主要关注教育机会的均等，即确保每个孩子都有接受教育的权利。然而，随着教育理念的进步和社会的发展，教育公平的内涵逐渐深化，从"机会均等"转向"质量均衡"。这意味着不仅要让每个孩子都能上学，还要让每个孩子都能接受到适合自己的、高质量的教育。"为差异而教"正是实现这一目标的重要途径之一，其通过差异化教学策略，确保每个学生都能在适合自己的学习环境中得到充分的发展，从而实现教育质量的整体提升。

"为差异而教"这一教学主张的产生，是数学课程改革深入发展的必然结果，也是教育理念、学生主体性、技术支持、社会需求和教育公平等多方面因素共同作用的结果。其不仅体现了对个体差异的尊重，也反映了教育向更加人性化、个性化方向发展的趋势。未来，随着教育改革的不断深入，"为差

异而教"将在数学教育中发挥更加重要的作用,为培养具有创新精神和实践能力的高素质人才贡献力量。

第三节 努力策应学生的自然生长

学生是多样的、有差异的,课堂教学理应考虑个体差异,为每个学生提供最适合的教育。然而,课程实施"一刀切""大一统"是我国当前教育样态的主要形式,不同地区、不同学校、不同学生接受着同样的教学模式与评价模式,这显然有改进的空间。为了策应学生的自然生长,笔者在研究差异教学十余年的基础上,提出了"为差异而教"的教学主张,其意图就是在课堂教学中能够尊重、保护差异,促进每个学生的个性化发展,进而培养出多类型的"拔尖创新人才"。

一、"一刀切"的课堂,看不见学生

在班集体教学的情境之下,学生个体之间存在差异是一个无法回避的客观事实。每个学生都像一颗独一无二的星星,有着自己的光芒和运行轨迹。然而,在当下的课堂教学场景里,"一刀切"的教学模式依旧广泛存在,犹如一片巨大的阴影,笼罩着本该充满活力与生机的课堂。

从教学目标来看,教师往往设定统一的、标准化的目标,并没有考虑到不同学生在知识储备、认知能力以及学习期待等方面的差异。例如,对于一个复杂的数学概念,有些学生可能只需要简单引导就能理解并应用,而另一些学生可能需要更多的实例、更详细的解释和更多的练习时间,但统一的教学目标却不会为这些差异做出调整。

在教学内容方面,也是整齐划一的。教师通常按照固定的教材内容进行讲授,没有根据学生不同的兴趣和发展需求进行筛选或拓展。比如,对于文学作品的学习,有的学生对诗歌有着浓厚的兴趣,能够从诗歌的韵律和意境中快速领悟情感,而有的学生则更倾向于故事性的文学作品,但在"一刀切"的教学形式下,他们只能被迫接受同样的文本,难以满足各自的阅读喜好。

教学策略同样如此。教师大多采用相同的教学方法应对所有学生，不管是擅长听觉学习的学生，还是更依赖视觉学习的学生，都被纳入同一种教学策略的框架之中。这种缺乏个性化考量的教学方式，忽视了学生的差异，也没有重视学生们多样化的学习需求。

在这样的课堂教学环境里，学生在教师的眼中仿佛变成了一个个抽象的符号，而不是鲜活的个体。真正的"面向全体"和"教育均衡"并非是追求表面上的整齐划一与平均分配教育资源，而是要将教育机会切实地做到"面向个体"。每个孩子都是一个独特的世界，他们的独特性需要在课堂教学中被发现、被尊重，这样的教育才是真正关注学生的、以人为本的教育。

二、"纯数学"的设计，想不到学生

在小学数学教育的领域中，关于课堂教学的研究就像一条奔腾不息的河流，始终处于流动与发展之中。长期以来，众多教育者在这片肥沃的土地上辛勤耕耘，不断探索，由此催生出了数量可观的优秀的教学主张以及各具特色的教学流派，如"简约数学""抽象数学""文化数学"等，它们如同璀璨的星辰，在小学数学教学的星空中闪烁着独特的光芒。

"简约数学"这一教学主张试图在复杂的数学知识海洋中开辟出一条最简路径。从数学学科固有的逻辑体系出发，它犹如一位技艺高超的裁剪师，精心剪裁掉冗余的知识枝蔓，只保留最为核心、最为精炼的部分。在这样的课堂结构里，每一个教学环节都像是经过精密计算的齿轮，紧凑而有序地运转着。教师所设计的问题犹如精准的手术刀，直接切中数学概念的要害，旨在以最少的步骤、最简洁的方式让学生理解并掌握数学知识。无论是概念的引入，还是练习巩固，都遵循着一种简洁明快的节奏，整个教学流程用最简约的线条勾勒出数学知识的全貌。

"抽象数学"则是深入数学的本质深处，它犹如一位探险家，执着地挖掘数学概念中那些抽象的、隐藏于表象之下的本质属性。从数学学科内部的抽象性出发，它构建起的课堂结构像是一座层层递进的思维阶梯，引导着学生逐步摆脱具体事物的束缚，向着抽象思维的高峰攀登。

"文化数学"的独特之处在于它将数学与深厚的文化底蕴相结合。在课堂设计上，文化数学注重展现数学知识的历史渊源、文化背景以及发展脉络。课堂结构如同一个文化与数学交融的舞台，一边演绎着数学知识的传承与发展，一边展示着不同文化背景下数学的独特魅力。教师所设计的问题巧妙地将文化元素与数学知识融合在一起，让学生在感受文化魅力的同时，理解数学知识的来龙去脉。例如，在讲述圆周率时，教师会引入古代数学家们对圆周率的探索历程，以及不同文化中对圆周率的表示方法。

然而，这些教学主张和流派尽管在各自的方向上取得了显著的成果，却也存在着一个不容忽视的问题。它们就像一群专注于建造数学城堡的工匠，眼睛紧紧盯着数学材料本身，一心想要构建出宏伟壮观、结构精妙的数学殿堂。在这个过程中，其研究焦点往往局限于数学学科的内部结构和特性，虽然能够从数学学科的角度出发，将课堂的结构规划得井井有条，将问题的核心剖析得入木三分，但是很少将目光投向课堂真正的主人——学生。在这样"纯数学"的设计框架下，学生似乎成了一个被遗忘的元素。教师在精心打造数学教学的每个细节时，很少去深入思考这些设计是否契合学生的认知发展规律，是否能够激发学生的学习兴趣，是否符合学生多样化的学习需求。学生不再是充满好奇心、具有独特思维方式和无限潜力的学习主体，而更像是被动接受数学知识灌输的"容器"，这无疑偏离了教育应以学生为中心的本质。

三、"标准化"的评价，框不全学生

在教育的大舞台上，"标准化"的评价犹如一把把整齐划一的标尺，企图丈量每一个学生的成长与发展。这种评价方式以一种预设的、统一的标准，来对所有学生进行衡量。从考试的内容到评分的细则，从对知识的考查到对能力的评判，一切都被严格地限定在一个既定的框架之内。

然而，我们必须清醒地认识到，每一个孩子都是独一无二的个体。他们像是花园里形态各异的花朵，各自散发着与众不同的芬芳。孩子们的天赋如同隐藏在身体里的宝藏，有的孩子对音乐的旋律展现出无与伦比的感知力，他们能够敏锐地捕捉到音符之间的微妙情感，用乐器或歌声表达内心的世界；

有的孩子则像是天生的运动员,在运动场上展现出矫健的身姿和非凡的爆发力,他们对身体的控制和对竞技规则的理解仿佛是与生俱来的本能。

在兴趣方面,孩子们更是呈现出千差万别的景象。有的孩子痴迷于浩瀚宇宙中的星辰奥秘,对天文学的热爱促使他们不断探索星系形成和天体运行的规律;有的孩子则沉醉于文学的海洋,在诗歌、小说的世界里感受文字的魅力,用自己的理解诠释作品中的情感与思想。而且,每个孩子的学习节奏也大不相同。有的孩子像是快速奔驰的骏马,在学习新知识时能够迅速吸收、理解并运用,他们的思维跳跃而敏捷;而有的孩子则似沉稳的骆驼,需要更多的时间来咀嚼知识的草料,缓慢而扎实地向着知识的绿洲前行。

但是,"标准化"的评价却对这些丰富的个体差异视而不见。其以单一的、机械的标准去评判所有的孩子,就好像用一个固定大小的模具去塑造千姿百态的陶土。这种评价方式往往侧重于对知识的死记硬背和特定技能的机械应用,将那些难以用统一标准量化的能力和品质,如创造力、想象力、团队协作能力等,排除在评价体系之外。这无疑是对学生多元发展的一种忽视,无法全面、准确地反映出一个孩子的真实潜力和成长状态。

"为差异而教"正是在这样的评价现状中生根发芽的。其深刻地意识到每个孩子的独特性,敏锐地察觉到标准化评价的缺陷。于是,"为差异而教"开始着手构建多元化的评价体系,让评价能够真正满足每个学生的发展的需求,让每个孩子都能在适合自己的评价框架中找到成长的方向,展现自己的独特价值。

第四节 切实解决学校发展的困境

在研究差异教学的过程中,笔者主要在两所学校任教,一所是扬州育才实验学校,另一所是扬州市文峰小学。尽管两所学校的性质不同,却遇到了相同的发展困境。在切实解决学校发展困境的历程中,"为差异而教"教学主张也就应运而生了。

扬州育才实验学校是一所股份制民办学校,创办于 2004 年。建校以来,

第一章 "为差异而教"的产生背景

学校秉承"育真人、求真知、成真才"的校训,实施"精致管理、差异教学、活动育人"的治校方略。历经十余年,学校赢得了学生、家长及社会的广泛赞誉与高度信任。然而,学生众多、师资年轻且流动性大的现状,给学校教育与管理带来一定的难度。

在诸多问题中,生源众多且学生个体间差异较大的难题尤其困扰着一线教师。为了解决这一难题,管理者选择了"差异教学"这一教学理念作为学校立校之本、研究之源,努力探索班集体授课制下差异教学如何在小学教育教学中落地生根。"十一五"期间,我们研究差异教学在课堂教学中的操作策略;"十二五"期间,我们聚焦课堂教学模式,并创生了"适合学生自主发展的差异教学课堂教学模式",该模式也慢慢内化为"为差异而教"的课堂范式;再来到"十三五",我们聚焦学科核心,持续深耕差异教学研究。在这个过程,笔者从参与者逐渐成为核心成员,并最终成为研究的具体负责人。"差异教学"的理念也慢慢地在笔者心中扎根,"为差异而教"这一教学主张也在研究与积淀的过程中慢慢生长成型。

2022年8月,笔者调到了扬州市文峰小学。该校是一所城乡接合部学校,于1950年建校,2017年整体搬迁至现代化的新校区。近年来,学校发展迅猛,办学规模由原来的两轨发展到现在的九轨,拥有53个教学班,2600多名学生。由于学校地处城乡接合部,本地学生、外来务工子女、外地转进生等各种类型的学生均有存在,其个体间的差异比原来的育才实验学校还要明显。但文峰小学的教师数量也是这几年才壮大起来的,这样的师资队伍很年轻,教学经验尚浅,特别是面对差异如此明显的学生群体,教师们更是无所适从。学校倡导"为学生打下快乐的人生底色"这一办学理念,那么在素质教育不断深入的今天,如何使学生的个性和各方面才能都能在其天赋允许的范围内得到尽可能充分的发展,让教师教学都能适合每个学生,让学生都能在校园内快乐成长呢?这一问题,已经引起我校全体教师的高度重视,实施差异教学迫在眉睫。为此,"为差异而教"这一教学主张在文峰小学也开始生根发芽,我们不仅在课堂上注重实施差异化的教学,同时在学生评价、学生活动以及兴趣培养等诸多方面也尝试有序推进。

第二章 "为差异而教"的本质内涵

"为差异而教"这一教学主张,其本质在于充分认识和珍视学生的个体差异,并以此为基石构建起适应每个学生独特需求的教学体系。

在这一章节中,我们将首先清晰界定"为差异而教"的概念,明确其在现代教育中的重要地位和价值;接着深入探究其背后的理论依据,剖析"为差异而教"的三个核心要素——尊重差异、照顾差异和差异发展,展示它们在教育实践中的应用场景,厘清三者间的相互关系。让我们一同踏上这充满智慧与关怀的探索之旅,为实现更加优质的教育而努力。

第一节 "为差异而教"的概念界定

"为差异而教"旨在强调每个学生都是独一无二的,教师应该根据学生个体差异,针对每个学生的特点和需求进行教学,正如课标所说,"不同的人在数学上得到不同的发展"。

"为差异而教"也反映了我国教育的改革和进步,教育不再是单向地灌输,而是与学生进行互动和交流,尊重学生的差异,给每个学生提供平等的机会和空间,鼓励他们探索自我、发挥自己的潜力。

第二节 "为差异而教"的理论依据

一、建构主义理论

建构主义教学理论认为，人的知识不是通过教师传授被动得到的，而是学习者在一定的情境下，借助他人的帮助，利用必要的学习资源，通过意义建构的方式主动获得的。该理论指出教学应当力求使学生自己进行知识的建构，而不是简单地复制。它以学生为中心，强调学生是学习活动不可替代的主体，在学习活动中，学生具有主动选择、发现、思考、探究、应答、质疑的需求与可能。

二、人本主义理论

人本主义是与科学主义相对立的现代哲学思潮。19世纪，实证主义诞生，使科学主义获得了理论形态。几乎与此同时，费尔巴哈的人本主义也诞生了。人本主义理论注重人的个性发展，重视理性和感性的统一，其与新课改"以人为本，以学生的发展为本"的思想相契合。

三、差异教学理论

差异教学的立足点，是学生存在个性差异。这个差异包括个体间的差异和个体内的差异，反映在学生的性格、兴趣、能力和认知风格、认知速度等方面[1]。差异教学认为，在班集体教学中，既要关注学生的共性，也要关注学生的个性差异，并且在教学中要将共性与个性辩证地统一起来；不仅要关注个体间的差异，还要关注个体内的差异，从而促进学生优势潜能的开发；强调满足不同学生的学习需求，但不是消极地适应，而是从个体的情况出发，引导学生学会学习，从而促进他们主动发展。

---

[1] 华国栋. 差异教学论（修订版）[M]. 北京：教育科学出版社，2007：16.

四、教学模式理论

"教学模式"一词最早出现在20世纪70年代美国乔伊斯和韦尔的关于教学理论的论述中，20世纪80年代引入我国。乔伊斯和韦尔在《教学模式》一书中写道："教学模式是构成课程和作业、选择教材、提示教师活动的一种范式或计划。"① 虽然系统完整的教学模式是从近代教育学形成独立体系开始的，但作为教学活动的基本结构，其在中外教学实践和教学思想中，很早就有了雏形。随着新课改的实施，各种教学模式百花齐放，比较知名的有"成功教育"教学模式、主体教学模式、创新教学模式、合作学习模式、"双主"教学模式、尝试教学模式、自学辅导教学模式等。这些教学模式最大的共同点在于，都是以学生的自学为主，最大限度地体现学生学习的主体性。当代教学模式的发展趋势主要为从单一教学模式向多样化教学模式发展，由归纳型教学模式向演绎型教学模式发展，由以"教"为主的教学模式向以"学"为主的教学模式发展，以及教学模式的日益现代化。

五、掌握学习理论

布鲁姆认为，可以允许学习较慢的学生花更多的时间来达到目标；不断评价学生的进步情况以确定他们达到目标的程度；提供适合不同学习能力和学习风格的、可选择的教学途径；为在常规教学模式下没有达到预期的学生提供矫正教学。

六、多元智能理论

加德纳认为，人的智能是多元的，每个人都具有语言智能、逻辑-数学智能、音乐智能、空间智能、躯体-动觉智能、自然观察智能、人际智能和内省智能等多种智能。而每个人的智能结构又是不一样的，每个人的优势智能和弱势智能是各不相同的，多元智能重在个人内在差异的分析，强调扬优补缺，

---

① 布鲁斯·乔伊斯，玛莎·韦尔，艾米莉·卡尔霍恩，等. 教学模式：第八版 [M]. 兰英，等译. 北京：中国人民大学出版社，2014.

各展其能，我们不应把人的智能差异性视为教育的负担，而应认识到人的智能都是可培养的，应把差异性发展作为一种资源，因材施教。

第三节 "为差异而教"的核心要素

"为差异而教"的教学主张有三个核心要素：尊重差异、照顾差异、差异发展。

一、尊重差异，始于看懂学生

为差异而教，即承认并尊重学生的差异，怀揣"每个学生都不一样"的人本思想来实施教学。

世界上没有两片完全相同的树叶，也不存在两个完全相同的学生。心理学研究表明，没有完全相同的两个个体，即使是同卵双胞胎，他们之间仍然有差异。"为差异而教"是一种以人为本、关注个体独特性的教学理念，其核心要素之一是"尊重差异"。在教育领域中，尊重差异意味着承认并珍视学生在学习能力、兴趣爱好、性格特点、家庭背景等方面存在的多样性和独特性。这一理念不仅是对学生个体权利的尊重，更是促进教育公平、提高教育质量的重要基石。

尊重差异首先体现在对学生个体权利的尊重上。每个学生都有接受教育的权利，而且这种权利应该是平等的、不受歧视的。然而，传统的教育模式往往采用"一刀切"的教学方法，忽略了学生的个体差异，导致一些学生无法充分发挥自己的潜力，甚至产生厌学情绪。为了真正实现教育公平，我们必须尊重学生的差异，为他们提供适合其个性发展的教育机会和资源。例如，对于学习速度较快的学生，可以提供更具挑战性的学习任务和拓展性的课程；对于学习困难的学生，则需要给予更多的支持和辅导，帮助他们逐步克服困难，建立学习的信心。

尊重差异意味着认可学生的多元智能。加德纳的多元智能理论认为，人类至少具有语言智能、逻辑-数学智能、空间智能、躯体-动觉智能、音乐智

为差异而教：小学数学差异教学十五年探索与实践

能、人际智能、内省智能和自然观察智能等八种智能。每个学生在这些智能方面的发展水平是不同的，有的学生擅长语言表达，有的学生在数学计算方面表现出色，还有的学生具有较强的艺术创造力或体育天赋。尊重差异要求教师能够敏锐地观察和发现学生的优势智能，并为他们提供展示和发展这些智能的平台。例如，在课堂教学中，可以采用多样化的教学方法和活动，如小组讨论、角色扮演、实验探究等，以满足不同学生的学习需求和智能发展。

尊重差异要求教师摒弃偏见和刻板印象。在教育实践中，教师往往会不自觉地对学生产生一些先入为主的看法，例如认为成绩好的学生一定品德优秀，来自贫困家庭的学生可能缺乏上进心等。这些偏见和刻板印象不仅会影响教师对学生的评价和教育方式，还会伤害学生的自尊心和自信心。尊重差异要求教师以开放的心态对待每一个学生，不轻易对他们进行定性和归类，而是通过深入了解学生的家庭背景、成长经历和个性特点，发现他们身上的闪光点和潜力。

此外，尊重差异还体现在对学生个性和兴趣爱好的尊重上。每个学生都有自己独特的个性和兴趣爱好，这些都是他们成长和发展的重要动力。教师应该鼓励学生在学习中保持个性，发展自己的兴趣爱好，而不是将学生塑造成千篇一律的"标准件"。例如，对于喜欢文学的学生，可以推荐他们阅读经典文学作品，鼓励他们进行文学创作；对于对科学感兴趣的学生，可以提供参加科技竞赛和实验研究的机会。通过尊重和支持学生的个性和兴趣爱好，能够激发他们的学习热情和积极性，提高学习效果。

为了在教学实践中真正做到尊重差异，教师需要不断提高自己的专业素养水平、更新教育观念。教师要学习和掌握多元智能理论、个体差异心理学等相关知识，了解学生差异的形成原因和表现形式。同时，教师还需要具备敏锐的观察力和良好的沟通能力，能够及时发现学生的差异和需求，并与学生建立起相互信任、相互尊重的师生关系。此外，学校和教育行政部门也应该为教师提供相应的培训和支持，鼓励教师开展个性化教学实践和研究，营造尊重差异的教育环境。

"为差异而教"承认并尊重每一个学生个体内和个体间的差异，这种差异我们视为"不一样"，程度上的"不一样"（即"差距"）也是"差异"的一种形态。因此，"为差异而教"以承认学生的差异为前提，心中装着每个学生的独一无二，并敢于根据学生差异而教，敢于教出"差异"来，满足每个学生的学习需求，避免"一刀切"的教学弊端。

总之，"尊重差异"是"为差异而教"这一教学主张的首要核心要素。只有当我们真正尊重学生的个体差异，才能为每个学生提供公平而优质的教育，让他们在学习中获得充分的发展和成长，成为具有独特个性和创新精神的人才。

二、照顾差异，重于适应学生

"为差异而教"，即为满足学生个体学习的需要，采用多元化的教学手段与策略来实施教学。

在"为差异而教"的教学主张中，"照顾差异"是至关重要的核心要素之一。其意味着教育者要敏锐地察觉学生之间的各种差异，并针对性地调整教学策略、内容和方法，以满足每个学生的学习需求，促进他们的有效学习和全面发展。

照顾差异要求教师深入了解学生的个体差异。这包括学生的学习风格、认知水平、兴趣爱好、学习动机以及学习背景等方面。学习风格可以分为视觉型、听觉型和动觉型等，不同风格的学生在获取和处理信息的方式上有所不同。例如，视觉型学生更倾向于通过图片、图表和演示来学习，而听觉型学生则对讲解和讨论更感兴趣。认知水平的差异则体现在学生的思维能力、记忆力和注意力等方面，有的学生能够快速理解和掌握新知识，而有的学生则需要更多的时间和反复练习。了解学生的兴趣爱好可以帮助教师将教学内容与学生的生活经验和兴趣点相结合，提高他们的学习积极性。此外，学生的学习动机和学习背景（如家庭环境、先前的教育经历等）也会对学习效果产生影响。

基于对学生差异的了解，教师需要灵活调整教学策略。在教学目标的设

为差异而教：小学数学差异教学十五年探索与实践

定上，既要考虑课程标准的总体要求，又要根据学生的实际情况进行分层设定，使每个学生都能够在自己的"最近发展区"内取得进步。在教学内容的选择和组织上，教师可以根据学生的兴趣和认知水平进行适当的拓展和补充，或者对难度较大的内容进行简化和分解。在教学方法的运用上，教师应追求多样化，如采用小组合作学习、个别辅导、探究式学习等方法，以适应不同学生的学习风格和需求。对于学习困难的学生，可以采用小步子、多反馈的教学方法，逐步引导他们掌握知识和技能；对于学有余力的学生，则可以提供更具挑战性的任务和项目，激发他们的探究欲望和创新思维。

在教学过程中，照顾差异还体现在对教学节奏的把握上。教师要关注学生的课堂反应和学习进度，及时调整教学的速度和难度。对于学生普遍感到困惑的问题，要放慢节奏，进行详细的讲解和示范；对于学生已经掌握的内容，则可以快速带过，避免浪费时间。同时，教师要给学生提供充分的思考和实践时间，让他们能够在自己的节奏中消化和吸收所学知识。

评价是教学过程中的重要环节，照顾差异也体现在评价方式的多元化上。除了传统的纸笔测试外，教师还可以采用课堂表现评价、作业评价、项目评价、自我评价和同伴评价等多种方式，全面、客观地评价学生的学习成果和发展情况。评价标准也要因人而异，注重学生的个人进步和努力，而不仅仅是与他人的比较。通过积极的评价反馈，教师可以鼓励学生发扬优点，改进不足，增强学习的自信心和动力。

总之，照顾差异是一项复杂而又细致的工作，需要教师付出更多的时间和精力。但只有通过照顾差异，我们才能让每个学生都能在教育中获得充分的关注和支持，实现自身的最大发展，使教育真正成为促进个体成长和社会进步的有力工具。当然这种照顾，并非传统意义上的照顾"优才"、放弃"差生"的淘汰制分化教育，而是坚持"导优补差"的原则，即发掘学生优势，给每个学生提供"处于学生'最近发展区'且学生乐意接受的具有挑战意义的学习内容"，并将差异转化为有效的教学资源，坚持"保底不封顶"的发展性目标设定，使教学的所有行为处处为差异着想，处处照顾差异，处处为每个学生的需要着想。

三、差异发展，旨在成就学生

"为差异而教"，即对于"不一样"的学生，在经历学习之后使他们得到各自最大限度的发展，这种发展就全班来说必然呈现为差异发展。

在"为差异而教"的教学主张中，"差异发展"是其核心要素之一，具有深刻的内涵和重要的教育价值。

差异发展强调的是个体在原有基础上，根据自身的特点和优势，沿着独特的路径实现个性化的成长和进步。每个学生都是独一无二的，拥有不同的天赋、兴趣、学习能力和潜力。差异发展尊重并珍视这些个体差异，旨在为学生提供最适合其发展的条件和机会，使他们能够充分发挥自己的优势，弥补不足，从而实现全面而有个性的发展。

首先，差异发展体现了教育的因材施教原则。教育不应是标准化、模式化的批量生产，而应是根据每个学生的具体情况量身定制的个性化服务。教师要深入了解学生的个性特点、学习风格和发展需求，为他们提供具有针对性的教学内容、方法和指导。对于具有艺术天赋的学生，可以提供更多的艺术课程和创作机会；对于逻辑思维能力强的学生，可以引导他们参与数学竞赛和科学研究项目；对于运动能力突出的学生，可以鼓励他们参加体育训练和比赛。通过因材施教，让每个学生都能在自己擅长的领域得到充分发展，同时在薄弱环节得到适当的提升，从而实现各方面能力的协调发展。

其次，差异发展注重培养学生的自主学习能力和创新精神。在传统的教学模式中，学生往往处于被动接受知识的状态，缺乏自主探索和创新的空间。而差异发展则鼓励学生积极主动地参与学习过程，根据自己的兴趣和需求选择学习内容和方式。教师要为学生创设宽松自由的学习环境，激发他们的好奇心和求知欲，培养他们独立思考、解决问题的能力。例如，在课堂上可以组织小组讨论、项目式学习等活动，让学生在合作与交流中碰撞出思维的火花，培养创新意识和团队协作能力。

最后，差异发展关注学生的长远发展和终身学习能力的培养。教育不应仅局限于学生在校期间的知识传授和技能训练，还应着眼于学生未来的发展和适应社会的能力。差异发展帮助学生认识到自己的兴趣和优势，明确自己的发展方向，为他们的未来职业规划和人生道路奠定基础。同时，培养学生的自主学习能力和终身学习意识，使他们在离开学校后仍能不断学习、不断进步，适应社会的变化和发展。

为了实现差异发展，教育评价体系也需要进行相应的改革和创新。传统的以考试成绩为主要评价标准的方式过于单一和片面，无法全面反映学生的综合素质和个性发展。差异发展要求建立多元化、综合性的评价体系，包括学生的学习过程、学习态度、创新能力、实践能力等多个方面。评价的目的不是为了区分优劣，而是为了促进学生的发展，为他们提供及时有效的反馈和指导。

总之，"差异发展"旨在充分挖掘每个学生的潜力，培养具有个性和创新精神的人才，使教育真正成为促进个体成长和社会进步的强大动力。"为差异而教"并不是消除这些差异，而是将差异作为资源，在此基础上寻求沟通与合作，从而在差异资源的合理运用与互相作用下，让每个个体实现差异发展。这样，我们才能为每个学生创造一个充满机遇和可能性的未来，让他们在各自的人生道路上绽放出独特的光彩。

尊重差异是"为差异而教"的思想前提。只有在思想上首先认识到差异的必然性，教师才能在心中将学生视为一个个鲜活的个体，因为他们的差异，我们的课堂才会显得无比美妙。照顾差异是"为差异而教"的实施路径。这里"照顾"不是一味迁就，更不是消极适应，而是提供更多的选择，满足不同个体的学习需求，提供"最近发展区"的学习任务让其"跳一跳能摘到果子"。差异发展是"为差异而教"的价值追求、目标所向。通过实施有差异的教学，从而让每个学生都能在数学上有所收获，使能力得到不同程度的提升，最终实现整体素养的发展。

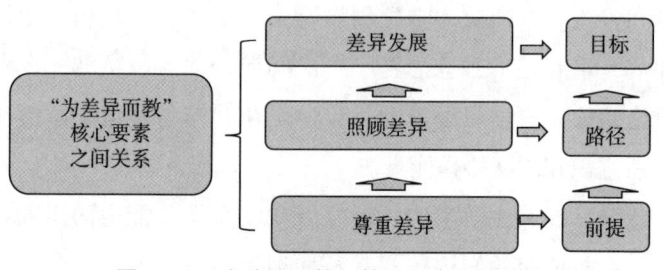

图 2-1 "为差异而教"核心要素之间关系

第三章 "为差异而教"的形成过程

"蓬生麻中，不扶而直；白沙在涅，与之俱黑。"短短一句话，道出了环境对个人成长的重要影响。几乎每个人的成长都与周围环境息息相关。1998年，笔者从江苏省高邮师范学校首届理科大专班毕业，进入学校工作。在二十多年的小学数学从教过程中，笔者有幸经历了三所完全不同的学校，这三所学校都给了笔者成长的光与热，让怀揣教育梦想的笔者一步步走向成熟。"为差异而教"这一教学主张，也在这三所学校中伴随着笔者的成长而逐渐形成。

第一节 寻梦初心，看见每个学生

毕业之后，笔者来到了江苏省宝应县实验小学工作。这是一所创办于1903年的百年老校，文化积淀丰厚。学校以"银杏精神"为统领，以"让每一片树叶都美丽"为育人宗旨，坚定不移地走素质教育办学之路、科研兴校之路。学校深厚的文化底蕴、充满人文精神的管理机制，给寻梦初心、刚入师途的笔者指明了前行的方向。

一、李敏的"那盏灯"

从教第一年，依托学校的年轻人才培养机制，笔者被推选为学校代表，参加县级小学数学教师课堂教学竞赛，这次竞赛同时也是市级竞赛的遴选环节。初为人师的笔者,带着些许理科专科生的优越感走上人生第一次公开教学之旅。清晰记得第一次试教时,学校安排同组的李敏老师来听课并指导。李老师是一名年近半百、充满慈爱的老教师,虽扎根基层却始终不忘初心。初春时分,乍暖还寒,但一节试教课下来,笔者已是满头大汗。课后,李老师意味深长地说道:"小杨,你的课感很好,但设计要实,教学时你的眼中一定要有学生。"接下来的日子里,二楼办公室的灯总是很晚才熄灭。夜灯下,李老师一字一句斟酌教学语言,一招一式地帮笔者校正教学体态。李老师让笔者明白,课堂教学一言一行之间除了出于教学的需要,更多应考虑学生的需要。在李老师的精心指导下,笔者顺利走出县赛晋级市赛。此后,"看见每个学生"成了笔者课堂教学的第一原则,为达到目标,笔者常向有经验的教师学习,不放过每一次听课的机会;每一位名特优师都是笔者学习的榜样。在自身学习和周围教师的帮助下,笔者参加了江苏省首届"蓝天杯"课堂教学竞赛,荣获一等奖第一名。2005年,笔者与徐斌、陈惠芳两位名师在南京同课异构,面向全省小学数学网网友公开教学《三位数除以一位数》一课,三人联名的教学设计发表在《小学教学设计》上。正是李敏老师的"那盏灯"正式开始了笔者的教学之路,也正是"那盏灯"点亮了笔者的育人初心。

二、胡存宏的"一指禅"

名师华应龙对青年教师说:"好老师是写出来的。"然而笔者这个理科生面对写作总是感到畏惧、胆怯,常常会有"万般思绪在心头"却"如鲠在喉"之感。一天,笔者发现时任学校教科室主任的胡存宏老师,正用他的左右手"一指禅"在电脑键盘上输入着什么,正准备笑话他笨拙的手法,仔细一看,发现他输入的内容是《扬子晚报》"繁星"栏目中的精美小短文。在好奇心驱使下,笔者主动问其为何这样做,胡老师说:"我想写些东西吧,无词、无句,下笔难。我每天将这些小短文输入电脑,先入眼、再过手、最后入脑,希望能解决自己的短板问题。"一语惊醒梦中人,这不正是笔者所需要的吗?随后,笔者经常走进学校的阅读室,细细阅读一本本教育类杂志。21世纪初期,教育论坛兴起,很多有教育理想的教师都参与其中。为使自己鼓起写作的勇气,笔者加入了教育在线论坛和小学数学网论坛,并开设专栏,持之以恒地将每日所见所思以随笔的方式记录下来。在热心网友的鼓励下,在随笔任务的驱动下,除了关注课堂上学生的学习反应外,笔者开始更多地留心课堂以外孩子们的思想品格、行为习惯、学习方式等,发现了他们的不同之处,并在实践中开始尝试因材施教:对于基础薄弱的孩子,加强认知前提准备的辅导;对于学有余力的孩子,布置课堂拓展练习……在长期思考与写作的过程中,笔者的文字从"豆腐块"成长为"大块头",逐渐在各级各类报刊上公开发表。胡老师的"一指禅"为笔者指明了学习方向,同时也让笔者明白了"有志始知蓬莱近,无为总觉咫尺远"的道理。在写的过程中,笔者真正理解了"好老师是写出来的"这句话,这里的"写"只是一个突破口、一个抓手,其真正目的是以写促读、以写促思、以写促行。

三、陈士才的"周末汇"

校本教研是促进教师专业发展最重要、最常见的途径之一。然而现实中的校本教研活动,往往形式单一、实效性低。时任宝应县实验小学校长、江苏省小学数学特级教师的陈士才也关注到了这个问题。一天,他将我们几位主动好学、要求上进的青年数学教师叫到办公室,对我们说:"周六下午,如果大家方便,可以先到我办公室交流学习心得,然后我们一起打球运动一下。"或许是轻松、自由的交流氛围使然,亦或是个人教育梦想的驱使,自此以后,每个周六的下午便成了笔者充满期待且倍感幸福的时光。在并不宽敞的校长室内,大家自由落座,你一言,我一语,有时围绕一个确定的主题进行深度交流,有时会针对某个困惑集体攻关。我们时而笑声朗朗,时而面红耳赤,最终都是收获满满。在后来的学习中,笔者才慢慢认识到陈校长的这种教研形态源于组织学习理念。组织学习充分肯定团队的集体智慧高于个人智慧,当团体真正在学习的时候,不仅整体会产生出色的成果,个别成员成长的速度也比其他的学习方式更快[①]。这段记忆深刻的周末时光,其实笔者更

---

① 陈杰. 基于教师发展的"茶馆式"教研模式构建——以李沧区初中地理学科教研为例[J]. 现代教育,2018(1).

习惯于称它为"茶馆式"教研,因为这样的交流氛围类似于我国几千年的茶馆文化,即自由、放松、安全、友好、合作。这样的"茶馆式"教研,让笔者可以拥有更多机会借助他人的视角去了解学生、认清学生,同时也让笔者懂得了专业成长离不开教科研,离不开课题的支撑。在这样的氛围驱动下,笔者人生第一个省级规划课题——"小学数学开放题研究"诞生了,该课题最终获得"江苏省优秀课题"称号。

笔者在这所学校工作了十年,也成长了十年,从最初的懵懂少年逐渐成长为业务骨干。这段宝贵的经历,让笔者懂得,为师者,应像李老师那样常怀赤诚之心;为师者,应像胡主任那样刻苦钻研;为师者,应像陈校长那样高瞻远瞩;为师者,眼中应有学生,始终将学生立于教育中心,传道授业解惑。

第二节 差异教学,看懂每个学生

工作第十年,笔者调动到了扬州市广陵区,并借调在扬州育才实验学校(以下简称育才实验)工作。育才实验坐落于美丽的古运河畔,是一所成立于2004年的股份制民办学校。从创办之日起,差异教学就是该校的理论根基与动力之源,也是学校的办学特色。差异教学理论对于长期关注学生差异而又无法实践的笔者而言如获至宝。笔者从一个参与者到领导者,经历了十余年的研究,这其中有收获的喜悦,也有披荆的艰辛。正是这所学校务实求真的科研之风,让笔者在长期实践中不急不躁地看懂每个学生,形成了自己的"为差异而教"的教学主张。

一、立足校情是基础

科研兴校,有不少学校以课题数量多、课题级别高为学校高质量发展的追求与标准,这本无可厚非。但育才实验尚处于建校初期,面临着教师队伍年轻化、教学经验缺乏、骨干领军人才少的问题。面对这一校情,学校管理者提出"一校一课题"的科研兴校理念。分三个阶段,学校的课题名称分别是"学科课程中差异教学实施策略的研究""适合小学生自主发展的差异教学

第三章 "为差异而教"的形成过程

模式的研究""指向学科核心素养的差异教学校本研究",其中后两个课题由笔者主持并成功结题。通过第一阶段课题的研究,差异教学的理论已经慢慢深入育才实验所有人(教师与家长)的脑海,大家都能够用差异的眼光看待与要求学生,也掌握了一定的照顾差异的课堂教学策略。教师流动性大是民办学校面临的主要问题,作为管理者的笔者一直在思考,如何让新教师迅速融入差异教学研究中,如何让前期取得的研究成果得以继承与深化呢?于是第二阶段的研究应运而生。在全校教师的共同努力下,"适合小学生自主发展"差异教学模式日趋成熟,最终形成了"预学查异—初学适异—研学导异—拓学展异"四环节教学模式。该模式充分体现了对学生认知差异的尊重,在学与教的互相作用下,教师充分发挥主导作用,借助教育测查和诊断手段,因材施教。该研究成果最终汇编成专著,由教育科学出版社出版发行,并获得江苏省教学成果奖二等奖和扬州市教学成果奖一等奖。

"十年磨一剑"的校本科研样态,给了笔者充足的时间从"看见每个学生"走向"看懂每个学生",进而选择不同的学习内容、学习方式以及目标要求去顺应学生个性化的学习需要,更好地促进每个学生最大限度的发展。

二、机制创新是关键

育才实验是民办学校,软硬件条件都有待提升。若在这样的背景下开展教科研,创新科研机制就显得尤为重要了。研究初期,提出"教学—教研—科研"一体化的科研方式,把课题组与教研组合二为一,以科研带教研,以教研促科研。随着研究的不断深入,校本教研活动中教师主动参与意识淡薄、实效性不高的弊端愈加明显。为此笔者对校本教研活动模式进行了变革,提出"1+3+N"教研范式:"1",即一个研究主题,所有教研必须围绕本学期的课题研究重点内容组织相关活动;"3",即3个教师,1号教师执教、2号教师说课、3号教师谈磨课经历(1号教师与2号教师是事前确定的,3号教师由教研活动现场随机摇号产生);"N",即年级组内同学科的所有人,在教研的最后环节接受评委或其他组教师代表的质疑问难。"1+3+N"教研范式以同一个学科、同一个年级组作为一个展示单位,在准备与展示的过程中,组内所有教师均有任务，为此大家都能积极、主动参与其中，教研活动的实效性也就得到了应有的保证。"工欲善其事，必先利其器。"为了更好地推进差异教学在小学数学课堂教学中的实施，笔者还开发了认知测查卡、内容选择卡、学后检测卡、差异发展卡这些课堂工具包。在这些工具包的帮助下，每个孩子都成了学习的主人，尊重差异、照顾差异、差异发展也终将成为现实。2019年，育才实验学校被中国教育科学院评为"全国骨干校长教师挂职研修基地"。以差异教学研究项目申报成功的学校，放眼全国只有三家，江苏仅育才实验获此殊荣。

三、人才涵养是保障

人才是发展的第一资源，教师的专业素养直接决定着课题研究的质态。2013年大批公办骨干教师的回流，导致学校的课题研究举步维艰。提高教师专业素养水平，已成为深化差异教学课题研究的当务之急。2015年，笔者率先组织校内部分数学教师，成立培养团队，并将该团队命名为"明师研读社"。明师，出自《韩非子·五蠹》，为"贤明的老师"之意。研读社以基于差异教学理念下的小学数学课堂教学研究为主题，采用"茶馆式"研训模式，利用每周三下午半天的时间，围绕着研究主题进行集体学习、思维碰撞、成果分享。2017年，在党支部、校长室的牵头下，笔者作为总负责人成立了"差异教学名师训练营"。训练营以年度任务为抓手，以多彩活动为路径，以奖励倾斜为促动，在各学科深入开展差异教学相关研究，涵养差异教学研究领军人才。与此同时，我们还联合其他四所差异教学研究学校组建了"全国差异教学实验学校联盟"，每年开展全国差异教学年度研讨会活动。时至今日，该联盟已由原来的小学联盟，发展出小学、中学、特教以及在校大学生4个分联盟，有成员校百余所。这样的平台，一方面为我们提供了更高、更宽的涵养师资的舞台，另一方面也将我们的差异教学研究成果推广至全国各地。这一过程显著地深化了笔者对差异教学的理解，极大地提升了笔者对差异教学的运用能力。在笔者收获了江苏省特级教师、正高级教师以及江苏省"苏教名家"培养对象等荣誉的同时，"为差异而教"的教学主张也逐渐成形。

第三节 快乐教育，看好每个学生

2022年夏天，带着组织的信任与厚望，笔者来到了扬州市文峰小学担任党支部书记、校长。文峰小学始建于1950年，位属文峰塔下的文峰村。随着城市发展的不断扩张，地处城市边缘的文峰小学已不能满足周边孩子上学的需求。2017年，异址新校建成投入使用。校舍翻新，却未能及时给这座新学校注入新鲜的师资血液。如何让笔者长期积淀的差异教学理念落地生根，浸润到每一位教师的心田，从而唤醒所有文峰教育人的生命自觉，实现从"看懂每个学生"到"看好每个学生"呢？笔者认为，价值认同是起点，专业提升是杠杆，课程建构是解径。

一、价值认同，"看好"才有可能

学校管理，其实质是全体师生认同学校核心价值并参与施行的过程。一所名校必然有一个由全体师生认可并遵守的价值认同，也就是我们常说的"心往一处想，劲儿往一处使，齐心协力谋发展"。笔者初来文峰小学时，先仔细阅读了学校历史文献资料，寻找学校发展文脉。然后通过走访不同群体的教师，与他们促膝谈心，了解他们眼中文峰的人与事，了解他们眼下的困难以及对学校管理的建议。在此基础上，笔者以"走进文峰、乐在其中"为题作了一场报告，这既是与全体教师的第一次见面，也是一次形成价值认同的过程。笔者充分表达了将"快乐教育"作为学校发展的办学追求的想法，这一理念既继承"以人为本，为人生打下快乐底色，让每一个孩子都获得成长"的办学理念，也渗透着差异教学的情感目标，获得了全体教师的一致称赞。公平是价值认同的前提条件，笔者在走访中发现，教师对现行的绩效考核方案意见较大。于是，笔者牵头修订实行十多年的绩效考核方案。笔者从成立新一届工会着手，面向全校征集绩效考核方案提案，接着带领领导班子梳理提案内容，依据教师们反映的问题，结合学校发展的需要，对现有绩效考核方案进行修订。整个过程历经155天，最终新的绩效考核方案在全体教代会上顺利通过。此外，笔者还发现学校的行政管理架构仍处于"村小"管理模式，即只有条上管理（按职能进行管理），这样的管理模式是无法满足一个9轨学校的办公需求的。于是，笔者明确部门与岗位责任，添设块上管理（即添设年级管理）的行政管理改革也在有序推进。经过一段时间的磨合，教师们慢慢对新文峰有了更多的认知与认同。于是，借助"六一"国际儿童节现场直播的机会，笔者向全校师生以及家长发出"快乐征集令"，即用一个动词或形容词，表达你心中快乐的样态；选择一种能给你或他人带来快乐的动物，它将有机会成为文峰小学的吉祥物。这样的活动得到了全体师生、全体家长的积极响应。"快乐教育"理念正慢慢浸润文峰校园内的每一个人，正因为这样的价值认同，人与人的心才能连在一起，"看好每个学生"才有可能成为现实。

二、提升素养，"看好"才有抓手

教师是学校发展的第一生产力。只有拥有一批政治觉悟高、专业素养过硬的好教师，"看好每一个学生"才有实施的抓手。而文峰小学的实际情况是教师年轻、骨干力量少。为此，提升全体教师的专业素养迫在眉睫。学校的中心是教学，关键在课堂，好教师首先要立好课堂。作为特级教师的笔者率先面向全体教师开设公开课；在学校缺少教师时，主动顶上，担任一个班的数学教学任务。一学期下来，所有教学事务都亲力亲为，用自己的实际行动向教师们传递这个校长上得"厅堂"，下得"厨房"。为了让教师们有获得感、幸福感，正逢大市举办微课程大赛，笔者主动与部分语文骨干教师交流，鼓励他们尝试参与、寻求突破。从前期主题的确立，到过程中内容的选择，再到后期制作的设计，笔者都跟他们在一起。有时深夜了，我们的工作微信群里仍热火朝天。最终，我们的微课程《那抹红》获得扬州市一等奖。事后，我问他们，累吗？他们看到获奖证书，笑着说："累啊，但充实，一切都值得，开心！"笔者带领教师部全体成员，深化教研改革，推动实施"每周集体备课"制度，要求教研组给年轻教师疏通每一节课，让他们能够做到心中有数；深化开展每月一次的"四课联动"，充分发挥骨干教师示范引领作用；学校的

"青年教师训练营"稳步推进，旨在快速提升青年教师的专业素养。笔者积极推进并组建学校的课题申报工作，通过课题培育师资，让研有问题，研有方向，研有指导，研有所得。不到一年的时间，学校两位教师在省级赛课上荣获一等奖；数学、语文、英语、音乐学科都有了省市级课题的大突破。这一件件成果的取得对于文峰小学而言都是一个个里程碑，对于每个文峰教师而言，是一种自信，是一种希望，更是一种收获后的快乐。

三、建构课程，"看好"才有路径

看好每个学生，应提供满足不同学生成长需要的相关课程。这些课程内容适度、时机适当、方法适合，从而让每个学生向着自然人、社会人和精神人的内外在统一迈进。学校秉持"为每个孩子的人生打下快乐底色"的办学理念，按照学习类型把学校课程分为基础课程、特色课程和拓展课程三个模块。基础课程是国家课程方案规定的必修课程，做到开齐开足，这些课是基础也是核心，是培养学生全面发展的主要载体。特色课程是依据学校的办学特色与特有场馆而打造的个性化课程。借助全国足球特色学校这一平台，我们打造了"快乐足球"课程。该课程以1—2年级每周一节足球课，实现普及教育；以3—6年级每周都有校级足球社团课，实现精英教育。同时，我们通过开展"一起踢球吧""足球联赛"等系列活动，充实并丰富课程内容，让所有孩子在运动中懂礼仪、守规则、会合作、明得失。学校还以慈善文化馆为依托，打造以"慈心为民，善举济世"为主题的"慈善文化"课程，从而在每个学生心中深种仁爱的种子，遍结慈善之果；以人防宣教体验馆为载体，结合思政课构建"生命教育"课程，运用声光电技术、沉浸式交互体验，让学生在掌握自救互救知识的同时，提高应对现代战争和各种灾害的防护能力，从而达到热爱国家、珍惜生命的教育目标。另外，学校基于"双减"政策背景，利用课后服务的时段，打造可供学生自主选择的兴趣课程。目前，我们依托学校自身优势，规范引进校外办学机构，开发了运动、人文、科创、阅读、艺术这五大类共约60门课程。时下的文峰校园，每个选修日都是孩子们最快乐的时刻，这样"好玩"的课程真正彰显了每一个孩子"主动学习、乐于学习"的学习状态，让"看好每个学生"成为一种可能。

　　三所不一样的学校，给了笔者三段不同的成长历练，使笔者收获了不一样的自我。看见是起点，看见才能关注每个真实的学生；看懂是关键，看懂每个学生的差异才能因材施教；看好是成长，理解了什么是真正的"好"，才能选择适合的教育助力每个孩子成长。看见、看懂、看好，对于笔者而言，是对教育、对学生理解的过程，这必将是一个长期坚持的过程。唯有这样，方能实现"为每个孩子的人生打下快乐底色"的教育夙愿。

第四章 "为差异而教"的实践样态

"为差异而教"是从实践中磨砺出来的，其具有自己独特而又丰富的实践样态。课堂特质是其底色，描绘出适应学生差异的独特氛围和特点，为教学活动奠定基础；教学模式则是其主体构图，勾勒出教师教学的方式与方法，以创新的模式引领学生在知识的海洋中畅游；而教学工具包是其手脚，为教学实践提供了有力的支持和辅助，帮助教师更精准地实施差异教学。

本章节将深入剖析"为差异而教"在这三个方面的研究成果，探寻"为差异而教"的实践奥秘，展示其是如何在班集体教学中实现因材施教，满足不同学生发展需求的。

第一节 "为差异而教"的课堂特质

课堂特质是指课堂教学过程中所展现出来的一系列典型的、相对稳定的特点和性质，这些特点能够体现课堂的独特风格和整体氛围。"为差异而教"的课堂教学也有属于自己的独特而鲜明的课堂特质，即学习前测、多元选择、及时反馈、合作学习、个别辅导。这些特质集中体现了"尊重差异、照顾差异、差异发展"这三个核心观念，同时也让"为差异而教"成为一种看得见、摸得着的教学行为。

为差异而教：小学数学差异教学十五年探索与实践

一、学习前测

一般情况下，教师们会凭自己的主观感觉或教学经验判断学生的学习生长点，其实这是不科学且不完全准确的。因为成人与学生的思维是不一样的，学生与学生之间也存在着很大的差异，这种臆断式的"认为"容易造成主观认识偏离客观实际，从而导致教学活动的低效甚至无效。没有调查就没有发言权，在"为差异而教"的数学课堂中，对教学对象（学生）进行测查与分析是实施课堂教学的前提。为了准确地了解学生学习新知的真实情况，有针对性的学习前测不失为一种行之有效的策略，也是"为差异而教"的首个课堂特质。学习前测是指教师根据教学目标，将学习内容编制成测试题目，在备课之前对学生进行测试，测试的结果能较为准确地反映学生对新知识的理解情况。基于"学习前测"结果分析下确定的学习目标是准确的，学习内容是鲜活的，这样，课堂教学才能焕发出生命的活力。①

二、多元选择

没有选择就没有差异，也就没有人的个性发展。"为差异而教"的数学课堂，应尊重学生差异，适应学生差异，从学习目标、学习内容、学习方式、拓展提升等诸多方面，给予学生自主选择的权利，让学习成为学生的一种选择，让"选择性"成为"为差异而教"的数学课堂的特有本质属性。唯有在这种"可选择性"的数学课堂中，学生才能得到最大限度的发展。

孔子指出，人的智力有智、愚、中之分，人的心理状态有勇进与退缩之别，而且每个人的才能有不同的发展趋势。很显然，"一刀切""一锅炖"的数学课堂，忽视了个体差异。我们应当站在学生立场，直面学生的差异，并且基于学生差异，实施差异教学。唯有在这样的课堂，孩子们的个性才能充分彰显。没有选择就照顾不到差异，也就没有人的个性发展。面向个体的数学课堂，多元选择必是其特有本质属性之一。

---

① 具体操作策略详见第五章，后同。

第四章 "为差异而教"的实践样态

(一) 基于个体学情的差异,提供可选择的学习目标

学习目标是学习活动的出发点,也是学习过程调节的杠杆,更是学习的最终归宿。传统教学方法中,一般情况下都是由教师依据课程标准以及教学参考书,制定一个统一的学习目标,这样的学习目标完全忽略了学生之间差异的存在。华国栋先生在《差异教学论》一书中指出,在班集体教学中,立足学生个性的差异,满足不同学生的学习需要,促进每个学生最大限度的发展。由此可见,无视学生差异的学习目标是无法满足不同学生的学习需求的。美国教育心理学家奥苏伯尔说过:"影响学习的最重要的原因是学生已经知道的东西,我们应当根据学生原有的知识状况去进行教学。"因此,在新知教学之前,教师应对学生的学习情况(特别是认知前提准备)进行充分的了解与分析,明确学生已经具备了哪些学习新知所必需的生活经验和知识技能,在教师还没有开始教的情况下学生依据学习目标已将新知掌握到了什么程度,学生在哪些知识点上有困难、难在何处,哪些知识可以自学或互学,哪些知识需要教师的点拨……当摸清学生认知前提准备时,再依据反馈信息,制定照顾差异的学习目标,以此目标调整教学流程或教学方法,这样的教学才能最大限度地与学生的学习情况匹配。

《面积的意义》这一节课主要教学目标是使学生通过观察、操作、估计和推理等活动认识面积的含义,初步学会比较物体表面和平面封闭图形的大小。那到底什么是面积,面积这一概念又会与以往的哪些旧知产生冲突呢?其实"面积"这一概念早已出现在学生的日常生活中,如住房面积、地砖大小等。那么学生是怎样理解"面积"这一概念的呢?学生能够比较两个图形面积的大小吗?带着这一系列的问题,笔者在两个班开展了两次预学查异活动,即问卷调查与专项调查。

问卷调查内容如下:

(1) 听说过"面积"这个词吗?(　　)

A. 听说过　　　　　　B. 没有听说过

(2) 你能通过举例、画图或用文字说明什么是面积吗?

(3) 想办法比较下面两个图形的大小，如果能，请写出过程。

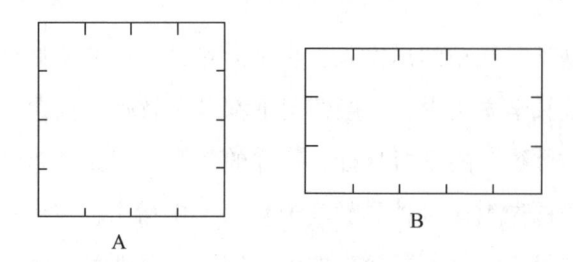

问卷调查的目的在于收集学生对面积概念的熟知程度、理解程度以及比较两个图形面积大小的方法这三方面信息。

专项调查内容如下：

想办法比较下面两个图形的大小，并写出比较的过程。

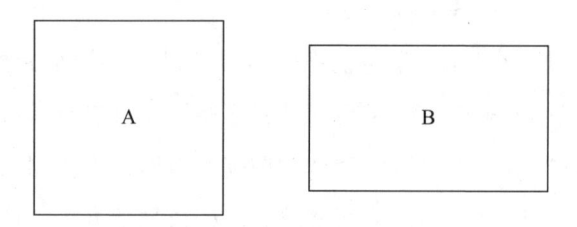

该项调查在不提供任何辅助工具以及提示信息的前提下，让学生比较两个面积接近，但又无法直接通过重叠法比较的两个图形面积的大小（注：第一个图形是边长4厘米的正方形，第二个图形是长5厘米、宽3厘米的长方形），从而了解学生的比较方法以及完成情况。

问卷调查结果：

知晓程度	理解程度	正确比较
27人	16人	17人
67.5%	40%	42.5%

专项调查结果：

正确比较	比较周长	无法比较
18人	14人	8人
45%	35%	20%

从上述预学查异的统计结果可以看出，67.5%的学生知道"面积"概念的存在，40%的学生能够通过举例或画图表示出自己对"面积"概念的理解。由此可见，日常生活经验的积累使大部分学生对面积这一概念并不陌生。但大多数知道"面积"概念的学生只能通过举例或画图的形式表示，他们无法

用自己的语言表述面积概念，即他们对于面积概念的认识只是感性的，缺乏理性的认识。从对面积大小比较的两次调查结果可以看到，45%左右的学生能够用先重叠再比较剩余部分的方法判断两个图形面积的大小。这充分说明学生具有判断两个图形面积大小的方法基础，但比较方法较为单一，特别是通过摆标准面积单位来比较面积大小等方法使用较少。这就说明比较方法的多样性以及如何将两个面积大小的比较转化为两个数的大小比较应成为教学的重点。同时，在对错误比较面积的方法分析的基础上发现，35%的学生是通过计算两个图形的周长得出两个图形的大小相等的结论的。通过访谈了解到，学生出现这种错误的原因主要有以下两个方面：第一，误认为图形大小指的就是图形的周长的大小；第二，误认为两个图形的周长相等，它们的面积也必定相等。

根据以上预学查异所反馈出的学生认知现状，从照顾学生差异的角度出发，应将本课的教学目标调整如下。

基础性目标：能较为清晰地理解面积的含义，能通过直观法、重叠法与数格子法比较两个图形面积的大小。

挑战性目标：能够深刻理解面积概念的内涵与外延，知道周长与面积的区别，能用多种方法比较图形面积的大小，初步体会"全等形等积"和"面积的可加性"等公理。

（二）基于个体认知的差异，提供可选择的学习内容

教材是学习内容的主要载体，其自身所处的特殊地位，决定了其具有使用覆盖面广、内容兼顾性强等优势。但教材的这些优势，如果落实到每个学生身上，却有可能变成劣势。在班集体中，如果我们按教材统一配备的学习内容不做任何调整地进行教学，是无法照顾学生差异的。面对新的学习内容，班集体中会出现两种"偏值"现象：学习速度快的学生可能早已掌握或可以独立学会所讲内容，随后就处于无事可做的"等待"状态；而学习速度慢的学生面对所学内容，不知所措，无从下手，若得不到任何帮助，将在整个学习过程中完全处于"闲置"状态。无论是哪一种状态，对于这两部分学生而

言都是一种"煎熬"。由此可见,"一刀切"的学习内容照顾不了学生的差异,无法促进每个学生最大限度的发展。

自主学习最为显著的特点就是自我的选择。教材只是提供一个学习内容的范例,并不是唯一,也就是说即使教材相同,教学内容也不必完全一样。为了实现面向个体的数学教育,我们可以对教学内容做适当的调整和组织,以适应不同的教学要求和目标:对于学习速度快的学生,我们可以提供难度更高的要求让他们继续探索;对于学习新知有困难的学生,我们可以在自主学习的过程中为他们"搭梯子",提供必要的帮助,如通过攻克低一级难度的学习内容,或为掌握新知提供必要的方法、知识基础等,保证这些学生通过自身努力,顺利进入新知的自主学习中。这样的数学课堂,才能实现人人在数学学习上都能得到不同程度的提升。

在教学苏教版小学数学六年级上册《解决问题的策略——假设》一课时,为了摸清学生对"假设"策略的认知情况,我们在教学之前进行了测试分析(如表4-1)。

表4-1 《解决问题的策略——假设》测试分析

解法	一种解法		两种解法		三种解法	不会写
	方程	替换	方程+替换	两种替换	方程+两种替换	
人数	7	6	5	10	3	6
百分比	19%	16%	14%	27%	8%	16%

根据上面的前测分析,我们对学习内容进行了适当调整,便有了以下教学过程。

出示例题:小明把720毫升的果汁倒入6个小杯和1个大杯,正好都倒满。小杯的容量是大杯的$\frac{1}{3}$。小杯和大杯的容量各是多少毫升?

师:请同学们齐读例题。

师:认真思考下,自己能独立完成吗?(停顿)

如果有困难也没关系,可以先完成黄色作业纸上的"试一试",找一找灵感，然后再完成作业纸上的例题。

如果会写就可以直接在作业纸上完成，完成后试着挑战一下红色作业纸上提出的更高要求，祝你们好运！

黄色作业纸：

（1）小明把720毫升的果汁倒入9个相同的小杯中，正好都倒满，每个小杯的容量是多少毫升？

（2）小明把720毫升的果汁倒入3个相同的大杯中，正好都倒满，每个大杯的容量是多少毫升？

红色作业纸：

除了已使用的方法，你还能用其他不同的方法解决这道题吗？开动脑筋，大胆地试一试吧。

学生独立完成。

通过前测数据分析，我们不难看出，全班有84%的学生都能独立完成例题的自主学习，但还有16%的学生不能自主学习。为此，在出示例题时，我们另外设计了两个层次的学习内容：

（1）黄色作业纸，专为不能自主学习的学生准备，当他们自主解决例题遇到困难时，可以通过完成"试一试"中较易的题目，寻找"假设"的灵感，从而为解决例题提供策略，帮助学生自主完成例题的学习。

（2）红色作业纸，专为优等生或是完成例题的学生准备，让学生充分发挥自身的能力特长，开放思维，创造性地向多种解法进行探索，这也是为后面的"拓展"做好学材准备。

从实施效果来看，可选择性的学习内容为不同学生提供了超越自我的可能，帮助他们实现了自身的最大化发展。

（三）基于个体能力的差异，提供可选择的学习方式

纽约圣约翰大学的邓恩夫妇在他们提出的学习风格模型中指出，依据个体在接受外界信息时对不同感觉通道的偏好，学习者可分为视觉型学习者、听觉型学习者、动觉（或触觉）型学习者等。在一个课堂或者学习班里，如

为差异而教：小学数学差异教学十五年探索与实践

果学生的主要知觉能力与教学方法不匹配，他们也许会有学习上的困难，除非他们能用次要的知觉能力弥补。根据平时观课的经验，我们深刻体会到动觉（或触觉）型学习者难以在传统教学模式下保证学习效果。因为在有限的课堂时间内，教师不太可能让他们有过多时间通过触摸、运动等方式进行学习。这样他们就会感到被忽视，从而产生厌学情绪。为了适应不同学生的能力需要，照顾学生差异，在探索知识的过程中，应提供多样化的学习活动，让学生根据自身能力自主选择，从而为每个学生提供最大限度发展的机会和可能。

例如，在教学苏教版小学数学六年级上册《长方体和正方体》时，为适应不同的学习能力，我们给学生提供了多样化学习活动，以尊重学生的不同学习需求。

师：同学们，看来大家都已经认识长方体是什么样子的。下面我们还要进一步研究长方体的特征，大家觉得我们可以从哪些方面进行研究呢？

生：研究长方体的面。

师：很好，长方体的面有什么特征。(板书：面)

生：还可以从长方体的边进行研究。

师：(教师指着长方体的一条棱) 同学们，长方体上两个面相交的线叫作棱。我们还需要研究长方体的棱的特征。(板书：棱)

生：还有点。

师：你能指出你认为的点在什么地方吗？(学生上台指)

师：这一点在长方体中叫作顶点。我们还可以研究长方体的顶点的特征。(板书：顶点)

师：接下来，请同学们通过顶点、棱、面这三个方面去研究长方体的特征。

出示学习记录单：

学习记录单

长方体	面			棱		顶点
	个数	形状	大小	条数	长度	个数

出示自主学习要求:

(1) 可以直接观察你准备的长方体物品,独立填写记录单;

(2) 也可以摸一摸、量一量、画一画或剪一剪,再填写记录单;

(3) 也可以小组合作,选择老师准备的长方形硬卡纸或小棒制作一个长方体或长方体框架,再填写记录单;

(4) 如果有困难,可以找老师帮忙。

学生独立探究,教师巡视,及时帮助有困难的学生。

有的学生通过仔细观察,独立学习;有的学生通过在长方体模型上操作、演示,自主探究;也有个别学生通过小组合作,在组员的帮助下完成探究学习。

学生的学习方式总是多样的。有些学生善于观察,有些学生需要触摸物体、需要动手操作;有些学生喜欢独立探索发现,有些学生需要合作学习。学习记录单后为学生提供了多样的学习方法。当有些学生不能通过观察发现相对的面完全相同时,他们可以通过剪下长方体的面比一比,也可以在用硬卡纸制作长方体的过程中体会;当有些学生不能通过观察来研究棱的分组与长度关系时,可以通过量一量或是操作小棒围成长方体模型来探究;部分学生独立探索有困难时,可以在小组合作中得到组员的帮助,在听懂组员的发言或看明白组员的操作后,自己再去亲自操作,体会并理解长方体的特征。多样化学习活动不仅可以提升不同的学习能力,而且有助于学生深刻理解概念。

(四) 基于个体发展的差异,提供可选择的拓展空间

华国栋先生在《差异教学论》中指出:"差异教学的最终目的,是促进每个学生在原有的基础上都得到最大的发展,促进自我教育。既要注重学生的全面发展,打好全面的基础,从素质结构上体现个体内差异的合理性,又要开发每个学生的潜能和优势。"其实每一节数学课堂的终极目标在于,通过一定范围和一定程度的拓展教学活动,加深学生对教学内容的理解,培养学生的探究意识和兴趣,帮助他们建立科学的思维方法和探究方法,提高学生认识问题和解决问题的能力,从而使学生均衡而有个性地发展。综观我们日常

的数学课堂，拓学提升环节是必不可少的，这已成为每一位数学教师的共识。但这样的"共识"往往与"提高题"直接相关，并一味通过单一形式或只有唯一解法的难题，面向全体同学进行拓展，这样的后果往往是学习速度快的学生得到了"加餐"，学习速度慢的学生却得到了"负担"，甚至成为"拓展"环节的看客。久而久之，学习速度慢的学生不仅在能力方面未能得到相应的提升，而且还会大大降低学习的热情。因此，在设计拓展提升时，我们同样需要依据学生的个体发展差异，提供内容丰富且具有思维梯度的拓展练习，给学生充分自主选择的权利，让每个学生都在自己能力范围内选择适合自己的练习进行攻关，并在成功体验中获得提升。

在教学苏教版小学数学三年级下册《长方形和正方形的面积计算练习课》时，我们在拓展提升部分设计了两个维度的练习。

必做题：

1. 一片长方形阔叶林，长 30 米，宽 20 米。每 2 平方米阔叶林大约能放出 1 千克氧气，这片阔叶林大约能放出多少千克氧气？

2. 一块长方形窗帘布长 5 米，宽 3 米。如果把这块窗帘布按虚线剪去 2 米，剩下部分的面积是多少平方米？

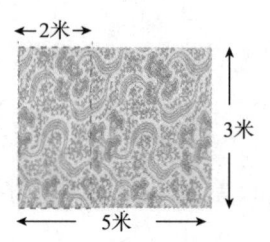

选做题：

☆：图中每个小正方形表示 1 平方厘米。你能算出长方形的面积是多少平方厘米吗？

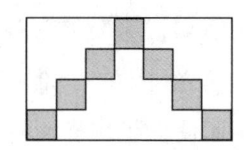

☆☆：用20米长的竹篱笆靠墙围成一个长方形鸡圈，这个鸡圈的面积是多少平方米？

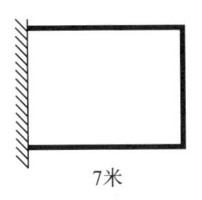

7米

☆☆☆：有2个相同的长方形，长都是7厘米，宽都是4厘米，如果把它们重叠，这个图形的面积是多少平方厘米？

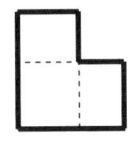

教学要求：

必做题：要求每个人都完成，这是学习目标的基础要求；

选做题：完成必做题后，根据自己的实际情况，选择适合自己的一题或多题进行攻关。

从照顾学生差异的角度来看，我们在"拓学"环节为学生提供了必做题（保底）和选做题（展异）。为了照顾接受能力较弱的学生，在完成必做题有困难的情况下，教师会为他们提供不同难度系数的"智慧锦囊"提示，为他们搭建解题的"脚手架"，以帮助他们顺利完成任务。选做题的设计理念依然立足学生，旨在让每个学生都能有选择挑战的机会。"☆"号题是给不同学生实现自我提升服务的。在处理必做题与选做题时，我们采用不同的合作形式。必做题面向全体，是要求所有学生必须掌握的，因此我们采用了"异质互纠"的方式。在异质组中，不同层次学生互相启发，发现问题，在相互讲解的过程中及时发现并订正自己的错误，完善自我认识，这样既节约了时间，又提升了学习的效果。选做题则是学生根据自我能力水平自主选择的。在此，我们采用"同质互进"的方式，让思维层次相近的同学（如选择同数星级拓展的学生）在一起交流，一起思维互动，实现共同提升。

一般说来，学习的过程越是"个人选择"的，越显现出"个性"，个体的潜质就越能释放出来。面向个体的数学课堂，必然是一个可以"自由选择"的课堂。其实，无论是学习内容的选择，还是学习方式的选择，都非常复杂，因为选择本身就是一种学习过程。有选择就必然有放弃，在"选择"与"放弃"之中，学生的认识水平得到提高，思维能力得到发展。在不断选择、不断实践的过程中，不同学生的智慧得到不同程度的提升，学生的身心就在这样的过程中日趋成熟，形成健全的个性，发展成为更好的自我。

三、及时反馈

行为主义心理学认为，学习就是行动的反馈。由此可见，全面、及时、准确的信息反馈是提高学习效率的重要因素。在目前的小学数学课堂中，信息反馈存在着一些问题，如"以优代全"，即教师以课堂上个别学习速度快的学生的学习情况来判断全班学生的学习情况。这样的反馈信息既不全面，又不具代表性，对教学的指导作用有限。又如"异口同声"，即教师往往通过"会不会啊？""大家听懂了吗？"这样的提问来获取全体学生的反馈。但这样获得的反馈信息的真实性却有待考证，对于教师认清学生的学习状态作用同样有限。为了在教学中能够照顾个体的差异，"为差异而教"的课堂经常使用大面积及时反馈策略，实时、真实地了解学生差异所在，懂得每一个学生在学习中的特殊需求，让教学与每个学生最大限度地适配。从这个意义上来说，大面积及时反馈是"为差异而教"课堂特质之一，这一特质贯穿教学的全过程，尤其应重视课初的信息反馈、教学关键环节的信息反馈以及新授后尝试练习的信息反馈。课初的信息反馈，主要了解学生学习新课前知识技能的准备情况、学习的兴趣和积极性以及学生间差异的水平。教学关键环节往往决定一节课的成败，因此在关键环节，教师要重视运用大面积及时反馈策略，了解学生对重点内容掌握如何、有什么疑问、有什么困难，特别是那些学习速度慢的学生需不需要特殊帮助等。新授结束后，在学习巩固前我们会进行一些尝试性练习，从而实时把控学生的学习效果，并依据信息反馈的情况，对教学进行必要的调整与补救。

四、合作学习

　　班级授课制与个别化教育相比，最为显著的优势在于其"群体性"。其将学生个体置于班级这个集体中，实现个体与集体的相互促进。但在实际教学中，我们很多教师并没有认识到班级这个"群"的作用，往往只是关注学生的个体差异。因为学生的差异，让他们"一刀切"的教学无法顺利实施。《学记》有云："相观而善之谓摩。"意指在教育教学过程中，要充分发挥群体的教育功能，通过个体间相互观摩，取长补短，实现共同进步。如果忽略或是放弃了群体的影响，就不能达到理想的教育效果。差异教学理论告诉我们，学生差异是天然的存在。在班集体教学中，我们应该尊重差异，合理利用差异资源，让每个学生获得最大限度的提升。"为差异而教"不仅强调学生的个别性、独立性，强调教学的个别指导，而且强调学生间的合作与交往，使他们在相互帮助中共同提高。因此，合作学习便成为"为差异而教"课堂特质之一。在课堂教学中，学生之间的合作与互助是随机的，并没有固定的组织形式。当然，在实际教学中，是可以有相对稳定的合作架构的，如同异分层、异质合作的交替组合。无论是何种形态，我们都应该给学生提供相互合作和帮助的机会，并鼓励学生积极合作和相互帮助。

五、个别辅导

　　我国现阶段班集体的教学形式难以照顾差异，不能很好地满足学生个性化的学习需求。为弥补这种班集体教学的不足，个别辅导便成了教学的重要辅助形式，成为满足学生个性需求的重要途径。按照布鲁姆的掌握学习理论，以群体教学为主、以个别教学为辅的组织形式，可使95%以上的学生达到传统教学条件下少数优秀学生所取得的成绩。

　　课堂教学中有些所谓的"待优生"，其实是因为认知前提准备不足，即没有做好学习新知的知识准备，从而与其他学生"不在同一起跑线上"。因此，"为差异而教"主张通过前测分析了解学生当前水平，并通过个别辅导，使待优生及时弥补知识技能上的缺陷，跟上全班的进度。这是课前铺垫式的辅导，还有课中及时性的辅导，课后强化辅导以及阶段（或是小单元）针对性的辅导。这里提到的个别辅导，既有向前"弥补"性的，也有向后"拓展"性的，旨在解决课堂教学中"吃不好，吃不饱"现象。同时，就辅导内容而言，除了知识技能的层面，还应包括学习动机、学习兴趣、学习态度等方面的指导与帮助。

"为差异而教"课堂教学的这五个特质没有前后之分，更没有主次之别，其依据学生的差异需求，无形地融入课堂教学之中，从而形成了"为差异而教"的课堂特有的符号化表达。

第二节 "为差异而教"的教学模式

教学模式是在一定的教学理论指导下，一组相对稳定的教学方法和策略的总称。构建与完善课堂教学模式是一个复杂的过程，"为差异而教"的课堂教学模式，同样经历了理念的理解、实践、验证再到升华的过程。

在进行第一阶段差异教学课题研究时，差异教学理念以及相关的教学策略，已深入学校每一个教师的心田。当时的我们，在内心深处已开始思考，按照差异教学理念建构的课堂教学，究竟该是什么样的。鉴于当时学校教师现状（众多青年教师缺乏课堂教学经验积淀，同时人员流动性较大），亟须构建一种相对稳定的教学模式，帮助他们将科学的理念转化为实践，进而促进学生自主地、可持续地发展。随着差异教学实践探索的逐步深入，"适合小学生自主发展的差异教学模式的研究"课题也就应运而生了，该课题的研究及其研究成果，最终形成了"为差异而教"的课堂教学模式。

一、教学模式结构流程

结合前期研究以及后期反复实践与改进，"为差异而教"最终形成了以下结构流程和操作要点（如图4-1）。

第四章 "为差异而教"的实践样态

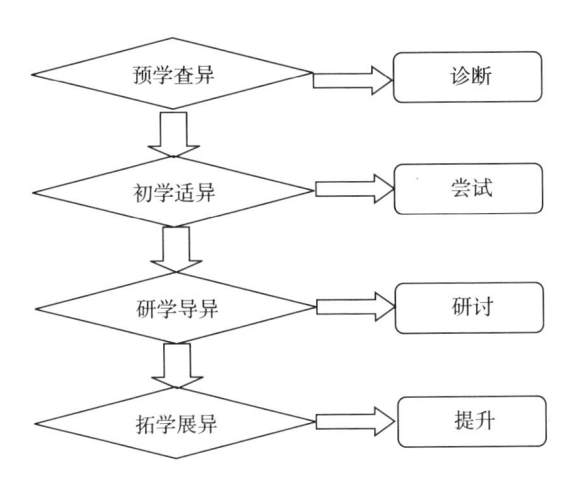

```
预学查异 → 诊断
    ↓
初学适异 → 尝试
    ↓
研学导异 → 研讨
    ↓
拓学展异 → 提升
```

图 4-1 "为差异而教"课堂教学模式结构图

（一）预学查异

环节要素：诊断

教学步骤：①课前教师采用不同的方式测查学生差异；

②教师调整教学目标；

③学生开展预学活动。

教学效果：全体学生自主感知学习内容，弥补待优生的认知基础，减少初学障碍。

教学时间：课堂预学一般不超过 5 分钟，课前预学根据要求确定。

（二）初学适异

环节要素：尝试

教学步骤：①教师出示初学要求，适当引导初学方法；

②学生开展尝试性学习；

③学生进行初学结果的展示与汇报；

④教师了解学生初学结果的差异。

教学效果：学生进行知识的初步自我建构，为组织研学做准备。

教学时间：10 分钟左右。

（三）研学导异

环节要素：研讨

教学步骤：①师生共同讨论、确定研学问题；

②教师重点指导研学方法；

③学生开展研学活动；

④师生互动，教师做出针对性指导；

⑤学生独立练习。

教学效果：不同层次的学生在教师的点拨和同伴的启发中，反馈、修正探究结果，达成课前预设的基本教学目标。

教学时间：15分钟左右。

（四）拓学展异

环节要素：提升

教学步骤：①师生确定拓学内容；

②学生开展拓学活动；

③学生进行拓学结果的展示与汇报。

教学效果：满足学生的差异需求，达成挑战性教学目标。

教学时间：课堂拓学5分钟左右，课后拓学根据需要酌情确定。

"为差异而教"的四个模块，即预学查异、初学适异、研学导异和拓学展异，充分体现了小学生的认知规律。四个模块中的前两个字"预学""初学""研学"和"拓学"侧重于学生，强调按照学生认知顺序时间安排教学流程。"预学"是针对认知准备的差异，通过"预学"使每个学生达到应有的学习起点，而不是消极地接受差异。"初学"是强调自主学习，小学生自主学习的水平不高，有的甚至还不太会学，所以只能称为"初学"；为了促进学生自主发展，教师应要求学生不能仅满足于个人自主学习，还应通过同伴合作、教师指导，从而进入"研学"。最后，在"研学"的基础上进行"拓学"，其目的在于促进学生最大限度的自主发展。四个模块中的后两个字偏重于教师，

"查异"即教师查找学生问题所在，明确差异在何处，在教学前要做到心中有数。"适异"强调在学生自主学习时，教师要提供可选择的学习内容和活动、多样化的学习途径和方式以适应学生的差异，满足学生的不同需求。但"适异"不是消极的适应，而是要在适应的基础上促进发展。"导异"是在"适异"的基础上，对有差异的学生进行有针对性的指导，促进其自主学习能力的升华。"展异"是对所学内容的拓展加深和创造性地应用。

学与教是互相作用的，教师要发挥主导作用，同时充分发挥学生的主体性，尊重学生在学习中的主体地位，促进学生的潜能开发和最大限度的发展，而这种发展就全班来说，必为差异发展。

二、教学模式操作结构

"为差异而教"课堂教学模式由四个模块组成，即预学查异、初学适异、研学导异和拓学展异。这四个模块可以单向推进，即预学查异→初学适异→研学导异→拓学展异，也可以局部小循环，即预学查异→第一次（初学适异→研学导异）→第二次（初学适异→研学导异）→拓学展异。当然，采用什么样的组合，由教学内容的新知识点决定。如果课时教学中只有一个新知识点，可采用单向推进式；如果有多个并列的新知识点，可采用局部小循环式。但不管是何种模块的组合形式，教学模式中四个模块的功能与目标是明确的，即诊断差异、照顾差异、利用差异，最终实现差异发展。

（一）预学查异

预学不是消极地接受学习起点的差异，而是通过预学使每个学生达到应有的认识准备水平。布鲁姆的一项研究表明，一堂课的学习效果50%取决于学生的认知准备水平。也就是说，课堂教学过程中造成部分学生学习困难的主要原因在于认知前提准备的差异，而这种认知前提准备的差异是可以弥补的。"预学查异"就是针对某一节课的具体教学内容进行"查异"（这样的教学内容可以是新授，也可以是单元复习）。这里所说的"查异"主要集中在学生认知前提准备的差异，在具体实施时，要求授课教师利用教学前或是课堂教学的前几分钟，采用前测试卷、问卷、访谈等形式让学生对相关旧知进行复习或对新知进行预学，通过对预学效果的分析，测查出学生在新知学习之前的准备差异，并采用合理的教学干预手段，缩小这种差异，让每个孩子都能尽可能地站在新知学习应有的起跑线上。

现代认知心理学明确指出，有意义的学习过程是原有知识同化新知识的过程。因此，教学活动必须建立在学生的认知发展水平和已有的知识经验基础之上。而学生的已有知识经验基础，特别是对基本原理和概念的理解与掌握情况，直接影响新知的学习效果，影响知识技能的正迁移水平。"预学查异"旨在通过多种形式的预习，查清学生在学习新知前的知识与技能方面的差异，找准学生学习起点，并对一些待优生进行有效的学前指导，这样就能很好地缩小他们和其他同学学习新知的差距，从而提高学习新知的质量，确保课堂学习目标的达成度。

实践案例

列方程解决稍复杂的百分数实际问题

"列方程解决稍复杂的百分数实际问题"是苏教版小学数学的教学内容。

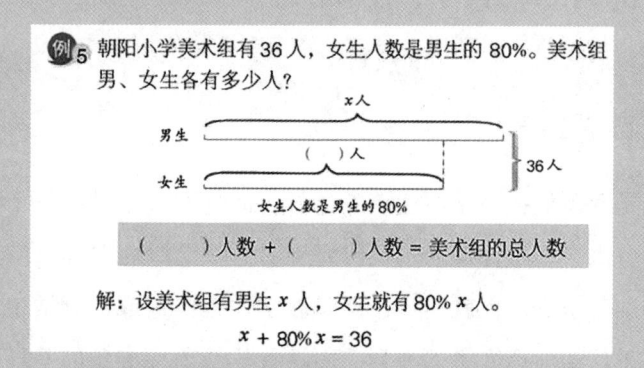

> 例5. 朝阳小学美术组有36人，女生人数是男生的80%。美术组男、女生各有多少人？
>
> 男生 ┌──────── x 人 ────────┐
> 女生 └── （　　）人 ──┘　　　　36人
> 女生人数是男生的80%
>
> （　　）人数 + （　　）人数 = 美术组的总人数
>
> 解：设美术组有男生 x 人，女生就有 80%x 人。
> $x + 80\%x = 36$

备课初，依据教师参考用书的解读，以及对本课教学内容的理解，预设的教学目标如下：

第四章 "为差异而教"的实践样态

（1）使学生在已经学会解决一些基本的有关百分数的实际问题的基础上，初步学会列方程解决一些稍复杂的百分数实际问题。

（2）使学生在探索解决稍复杂的百分数问题的过程中，培养勤于动脑、独立思考的学习习惯。

课始，在必要的复习铺垫后，直接亮出例题，让学生独立尝试练习，进行预学活动。在行间巡视时，留心观察学生的预学情况，并在心中对完成情况进行统计。

完成情况	用方程解	用除法解	用比例知识解	转化成分数解	不会解
人　数	19	10	5	3	3

从预学统计中不难看出，全班有92.5%的同学能够通过自己的理解独立完成该题，说明例题的解决对于绝大多数学生而言并不是难点。为什么在没有教之前，就有19名学生能自觉用方程解答，还有18名同学采用了不同方法进行解答呢？原来学生在之前就学过类似的知识。

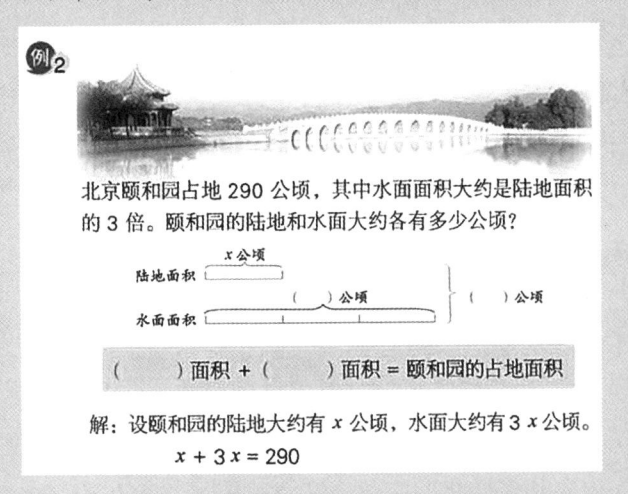

例2

北京颐和园占地290公顷，其中水面面积大约是陆地面积的3倍。颐和园的陆地和水面大约各有多少公顷？

陆地面积 x 公顷
（　）公顷　（　）公顷
水面面积

（　）面积 + （　）面积 = 颐和园的占地面积

解：设颐和园的陆地大约有 x 公顷，水面大约有 $3x$ 公顷。
$$x + 3x = 290$$

很明显这是同一类题，即都有两个未知数，并且两个未知数之间存在倍比关系，都可以用列方程的方法来解决。只不过现在的倍比关系用百分数来表示而已。同时，由于在平时的学习过程中做过大量分数除法应用题以及百分数、分数、比之间转化的练习，因此大多数学生对于"80%"这个数已经不再陌生，他们会自然而然地将它转化成4/5或4∶5，所以出现多种解法不足为奇。面对这样的预学状态，如果我们仍按预设教学目标让学生从零开始，进行逐步"探索"，显然不合适。因此，及时对教学目标进行了动态调整。

基础性目标：在回顾"列方程解决稍复杂的分数实际问题"的基础上，进一步掌握数量间相等关系的分析方法，学会列方程解决稍复杂的百分数实际问题。

挑战性目标：在辨析多种解法的基础上，沟通新旧知识之间联系，重建学生的知识结构。并在分析问题、解决问题的数学活动中，发展学生的数学思考能力，提高用方程表示数量关系的能力，进一步积累解决问题的经验，增强数学应用意识。

苏霍姆林斯基说过，不了解孩子，不了解他的智力发展，不了解他的思维、兴趣、爱好、才能、禀赋、倾向，就谈不上教育。其实，"预学查异"就是一个"诊断"、了解的过程。学生的"预学"活动帮助教师彻底读懂学生，准确把握课堂的脉搏，只有这样才能制定出合理的教学目标和教学过程的方案。这样的目标就像一盏正确指路的明灯，照亮我们前行的脚步。唯有这样，我们才能营造出充满生命气息与趣味的高效课堂。

（二）初学适异

差异教学立足于学生个性发展，并不是为了将学生的差异拉平，但客观上，学生学习水平差距过大会给班级课堂教学带来一定困难。[①] 初学适异环节是在了解学生预习情况的基础上，让学生尝试对新知进行自主学习，并通过选择性的学习内容和多样化的学习方法等策略满足学生差异化的学习需求，从而加快学生自我适应新知识的步伐，缩短课堂上接受新知识的时间。

教材中的学习内容都是按照学生的一般认知规律，由浅入深、由易到难

---

① 华国栋. 差异教学策略 [M]. 北京：北京师范大学出版社，2009：85.

进行编排。但考虑到知识体系和学生需求，我们可以通过灵活安排教学内容、调整教学手段、提供其他辅助教学资源等方式，向学生提出不同梯度的初学要求，让学生开展尝试性的自主学习。在学生尝试性自主学习的过程中，教师应提供适合不同学生的差异性方法与技术指导，并通过学生的集体、及时反馈，了解学生对新授知识的掌握情况，以便为后面的研学做好充足的准备。因此，教师还需要组织学生进行初学成果的汇报，了解学生初学结果的差异，并在汇报中进一步整体感知学生在学习过程中形成的认知差异，以便及时调整下个环节的教学方法。

实践案例

长方形和正方形的周长练习

出示初学内容：王叔叔要建一块长方形菜地，长8米，宽5米。如果这块菜地一面靠墙，需要多长的篱笆才能把菜地围起来？

提出差异学习要求：

(1) 先独立思考，能直接列式计算，可列式完成；

(2) 不能直接列式，可以借助作业纸上老师提供的一面墙，画一画，围一围，再列式计算；

(3) 如果还有困难，可以寻求老师帮忙。

师：哪些同学是直接列式完成的？哪些同学是借助作业纸画一画，然后完成的？（集体、及时反馈，了解学生的学习方法，以及差异所在）

师：我们先一起来欣赏一下，通过画一画完成任务的同学的计算过程吧。

请不同画法与解法的同学上台展示，并叙述解题思路，借助学生形象直观展示，一方面提醒部分思考不全面的学生可以有两种不同的设计方案，另一方面也形象直观地解释了这样计算的道理。

教师进行总结：运用长方形或正方形周长计算方法解决实际问题时，要注意辨析问题要求，确定所求问题涉及长方形的几条边，然后再选择合

> 适的方法进行计算。
>
> 追问：你觉得王叔叔选择哪种方案更合适？
>
> 学生讨论，并说明理由。

在教学长方形和正方形周长的计算时，新授重心主要落在对周长计算方法的探寻上，随后的课堂练习是针对计算方法的巩固和应用，基本上都围绕"四边形"展开，即要计算周长时就是把四条边长都加起来，这属于简单的模仿性练习，对于周长变式以及不完全长总和的实际问题提及甚少。但解决实际问题需要根据不同的生活情境，对计算方法进行选择性应用。因此，在设计练习课时，我们可将在复杂情境中运用计算方法求周长作为新知进行教学，其目的在于提升学生灵活运用所学知识解决实际问题的能力。案例中的练习，其实是就周长计算公式让学生进行初学。其实像这样的知识补充在我们的实际教学中随处可见，如教学完圆柱体积后，让学生比较并总结得出长方体体积、正方体体积、圆柱体积公式都可以用 $V=Sh$ 来表示。在练习课中，安排一个计算钢管体积的练习，让学生通过初学与交流得出钢管的体积公式也可以用 $V=Sh$ 来表示，随后将体积公式（$V=Sh$）延伸到所有直柱体的体积这一知识层面上，从而丰富学生的认知结构。

知识的新与旧，其实是相对的。从差异教学的角度出发，有些拓展性的知识对于学习能力较强的学生而言，可能谈不上"新"，其仅是旧知的一种"变式"罢了。但对于接受能力较弱或是思维拓展不够宽广的学生而言，这样的"补充"是全新的，是非常有必要的，更是他们走向更高思维层次的一块新"台阶"。为此，我们应利用一切练习课的机会，在知识的拓展处下足功夫，并以"初学"的形态开展自主学习，从而丰富学生的认识结构，提升他们的思维能力。

（三）研学导异

"研学导异"是指通过一系列的研讨活动引导学生学习、掌握、理解和应

第四章 "为差异而教"的实践样态

用新知。在此过程中，基于学生个性、能力差异，采用不同的方法引导，指导他们合作学习，以达到共同学习、全面发展的目的。在"研学导异"环节，教师应从单一的知识传授者的角色，逐步向教学活动的组织者、引导者和合作者转变，要精心设计教学，处理好"全体"与"个别"的关系，并能根据课堂情况，随机应变，提高教学有效性。教师既要营造宽松的学习环境，又要积极参与学生学习过程，倾听学生的意见。同时，对知识分类梳理、总结，形成有条理、有系统的知识链也是"研学导异"环节的任务之一。及时引导和反馈可以帮助学生在学习过程中及时掌握知识点，逐个击破难题，实现由点到面的稳步增长，缩小不同层次学生之间的差距，使全体学生共同进步。"研学导异"环节是整个模式能够有效实施的关键。

苏霍姆林斯基指出，每个人的心灵深处都有一种根深蒂固的需求，那就是希望自己是个发现者、研究者、探索者。由此可见，我们的教学活动要让学生充分经历研讨的过程，不同层次的学生在教师的点拨和同伴的启发中，反馈、修正探究结果，达成课前预设的基本教学目标。"研学导异"是在"初学适异"的基础上让学生自主完成学习的全过程，通过有针对性的提问，实现从教师引领到学生自主选择的转变。同时，在教学中可交替合理地运用"同质合作"和"异质合作"，防止单纯同质合作学习带来的标签效应，或单纯异质合作学习对高水平学生缺少挑战的问题。

学生在先前学习的基础上对教材文本有了一定的认知，为适应不同学生更深层的需求，要根据不同的教学目标、学生的心理特征和学生的知识基础，以及各学科的特点、教师特点和教学时间的多少，选择相应的教学方法。

实践案例

苏教版小学数学五年级上册《小数乘整数》

1. 竖式计算：0.8×3

师：小数乘整数，还可以用竖式来计算，谁愿意来试一试？

（指名板演，讲解竖式。）

师：列竖式时，3为什么要和8对齐？要先算什么？24表示什么？积应该是多少？小数点点在哪？

（结合学生的回答明确：小数乘整数和整数乘法一样，列竖式时，要保证两个乘数0.8和3的末尾对齐，再转化成整数乘整数来计算，最后在"24"上从右往左数一位，点上小数点。）

2. 竖式计算：0.5×3和0.05×3

师：这两道题你能用竖式计算吗？

（学生独立笔算，展台展示结果，并由学生自己介绍是怎么算的。）

师：0.05×3前面没有整数部分，应该怎么办？

生：在前面补0。

师：都是先算5×3，为什么一个积是1.5，另一个积是0.15？

生：第一题表示15个0.1，第二题表示15个0.01。

师：为什么一个是15个0.1，而另一个是15个0.01？

生：乘数一个表示5个0.1，另一个表示5个0.01。

师：看来积的小数位数和乘数小数位数有着密切联系，有什么联系呢？

生：乘数是几位小数，积就是几位小数。

3. 试一试

(1) 竖式计算：3.7×5和35×0.24。

(2) 竖式计算：0.68×9和1.05×24。

师：结合前面的计算，你知道小数乘整数怎么计算吗？

生：把它看作整数乘整数来计算，乘数是几位小数，积就是几位小数。

4. 想一想

师：根据148×23=3404这道题，你能写出下面四道算式的得数吗？

14.8×23=　　　　148×2.3=　　　　148×0.23=　　　　1.48×23=

（学生独立完成，指名回答，并说说想法。）

本节课的教学目标是理解小数乘整数的竖式计算方法，会正确用竖式进行小数乘整数的计算。教师在研学环节先放手让学生尝试用竖式计算0.8×3，再借助学生正确的笔算过程，通过适当地追问，在引导全体学生具体感受小数乘整数的计算方法的同时，渗透了数学的化归思想。之后，教师并没有直接揭示小数乘整数的计算方法，而是继续出示了两道题，让学生独立计算，汇报后再通过对比"结果为什么不同"进一步揭示算理，让理解算理有困难的学生得到进一步的指引。这样的设计避免了传统计算教学直接传授、机械训练的弊端，更凸显了学生感受算理、探索算法的过程。随后学生又练习了四道题，看似重复其实不然，教师通过改变小数和整数的大小逐步增加了计算的难度，这样能够让理解有困难的学生从懂到会用，让理解速度快的学生从会用达到熟练运用，从而使不同学生的运算能力都得到发展。实践中的理解比死记硬背更有利于理解算理和掌握算法，所以学生在总结小数乘整数的计算方法时很轻松。明确了小数乘整数的算法，教师通过第4题来检验学生对算法的掌握情况，并进一步提高运算能力。

（四）拓学展异

随着2022年版义务教育课程标准的贯彻执行，课堂教学拓展已成为课堂教学的重要组成部分。不同于传统教学只注重知识的传授，课堂教学拓展从更高的层次对教师和学生提出了要求。华国栋教授也在《差异教学论》中指出："差异教学的最终目的，是促进每个学生在原有的基础上都得到最大限度的发展，促进自我教育。既要注重学生的全面发展，打好全面的基础，从素质结构上体现个体差异的合理性，又要开发每个学生的潜能和优势。""为差异而教"课堂模式中"拓学展异"环节的本质也在于此。

拓学展异是指在课堂教学过程中依据教学内容、教学目标，通过一定范围和一定程度的拓展教学活动，加强学生对教学内容的深入理解，培养学生的探究意识和兴趣，帮助他们建立科学的思维方法和探究方法，提高学生认识问题和解决问题的能力，从而促进学生均衡而有个性地发展。

> **实践案例**

苏教版小学数学一年级下册《求两数相差多少的实际问题》

本课基础目标：学生能记住求两数相差多少的实际问题的解决方法；通过排一排、比一比等活动体会一一对应的数学思想，初步理解求两数相差多少的实际问题的结构和数量关系；能正确、熟练地解决求两数相差多少的实际问题；能灵活地利用所学知识解决相关的实际问题。

本课提升目标：学生通过动手操作的过程，理解并加深对数量关系的理解；能灵活运用本节课所学的求两数相差多少的实际问题的方法，解决相关的拓展题。

案例片段如下。

1. 出示题目

两个小朋友收集邮票的情况

小明	小红
10 张	6 张

小明送给小红几张邮票，两人就同样多了？可以动手画一画，也可以直接列式计算。

师：想要得到第五颗智慧星可就没那么容易了，敢接受挑战吗？（生：敢！）

师：仔细看，从表格里，你知道了哪两个条件？问题是什么？谁来完整地读给大家听。

生：小明收集了 10 张邮票，小红收集了 6 张邮票，小明送给小红几张，两人的邮票就同样多了？

师：这个问题你们会解决吗？请你动动脑、动动手，在数学本上画一画来解决，待会儿我请速度最快的人当小老师，讲给大家听。

2. 学生尝试解决，交流、汇报

（展示学生的作业本，请学生来讲述思考的过程。）

师：谁来当小老师，讲给大家听一听？带着本子来，其他人仔细看一看，看看他的想法跟你的是不是一样的。

生：首先画出了小明的10张邮票，然后我又画出来小红的6张邮票，小明比小红多4张邮票，然后再把多出来的4张邮票送一半给小红，就一样多了。

师：送几张给小红呢？

生：2张。

师：和他想法一样的请举手。你们都是怎么想的？

师：小明比小红多了几张？

生：4张。

师：把多出来的其中的几张给小红呢？

生：2张。

师：只能把多出来的一半分给她，为什么不把多出来的全给她？

生：因为把多的全给她，小红就多了。

师：除了画图，还有其他不同方法吗？

生：列算式。（出示给其他学生。）

师：他的算式是这样写的，你在心里就已经想好了，是吗？你是怎么想的？

生：10就是小明的张数，10-2=8，再拿小红的张数加上2就和小明同样多了。

师：这个方法也可以，你们都是这样想的吗？最后小明要给小红几张？（生：2张）两人就同样多了。

低年级学生年龄较小，对于需要思考的题目通常需要借助直观的操作来帮助理解与掌握。于是，让学生用画小圆片的方法来解决，形象地为学生的逻辑思考做了"扶手"，让他们有据可依，便于思考与记忆较为抽象的方法。在画图过程中，学生动手又动脑，在轻松愉悦的氛围中达成了提升目标——加深了对数量关系的理解。在集体交流与汇报的过程中，教师作为学生的引导者，对学生的思考过程进行梳理，让学优生作为"小老师"来讲述自己的思考过程，激发学生的求知欲望，并进行适时的评价，对学生进行鼓励。让不同层次的学生都能够往上"跳一跳"，在原有的基础上得以提高，达成了提升目标——灵活运用。这样的拓学环节，极大地促成了学生数学思维的养成与解题技能的提升。

第三节 "为差异而教"的课堂工具

"这个问题简单一些，应该请张某某回答，因为他基础薄弱一些，这样他就能获得自信。"

"李某某思维比较严密，表达能力强，最后的总结发言非他莫属。"

这样的课堂教学心语一直存在于教师的内心深处，照顾差异其实在每个教师的教育教学过程中都能或多或少地涉及。然而，在班集体授课制下，一线教师很难在课堂教学中落实"差异教学"，他们最多在提问对象的选择上、评价的个性化上照顾差异。这与华国栋先生提出的差异教学的人本价值（促进每个学生最大限度的发展）相差甚远。

难道在班集体授课制下，实施差异教学就那么难以实现吗？并非如此。笔者致力于差异教学研究十余年，并在华国栋先生的指导下，研发了一系列基于差异教学的课堂教学工具包。在日常的教学中，因为有了这些工具包的支持，我们能为每个学生拟定不同的学习目标，提供可选择的学习内容，设计个性化的拓展练习，满足每一个学生的学习需求，从而让使他们各自获得最大限度的发展成为可能。

一、认知测查卡，摸清学生的差异所在

美国当代著名教育家和心理学家布鲁姆研究指出，学生学习的成绩好坏

第四章 "为差异而教"的实践样态

主要受三个变量的影响：认知前提行为、情感前提特性和教学质量。其中，认知前提行为是指学生对所学内容的必备知识和技能掌握情况，其决定着学习成绩差异的50%。布鲁姆的研究还告诉我们，这些认知前提行为差异属于习得性差异，尽管有的差异很大，但是我们如果能为每个学生提供均等的学习机会，改善课程内容和教学方法，照顾他们学习速度的差异，提供适合每个人的教学，改善学校与家庭的联系和环境，特别是丰富他们的学前经验，缩小学习基础的差异，那么95%以上的学生的学业成绩都会达到优秀。由此不难看出，认知前提行为的差异是客观存在的，正确面对、了解这样的差异，并通过一定量的教学干涉缩小这样的差距，是实施差异教学的前提与根本保证。

认知测查卡，作为实施差异教学过程中第一个需要使用的工具，主要以试卷的形式出现。测查新授内容时，测查内容主要由两部分构成，即新知所需的认知基础以及与新知相仿的尝试练习。测查认知基础的目的在于了解学生的认知前提差异，对需要帮助的学生提前干预，让所有学生尽量站在认知起点的同一起跑线上；而测查与新知相仿的尝试练习，其目的在于了解学生对新知认识的差异，为确定挑战性教学目标以及安排个性化的学习内容服务。练习课或复习课进行认知提前行为测查时，测查内容主要以练习课与复习课中的教学内容为主，其目的是为确定教学目标服务。如我们在进行苏教版小学数学三年级上册《长方形和正方形的周长计算》练习课教学之前，为了解学生对已学新知（长方形和正方形的周长计算）的掌握情况，我们通过认知测查卡对学生的认知前提准备进行了测查，得到测查情况分析（如表4-2）。

表4-2 《长方形和正方形的周长计算》练习课测查情况分析

题序	认知测查卡内容	测试人数	正确人数	错误人数	错误率	错误原因
1	计算下面图形的周长。 7米 4米　6分米	50人	49人	1人	2%	计算错误

续表

题序	认知测查卡内容	测试人数	正确人数	错误人数	错误率	错误原因
2	一个长方形的长是20分米，宽比长短6分米。这个长方形的周长是多少分米？	50人	40人	10人	20%	（1）不知道要将宽先求出 （2）将宽求错
3	用两个长4厘米、宽2厘米的长方形拼成正方形或长方形，拼成的正方形、长方形的周长各是多少厘米？	50人	23人	27人	54%	将两个长方形的周长之和作为拼成图形的周长

第1题，只有一名学生出错，而且是计算型错误，由此可知学生对长方形（或正方形）的周长概念及其计算方法掌握得比较好，故在教学设计时，这样简单的应用公式进行计算练习的内容就可以不必再出现了。第2题，考查的是长方形周长计算的综合运用，从20%的错误率可知，学生对于长方形周长计算综合运用能力还有待加强。因此，提升学生长方形周长计算的综合运用能力，特别是解决问题能力将作为本节课的重要教学目标之一，且放在"初学"环节，让学生运用长方形周长计算方法自主尝试解决。第3题，针对教材中第10题进行设计，从测查效果来看，学生基本上不能理解拼成后的图形周长与原有两个图形周长之间的关系。因此，练习课教学时应将该内容安排在"研学"环节进行，重点让学生明白图形"拼"与"分"之间周长的变化关系。基于以上的测查数据分析，我们确定本节课的教学目标如下：

（1）让学生能综合运用长方形周长计算方法解决实际问题；

（2）使学生理解图形"拼"与"分"之间周长的变化关系，并能正确求出"拼"与"分"之后图形的周长，找到在复杂情境中求长方形周长的方法。

通过了解学生的认知前提准备，我们知道了学生的学习基础情况，同时也知道了不同学生需要不同的照顾。在课堂教学时，教师个性化的指导多了，学生可选择的内容也丰富了。每个学生都能在教师的引领下、同伴的影响下、自身的努力下，获得不同程度的发展。

二、内容选择卡，合适的才是最好的

纵观现行小学数学教材的新授课编排内容，一般情况下由"一到两个例

第四章 "为差异而教"的实践样态

题+配套练习"组成。在班级授课制下,绝大多数教师在教学时采用的基本上都是"齐步走,同样学"的模式,造成了能力强的学生对新知的学习"嚼之无味",而能力弱的学生则"久嚼不烂"的不良课堂生态。日本著名教育家小原国芳曾说:"有一种集体教学法……把五十个人看成一个人,把八十个人也看成一个人,简直是一个模子里刻出来的,不分张三、李四、王五一样教,这是极其恶劣的做法。"那么如何在同一个课堂中,让这些存在差异的学生获得不同的发展呢?我们研制了"内容选择卡"来满足不同学生的学习需求。

"内容选择卡"一般情况下由"我来学""我来挑战"与"智慧锦囊"三个子工具组成。"我来学",即课标规定的教学内容,一般是教材中的新授例题,这是最基本的学习要求,人人都要通过自主学习掌握;"我来挑战",即在思维难度与方法途径上比教材例题提升一个档次的学习内容;"智慧锦囊",即当学生在进行"我来学"的自主学习遇到困难时,由教师所提供的学习帮助与提示。通过这样对低难度的学习内容的自主学习,学生可以在思路或者方法上获取灵感,减少自主探究难度,自主完成"我来学"的学习任务。下面以"鸡兔同笼"一课为例。

我来学:鸡兔同笼,有12个头,30条腿,鸡、兔各有几只?

鸡有几只	兔有几只	腿有多少条		
^	^	算式	腿数	判断

我来挑战:鸡兔同笼,有35个头,94条腿,鸡、兔各有几只?

鸡有几只	兔有几只	腿有多少条		
^	^	算式	腿数	判断

智慧锦囊:鸡兔同笼,有12个头,30条腿,鸡、兔各有几只?

鸡有几只	兔有几只	腿有多少条		
^	^	算式	腿数	判断（×或√）
1	11	1×2+11×4	46	×
2	10	2×2+10×4	44	×

教学时，"我来学""我来挑战"这两个工具是直接呈现给所有学生的。学生需要自主尝试完成"我来学"中的内容，学有余力的学生在完成后，可以挑战红色作业纸中的更高要求，即"我来挑战"中的学习内容。学生若在自主学习"我来学"内容时遇到困难，可以举手向教师示意，获得"智慧锦囊"以继续自主探究。这一组学习工具中的"我来挑战"与"智慧锦囊"不仅在新授学习时使用，在后面的巩固与拓展中也可以使用，其充分体现了两个核心关键词——自主与选择。整个学习过程是学生依据自身的能力自主探究完成的。即便在学习"我来学"内容时有困难，也可以通过"智慧锦囊"的提示性探究，给"我来学"提供学习经验，从而达到自主完成"我来学"内容的目标。对于每一个个体而言，他们的学习内容不是"一刀切"的，而是有差异的，而实现这种差异学习的途径是学习内容的可选择性。在"内容选择卡"的帮助下，我们的课堂就能实现按需学习，差异提升，从而达到"各美其美"的目标。

三、学后检测卡，及时查漏精准补缺

个体间的差异是影响学习效果的关键要素之一。如果我们无视或者忽视这种差异的存在，久而久之这样的差异会慢慢变成一种较难扭转的个体间的差距。古语有云："今日事今日毕。"为了达到"堂堂清""日日清""月月清"的效果，我们研发了"学后检测卡"。该检测卡是在完成一堂课的学习内容或是某个单元的学习任务之后，针对学习目标中的基础性目标而设计的一种检测卡。检测内容少而精，重在查漏补缺，确保学生能够在规定时间内独立完成，以便及时评价与反馈。"学后检测卡"主要有课堂检测卡、单元检测卡、专项检测卡（如计算、概念、操作、解决实际问题）这几种类型。

在教学苏教版小学数学五年级上册《平行四边形的面积》之后，我们安排了如下课堂检测卡：

《平行四边形的面积》课堂检测卡

1. 计算下面平行四边形的面积。

（1）底12cm，高7cm　　（2）斜边12cm，高9cm，上底6cm

2. 一个平行四边形的面积是102平方厘米，高是6厘米，它的底是多少厘米？

这份课堂检测卡只有三道题。第一题是面积公式的直接运用，是基础题；第二题增加了底与高的对应性测查，旨在了解学生对公式的理解程度；第三题则是面积公式的逆应用，这对于五年级学生而言是必须掌握的习惯性思维。对于检测卡中出现的错误，如果是个别现象，教师需要第一时间与出错学生进行沟通，了解错因，及时辅导，直到学生完全理解为止；如果是大面积出现错误，教师首先需要自我反思，自查教学过程中可能存在的问题，厘清整改思路，并进行集体纠错，在下一节课中再次检测与反馈。课堂检测卡是在每堂课（特别是新授课）结束时使用的，重在检测学生对新知的理解与掌握情况，属于"点"上检测；单元检测卡与专项检测卡则属于"面"上检测。点上检测能够及时了解学生学习效果与学习习惯等方面存在的问题，面上检测能够起到巩固与再检测的效果。在不同类型的学后检测卡的帮助下，每一个学生都能较好地掌握所学知识，即便出现一些小的问题，也能及时发现与弥补。

四、差异发展卡，让自主成长常态化

差异教学的人本价值在于促进每个学生最大限度的发展，而在班级授课制下最难兼顾的应该是"吃不了"的待优生与"吃不饱"的优等生。差异发展卡的创设便源于此，其是专为课堂教学中难以充分照顾到的"两头"学生准备的。

为差异而教：小学数学差异教学十五年探索与实践

针对"吃不了"的待优生开发的差异发展卡是待优生教育指导卡（如图4-2）。该卡类似于跟踪学习记录卡，内容包括该生的现有能力水平分析、课外个别化指导以及家庭协作指导相关情况的记录，由任课教师进行管理。在使用过程中，最为核心的是每周一次、专为该生私人定制的学科帮扶指导。每一次课后指导，教师需要将实施的过程以及效果记录下来。通过教育指导卡，这些待优生在教师的帮扶下、家长的协助下，逐渐获得成功的体验、找回学习的信心，从而实现自我提升、自主成长。

待优生教育指导卡

（　　年　　学期）

学生姓名		性别		出生年月		班级	
任课教师				班主任		计划实施负责人	
学生现有能力水平	学科成绩分析	颜倒					
	不良现象原因						
年度教育目标							
学校特殊教育教学服务	集中教育教学活动关注点						
	课外个别指导计划	时间	教育教学指导内容		指导教师	实施情况	
家庭协作指导						家长：	
目标达成评价						项目负责人：	

图4-2　待优生教育指导卡

第四章 "为差异而教"的实践样态

针对"吃不饱"的优等生开发的差异发展卡是"每日提升"思维卡（如图4-3）。该卡一般情况下以每日两题的形式出现：第一题要求知识点基于所学内容，但稍高于课本要求，正常情况下班级中60%的学生能够独立完成；第二题要求知识点不拘泥于所学内容，要有难度，且渗透着一定的数学思想方法，能够独立完成的学生较少。"每日提升"思维卡每周五张（对应周一到周五），可采用单日单发或一周一发的形式，面对所有学生（不贴标签），要求在自愿且能力允许的情况下自主完成。反馈形式也有区别，第一题是以学习小组的形式进行反馈，指导、纠正由小组长组织成员一起交流完成；第二题则采用自主学习系统（自主学习系统是一个演示文档，主要呈现该题的思维过程、奇思妙想以及思想方法等相关信息。一般情况下由学科教研组统一制作完成，周末发给学生进行自主学习）。让优等生在家自主学习后进行反馈。

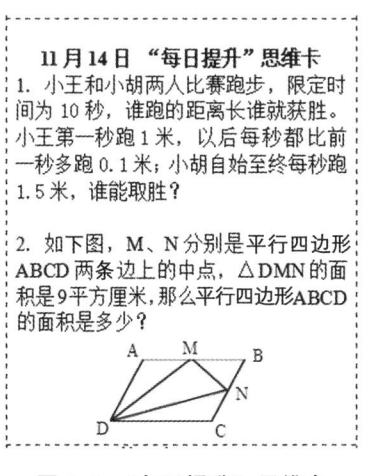

11月14日"每日提升"思维卡

1. 小王和小胡两人比赛跑步，限定时间为10秒，谁跑的距离长谁就获胜。小王第一秒跑1米，以后每秒都比前一秒多跑0.1米；小胡自始至终每秒跑1.5米，谁能取胜？

2. 如下图，M、N分别是平行四边形ABCD两条边上的中点，△DMN的面积是9平方厘米，那么平行四边形ABCD的面积是多少？

图4-3 "每日提升"思维卡

无论是待优生教育指导卡，还是"每日提升"思维卡，它们都是为满足不同学生的学习与提升需求服务的。使用过程重在坚持，贵在及时反馈与表扬。通过表扬，让这些学生收获成功的快乐，从而让自主成长成为常态。

"工欲善其事，必先利其器。"认知测查卡、内容选择卡、学后检测卡、差异发展卡,它们都是基于差异教学理念,为更好地照顾差异、实现差异发展而研发的课堂工具包。这些工具包覆盖了从课前、课中到课后的学习环节,在学生学科知识学习层面已形成序列。在它们的帮助下,每个学生都成了学习的主人,尊重差异、照顾差异、发展差异也终将成为现实。

第五章 "为差异而教"的教学策略

在"为差异而教"的教学主张引领下，本章将呈现丰富且切实可行的教学策略：从多路径精准分析学情入手，如同为教学安上明亮的眼睛，能够洞察学生的不同特点；进而制定弹性化学习目标，让每个学生都有专属的成长方向；调整统一化教学内容，使其更具适应性，提供多样化活动材料，激发学生的兴趣与潜能；通过动态隐性合作与交流，促进学生相互学习；还有合适的学习辅导、及时反馈、开放性练习、照顾差异的板书以及多元化评价……以上种种共同构建起完整的教学体系，助力差异教学的有效实施。

第一节 多路径精准分析学情

学情分析是确定教学起点和生长点的重要依据，精准分析学情既是满足学生不同学习需求的重要前提，又是提高教育教学有效性的重要保障。我国2019年颁布的《中共中央 国务院关于深化义务教育教学改革 全面提高义务教育质量的意见》提出，要将课堂教学作为改革的主阵地，优化教学方式，突出学生主体地位和教师的主导作用，教学中要"精准分析学情，重视差异化教学和个别化指导"。为此"精准分析学情"是"为差异而教"这一教学主张在课堂实施中的首个要素，唯有"精准分析学情"才能实现"为差异而教"。

一般情况下，学情内容主要包括学生的一般学习特征、初始能力以及学

为差异而教：小学数学差异教学十五年探索与实践

习风格等，具体分析时需要对学生这三方面的个性特征进行描述，查找其形成的原因以及这些个性特征对学生学习的重要意义。其中，对学生初始能力的精准测查，可以准确地确定教学起点和教学生长点，从而有效达成教学目标，提高学习效果。学生的初始能力包括学生的认知前提准备、学习动机和学习态度。认知前提准备包括知识、技能、态度、经验、阅历、能力等。在布鲁姆看来，学生学习成绩的好坏主要受三个变量的影响：认知前提行为、情感前提特性和教学质量。其中认知前提行为就是指学生对所学内容的必备知识和技能掌握情况，它决定着学习成绩差异的50%。因此，教师在备课时必须准确把握学生的学习生长点，即学生已经具备了哪些学习新知所必需的生活经验和知识技能，是否已达到或部分达到了教学目标，哪些知识学生自己能学会，哪些需要教师的点拨。一般情况下，教师会凭自己的主观感觉或教学经验判断学生的学习生长点，但这其实是错误的。因为成人与学生的思维有一定的差异，学生与学生之间也存在着很大的差异，这种臆断容易造成主观认识偏离客观实际的情况，从而导致教学活动的低效甚至无效。为了准确地了解学生学习新知的真实情况，有针对性的学习前测不失为一种行之有效的策略。学习前测是指教师根据教学目标，将学习内容编制成测试题目，在备课之前对学生进行测试。测试的结果将较为准确地告诉我们学生的认知前提准备情况。只有基于"学习前测"结果分析下确定的学习目标才是准确的，学习内容才是鲜活的，这样的课堂教学才能焕发出生命的活力。

一、了解认知起点，及时查漏补缺

学生的认知起点是指学生掌握新知识所必须具备的知识基础，其是学习新知的前提。按照掌握学习理论，只要给学生提供必要的认知前提行为、积极的情感前提特性以及高质量的教学，那么学习成绩之间的离差就将缩小到10%。如果学习新知之前的认知起点就存在着很大的差距，势必影响新知的学习效果。有经验的教师，在新授知识间关联较大的相关学习内容前，一般会准备3~5分钟时间用于复习旧知，从而减少认知起点的差距。但这种建立在经验基础上的"了解学生"，针对性不强，特别是对于旧知掌握并不理想的学生来说，这短短的几分钟显然是不够的。因此，我们可以通过学习前测，全面了解学生的认知起点，发现认知起点较低的学生，找到其困难所在，并有针对性地进行查漏补缺，扫清其认知路上的"障碍"，让每个孩子都能站在认知活动的同一起跑线上。

如学习"三位数乘一位数的笔算"时，学生所需的知识基础主要有三个方面：一是万以内数的认识；二是两位数乘一位数的算理与方法；三是整百数乘一位数的口算的熟练掌握。其中，两位数乘一位数的算理与方法最为重要，学生对其的掌握程度直接影响着三位数乘一位数笔算的学习效果。因此，课前先对学生进行两位数乘一位数笔算以及整百数乘一位数口算的测试。从测试反馈信息中，排查出对于这部分知识掌握不够全面的同学，然后有针对性地对他们进行算理、算法的辅导，以确保他们拥有足够的"三位数乘一位数"的认知前提。新授结束后，我们又对"三位数乘一位数"的学习效果进行了测试。从后测效果分析中发现，部分待优生取得了与优等生一样的学习效果（满分），即使少部分同学因多方面的原因掌握得还不够理想，但对于这部分新知的掌握与优等生之间的差距明显缩小。由此可见，通过学习前测，了解学生的认知起点，及时发现问题，提前做好查漏补缺工作，对于学生而言是何等的重要。

二、关注现有基础，确定合理目标

教学目标是教师课堂教学的一个标尺，也是教师教学行为的依据。目标的合理性是课堂高效、学生得以发展的根本保证。而根据给定的教学内容（教材），很多教师在制定目标时，一般会采用两种较为草率的方式：一是照抄教参式，缺乏个人思考；二是主观经验式，忽视学生实际情况。无论哪一种方式，都忽视了学生在课堂中的主体地位。课堂是师生双方的活动，课堂的根本目的是促进学生的成长。吴正宪老师说过，要给学生"有营养"的数学。这就要求教师必须要读懂数学、读懂教材、抓住数学的本质，关注学生的现有基础，确定合理的教学目标。仅凭教师的经验主观判断学生现有基础是远远不够的，我们必须运用前测手段深入了解学生学习新知的现有基础，再依据课程标准，结合学生的实际情况制定目标，这样的目标才是合理有效的。

苏教版小学数学教材（旧版）四年级（上册）《找规律》（——间隔排列）一课，教材在新授部分提供了一幅主题图，蕴含的是单一的规律："两端物体相同，排在两端的那种物体比另一种物体多一个。"为了了解学生的现有基础，我们以本课的重点知识为内容设计试卷，进行了前测。数据情况为：全班38名学生有19名学生得到了满分，有13名同学分值为90分。这表明，大部分学生课前已经较好地掌握了间隔排列的规律，并能进行运用。经课前采访得知，有一部分学生在奥数课堂中有过比较系统的学习，有良好的认知基础；也有少部分学生是经过独立思考后解决完成的。但是，低分组5名学生的平均分只有64分，其中有一位学生仅得了35分，这部分学生没有接触过相关内容。从以上分析不难看出，如果将教材中所呈现的单一规律作为目标要求所有学生掌握，那这样的目标就太低了，而且是无效的。那么，制定什么样的教学目标才能帮助一部分学生发现、理解、掌握和运用规律，同时使另一部分学生获得更高层次的发展呢？我们依据差异教学的理论，对本节课知识技能方面的目标进行了有差异的设置。

基础目标：

通过合作探究，找到间隔排列的两种物体个数之间的关系，以及类似现象中简单的数学规律，并能够利用这一规律解决简单的实际问题。

差异目标：

1. 大多数学生会用一一对应的数学思想解释规律；

2. 能力强的学生会论证规律，并利用规律解决复杂的实际问题；

3. 根据自身能力理解三种情况的结论的区别和联系（即或排成一条线并且排在两端的物体相同，或排在两端的物体不同，或排列成一个圈）。体验分情况讨论和化归的数学思想方法。

三、分析原有的认知基础，选择教学方法

苏联教育家、教学论专家巴班斯基指出，选择对某节课最有效的教学方

法，是教学过程最优化的核心问题之一。由于学生之间差异表现是多方面的，不仅有生活经验和数学基础的差异，还有智力、认知方式以及性格等方面的差异。所以，教学方法也不能千篇一律。教学方法的选用标准之一就是学生原有的认知基础。

在教学苏教版二年级《时、分、秒》一课时，面对的虽然是二年级的小朋友，但他们对于时间（或钟表）并不陌生。通过平时在生活中如几时看动画片、几时出外玩等体验，学生也积累了一定的认识钟表的经验。为了摸清此时学生对钟表的认识程度，在教学前，对学生进行了该内容的前测，情况如表 5-1。

表 5-1 《时、分、秒》前测

前测内容		正确人数	正确率	错误原因
钟面图	1. 左面的物体是（　）	39	97.5%	不知道
	2. 它上面有些什么？答：	28	70%	填写不全
钟面图	左侧钟面告诉我们：现在是（　）时	33	82.5%	不会认
钟面图	左侧钟面告诉我们：现在大约（　）时	14	35%	20人，未填 16人，填错

根据前测情况，教师对全部正确与未填的学生分别进行了访谈。由于生活经验的积累，以及家长有意识地提前渗透，全部正确的学生对钟表的认识已经达到或超过了教科书的要求。在未填的学生中，有一部分学生知道钟面上有什么，如数字、时针、分针等，但不知道如何表示具体的时间；还有的学生只会认电子表，不会认有指针的表，这部分学生对于钟表的认识是不全面的。

从前测与访谈的整体情况可以看出,有 80% 左右的学生能够认出整时,所以本课采用学生教学生的方法来教学。而对于现在"大约几时"的问题,大部分学生不能清楚地表达,显然这是本课的难点,所以采取"半扶半放"的教法,即通过教师引导学习的教学方式,由教师引导、讲解、总结,由学生说一说、拨一拨、写一写等形式来学习,以激发学生学习的兴趣,提高学习效率。

四、针对突出问题,活化课堂练习

课堂练习是使新知得以巩固、技能得到形成的重要手段。但从平时课堂观察的效果来看,到了该环节时,学生学习的积极性明显降低,产生厌烦情绪、注意力不集中等现象往往会出现。寻其根源,主要原因在于重复单调的练习太多,针对性不强:学生会的不断地练习,学生易错(或困难)的地方练习不到。导致这种练习现状的基本原因在于教师在实施教学前没有真正把握学生学习本知识的难点(或易错点)。因此,在课堂教学前,我们可以通过学习前测,了解学生学习本课知识的难点(或易错点),从而在练习阶段设计针对性强、形式多样的变式题组供学生练习,以突出重点,突破难点,分辨容易混淆的知识,激发学生的学习热情,提高课堂教学效率。

在教学《解决问题的策略——倒推》一课时,为了摸清学生的认识基础,确定本课的教学难点,笔者对班级中 40 人进行了一次前测。表 5-2 是前测的情况分析。

表 5-2 前测情况分析

前测内容	正确人数	正确率	典型错误
例 1	28	70%	(400−40)÷2=180(毫升) 180+40=220(毫升)
例 2	32	80%	52+24+30=106(人)
练一练	7	17.5%	25×2+1=51(人)

从学生完成的情况来看,例 1、例 2 的正确率在 70% 以上,说明大部分学

生已具备用"倒推"这一策略解决问题的能力。"练一练"中的问题与例2相似,只是数量关系稍复杂一些,但"练一练"的正确率只有17.5%,那么为什么会出现这么高的错误率呢?仔细研究在例2中做对题的32人的两种解法,其中12人列式为30-24+52=58(人)。其实这一部分学生是非常聪明的,他们通过对"又收集的张数"与"送给小军的张数"的比较,综合这两次变化,直接推算出小明原来的邮票张数。这种解法非常简捷,但从此也可以看出部分学生没有厘清题目情境的发生过程和发展顺序,以至于采用"倒推"策略解题。所以,当学生在"练一练"看到"一半多1张"时,直接想到的是先加1,然后乘2。因此,确定了例2的教学重点是帮助学生理解并掌握事件从原来到现在的发展顺序,学会有条理地进行倒推,并在此之后,设计以下专项练习,让学生形成"有条理地倒推"思维方式。

先补充条件,再整理,最后列式解答。

小明原来有一些邮票,(　　　　　　),还剩10张。小明原来有多少张邮票?

□ ──(　)──→ □ ──(　)──→ 10

算式:

练习时,根据学生的回答,呈现相应的条件:

(1) 先送给小军1张,再送给小红6张。
(2) 先送给小军1张,再送给小红一半。
(3) 先送给小军一半,再送给小红1张。

让学生针对条件的变化进行整理,并根据反向的箭头图列式计算,特别是在(2)(3)两小题后,要引导学生进行比较,这样就会使学生更加清晰地感受到条件中顺序发展的重要性。这样处理后,在接下来的"练一练"教学中,学生就会理解"一半多1张"的含义是"先送一半,再送1张",而不是"先送1张,再送一半"。

苏霍姆林斯基说过:"不了解孩子,不了解他的智力发展,不了解他的思维、兴趣、爱好、才能、禀赋、倾向,就谈不上教育。"因此,我们的教学,首先要摆脱"以自我为中心"的备课陋习，把"为学生备课"落到实处。做好前测，深入了解学生原有的知识储备，把握住学生急需解决的问题，站在学生认知基础上设计教学活动，给学生创设一个生动、主动、富有个性的学习活动过程，真正做到"以学定教"。

第二节 适时调整学习目标

教学目标是师生通过教学活动预期达到的结果或标准，是对学习者询问学习以后能做什么的一种明确的、具体的表述。在传统的课堂教学设计中，教师考虑最多的是学生预期的学习目标（静态目标），而很少关注课堂中的生成性目标（动态目标）。整个教学过程就是按照"剧本"（教材）在按部就班地进行着"表演"，学生稍有"出格"表现，就会被立刻拉回既定"剧情"中来。

学生是一个个鲜活的生命体，他们都有自己的经验、背景，都是不可替代的鲜活个体，他们都带着自己独特的感受来到课堂进行交流、碰撞、对话。在这种背景下，课堂不再是一出按照教案走的"情景剧"，而是充满了各种不确定因素。如果我们忽视这种差异的存在，依旧我行我素，那我们的课堂将毫无生机。在整个教学过程中，应将学生置于知识的"发现者"和"探索者"的位置。这样，学生就会在经历、体验与探究活动中，提出新颖的问题，发表不同的见解，而这些"问题"和"见解"将成为生动的课程资源。对于这些预设之外的"课程资源"，通过师生间深层次的互动、教师智慧的选择与聚焦，就有可能提炼和生成更具针对性的教学目标，从而在课堂上产生超越预设目标的"突破性"教学效果，实现非预设的"动态目标"。因此，"为差异而教"的数学课堂，需要教师在课堂教学过程中根据学生发展的需要，以灵动的教育机智，通过"整合、次序、丰富"等策略，对静态教学目标及时进行动态调整，从而实现课堂教学的弹性与优化，构建一个充满活力的"生命"课堂。

一、整合——单课时目标与多课时目标的调整

动态调整源于学生的发现。学生在课堂上一些精彩的表现往往是学生思维瞬间迸发的火花，光彩耀眼，却也可能转瞬即逝。为了让每个学生都能够得到差异性发展，教师应该保护好学生的好奇心、求知欲，鼓励学生大胆创新。为了能让学生合理、精彩的发现得到"闪烁"，必要时我们可以调整整堂课的教学目标，让学生的精彩表现得以及时展现。

【课例】苏教版小学数学四年级上册《加法运算律》课时内容。

【静态目标】

（1）使学生经历探索加法交换律和加法结合律的过程，理解并掌握加法交换律和加法结合律，初步感知加法运算律的价值，发展应用意识。

（2）使学生在学习用符号、字母表示自己发现的运算律的过程中，初步发展符号感，初步培养归纳、推理的能力，逐步提高抽象思维能力。

（3）使学生在数学活动中获得成功的体验，进一步增强对数学学习的兴趣和信心，初步形成独立思考和探究问题的意识和习惯。

【课堂回放】

借助情境图，学生顺利解决了他们开始提出的"参加跳绳的一共有多少人""参加活动的女生一共有多少人"等问题，并从中得出加法交换律。这时一名平时善于提问的学生发言："老师，我发现乘法也有交换律！"话音刚落，课堂上即出现附和之声。我却不知该如何是好，因为这并不是本节课的教学内容，而是下一课时《乘法运算律》的教学目标。是避而不谈，还是改变预设，调整目标呢？这时著名特级教师田立莉的教学理念"为学生所需而教是乐，在我的心里没有不关注的孩子"在我脑海中闪过。取舍之后，我便顺水推舟说道："这位同学的发现挺有价值的，大家认为呢？我们就来一起研究一下乘法中有没有交换律吧。"学生交流后，基本能模仿乘法交换律说出："在乘法中，交换两个乘数的位置，积不变。"

师：谁能举一些例子来说明一下呢？

生1：3×4=4×3。

生2：15×20=20×15。

师：这样的例子多吗？你们能不能也用字母来表示一下乘法中这一规律呢？

生：$a×b=b×a$。

师：同学们真不简单，能根据加法交换律联想到乘法交换律，并且通过举例，归纳得出乘法交换律。老师告诉你们，乘法交换律确实存在，你们的发现与推论是完全正确的，为自己鼓掌吧！

教室内欢声一片，此时又有同学举手："老师，既然加法与乘法都有交换律，那减法与除法有没有交换律呢？"这时，课堂上出现了短暂的平静。看得出来，同学们的大脑在高速运转。

师：非常好，又有新的问题出现了，那让我们再来一起研究一下吧。

有了刚才的成功体验，所有学生又满怀激情地投入对该问题的研究中。

【动态目标】

(1) 使学生经历探索加法交换律的过程，理解并掌握加法交换律。

(2) 在加法交换律的基础上，迁移、推理出乘法交换律，并通过举例，理解并掌握乘法交换律。

(3) 初步感知加法交换律和乘法交换律的价值，发展应用意识。

(4) 使学生在数学活动中能够获得成功的体验，养成爱提问的好习惯，培养学生的合情推理能力。

【解读】整个课堂教学，几乎与原有的教学设计大相径庭。但为了满足学生的个体需求，调整后的课堂教学显得那样自然与顺畅。新课堂的最高宗旨和核心理念是"一切为了每一个学生的发展"。而"发展"是一个动态的生成过程，因此每一节数学课都应该是不可重复的激情和智慧相伴生成的过程，而不应是预设的一成不变的程序。教师要凭借教学机智应对生成性问题，根据学生的学习需求，对教学进度与方法手段适时地作出反应和调整。唯有如此，教学才会成为一种艺术，才会成为动态生成的生命历程，才会充满生命的气息。

二、次序——前后目标的顺序调整

课堂的不可预测因素很多，预设在实施过程中总会遇到意外：或者预设超出学生知识基础，让学生力不从心；或者预设未能顾及学生认知特点，使学生不感兴趣；或者预设滞后于学生实际水平，导致课堂教学缺乏张力。不管遇到上述哪种情况，都需要根据学生的个体需求，对预设的教学目标进行调整，使其能够切实贴近实际、贴近课堂、贴近学生。

【课例】苏教版小学数学五年级下册《认识分数》课时内容。

【静态目标】

先认识单位"1"的概念，再弄清分子、分母的含义。

【课堂回放】

教师在教学《分数的再认识》时，通过大量的实物操作让学生感知1根毛线、1个苹果、1个正方形、8只千纸鹤、40个同学平均分成若干份后都可以用分数表示，此时教师引导学生观察板书：

物体	平均分的份数	取的份数	用分数表示
1根毛线	2份	1份	$\frac{1}{2}$
1个苹果	4份	1份	$\frac{1}{4}$
1个正方形	8份	2份	$\frac{2}{8}$
8只千纸鹤	4份	3份	$\frac{3}{4}$
40个同学	4份	1份	$\frac{1}{4}$

师：请认真观察黑板，你发现了什么？

在大量直观物体操作的基础上，教师希望学生通过观察能够发现：单位"1"不仅可以是一个物体、一个图形，也可以是由若干个物体所组合的一个大整体。

然而，教师提问了两个学生，得到的回答都没有符合预设，没能推进教学。

生3：我发现，平均分的份数都是分数的分母，取的份数都是分数的分子。

教师一愣，因为这是在学生认识单位"1"的概念后，进一步认识分母与分子的含义的内容。此时该怎么办？教师立刻改变教学策略，调整目标顺序。

师：是吗？同学们，我们一起来看一看，是不是这样的？

生1：是的，将一个苹果平均4份，取了1份，就用分数 $\frac{1}{4}$ 表示。

生2：把8只千纸鹤，平均分成4份，取了3份，就用分数 $\frac{3}{4}$ 表示。

师：是啊，刚才这位同学的发现非常正确。他其实告诉我们，在分数中分母表示……，分子表示……。

【动态目标】

先弄清分子、分母的含义，再认识单位"1"的概念。

【反思】学生3的回答内容属于"分母、分子的含义"，它是后面要实现的教学目标，这与教师先前预设的"先认识单位'1'的概念"产生了顺序冲突。其实这样的现象在我们平时的教学过程中常有发生，这叫"目标前移"。但有些教师只认自己的教学预设，无视学生的动态生成，对学生3如此精彩又到位的回答视而不见。非得等上十分钟后，认识完了单位"1"，再重新认识分数各部分所表示的意义。这样固然可以完成预设的教学任务，但这样的教学已丧失了它原本该有的色彩。

当前的课堂教学不应拘泥于预先设定的固定不变的程式。在教学中，当学生生成了思维的火花时，我们应当采取积极的鼓励态度，调整我们的教学预设，在教学目标、教学内容或教学程序上做适当的调整，予以先行领悟。对课堂中能研究、放大的，我们必须敏感地捕捉和利用起来，挖掘其研究的可能性。如果学生生成的火花不能被及时点燃，如果每次学生创造了火花却只能收获失望，那么学生的主动、积极思维就会随之磨灭。"为了学生的需求而教"便成了一句毫无价值的口号。

三、丰富——由单一目标向多元目标调整

很多人认为新课程标准中的三维学习目标，即"情感、态度与价值观"，是虚无缥缈的，无法落到实处。其原因在于教师不能把这些内容标准像知识技能领域的内容标准一样，通过讲解、演示、实验、练习、作业、考试等方式直接"教"给学生；它是一种无形的渗透，是渐进的养成。这种渗透与养成，必须依附于知识的发生、发展，是在探索知识的过程中形成和发展的。而探索知识的过程本来就是可预设但无法预知的动态过程。尽管教师在预设时可能考虑得非常周密，主观上努力考虑到各种可能，但正如布鲁姆所说，人们无法预料教学所产生的成果的全部范围。当课堂中出现"意外"时，教师应及时让这些有效的教学资源开发、放大，让它"临场闪光"。借助它，一方面可以超越狭隘的课本内容，让师生有更广阔的思维空间；另一方面可以大大激发学生参与课堂的热情，让"死"的知识活起来，让"静"的课堂动起来。在此过程中，学生的数学思考能力、解决问题能力的形成以及对情感、态度与价值观的培养都有可能在不知不觉中实现，这样事前预设的单一目标，便会变得丰富起来。

【课例】苏教版数学二年级上册（旧版）《练习六》第二课时。

【静态目标】

体会数列中各数之间的关系，并能找出其中的变化规律，接着写出后面的数。

【课堂回放】

13. 在（ ）里填上合适的数。

(1) 3，6，9，12，（   ），（   ）。

(2) 3，7，11，15，（   ），（   ）。

完成练习六第13题后，这堂课快要结束了，教师最后出示一道找规律的提高题：

1，2，4，（   ），（   ），（   ）……

为差异而教：小学数学差异教学十五年探索与实践

要求学生在后面加上一些数，使这些数看起来比较有规律。

有了第13题的教学过程，学生解决此题比较顺利，很快学生们举起了小手。

生1：8，16，32……，理由是前一个数重复相加为后一个数。

教师微笑着点点头，"还有其他填法吗？"

很快又一个学生站起来说：可以填7，11，16，理由是前后两个数的差在依次增加，分别增加1，2，3，4，5。

教师环视着全班同学，似乎没有其他填法。正好下课铃响了，教师准备课堂小结。这时，有一只小手怯生生地举起，又偷偷地放下。原来是班级中自信不足，成绩平平的学生A。

老师微笑着问道："A，你还有什么问题吗"？

生A："我想填1，2，4"。

顿时，全班哄堂大笑，那位学生害羞得埋下了头，教师示意大家安静，亲切地说："你这样填一定有你的理由，能说给大家听听吗？"

学生A抬起头说："我觉得重复也可以是一种规律。"

听完学生A的回答，教师用充满欣赏的眼光看着学生A，对全班学生说："说得多好啊！简单重复何尝不是一种规律呢！"

大概是受到这种想法的启发，学生们的热情一下子又高涨起来。"老师，我又想到了另一种填法，1，2，8，1，2，16……，理由是前两个数重复，第三个数分别填4的2倍，4的3倍。"

下课的铃声已响过3分钟，但同学们依然沉醉在寻找规律的兴奋中。

【动态目标】

1. 体会数列中各数之间的关系，并能找出其中的变化规律，接着写出后面的数。

2. 能够大胆表达自己的想法，懂得尊重别人。

【解读】 下课铃已响，教师完全可以不理会那双举起又放下的小手；在一般人看来如此简单的想法，教师完全可以简单评价后下课。但这位教师并没有这样做，而是从尊重差异的角度来对待这一"举手"行为，鉴于其特殊性，正准备下课的教师临时调整了教学目标,给予这位同学说出自己心里想法的机会,并加以表扬、鼓励。由此又引发了其他同学的许多联想。我们姑且不谈这样的拖堂应不应当,也不论学生 A 想法会不会太简单化,只说这样的处理也许从此在这位学生的心中播下了爱好数学的种子,也许他从此有了更多的自信。同时,其他同学在整个事件中,无论是从"情感、态度与价值观"的目标层次上,还是从数学思维能力训练层次来说,都得到了不同程度的提升。

动态目标是新课程理念下的产物,也是差异教学的理想追求。但如果我们片面地理解"动态目标",为调整而调整,那我们的课堂将常常会被个别无意义的生成问题及一些错误资源分散精力,导致目标迷失,课堂失控,不仅无法实现动态目标,就连事前预设的静态目标也难以达成。古人云:"过犹不及。"做任何事情都得有一个分寸,静态目标的每一次调整,都必须服务于每个学生的健康、和谐发展。

有鉴于此,建议从两方面入手实现从单一目标向多目标调整。

首先,厘清"基础"与"超越"的关系。

静态目标与动态目标皆为课堂教学的目标特性。其中,静态目标是动态目标的基础,动态目标是对静态目标的超越。偏重二者的任何一方都是片面的。制定课堂教学目标既要重视事前预设(静态目标的制定),又要重视课堂生成(动态目标的调整);既要避免顾此失彼,又要避免矫枉过正。

其次,把握好"调整"的幅度。

动态目标的"最佳效果"在实际应用中是无法刻意追求的,其是顺其自然的。从课题目标调整的角度来看,其可能涉及课题的改变、教学计划的临时变更。那么,课前制定的教学目标在实际教学中调整的幅度有多大,能否度量?可以这样理解:一个知识点能引出一串目标,以获取知识为主线,先将能力培养、技能训练、思想教育等教学要求连接成一个整体。如果是知识的补充或增加,则教学目标调整的幅度就大;如果是具体培养目标内容的增减,则教学目标调整的幅度就小。又因为能力的培养方面、个性品质的塑造内容,对不同的知识也有许多共性的要求,所以具体一堂课的教学目标的改变幅度很难预计。因此,动态目标的调整在操作中追求的是灵活,至于细节调整还是层次调整,则应从学生的实际出发。

叶澜教授说过:"课堂应是向未知方向挺进的旅程,随时都有可能发现意外的通道和美丽的图景,而不是一切都必须遵循固定线路而没有激情的行程。"教学过程是一个动态生成的过程,学生是活生生的"人",课堂里的一切都是在特定的情境中发生的,经常会有与课前预设不一致甚至相矛盾的意外情况发生。在千变万化的课堂中,当学生的思维打乱预设的课堂教学秩序时,教师应随机而动,根据课堂教学的实际情况,灵活调整预设的教学目标,从而使学生的智慧充盈课堂。

第三节　安排适宜的教学内容

在班级授课制下,师生共同使用同一套教材,课时教学内容(学习内容)基本上是一致的、统一的。统一化的教学内容在保障教学基本规范和知识体系完整性方面有着重要意义,但面对各具特色的学生群体,其局限性也日益凸显。每个学生都是独一无二的存在,他们有着不同的学习节奏、能力水平和兴趣喜好。此时,统一化的教学内容与学生的个体差异就形成了一对矛盾。为了让每一位学生都能在学习中绽放光彩,"为差异而教"的课堂教学要求我们必须从"量""序""度"三个维度对统一化教学内容进行精心调整,为不同的学生量身定制适宜他们的学习内容,让基础薄弱的学生在适宜的挑战中逐步成长,让学有余力的学生在更广阔的知识海洋中尽情遨游。在这个过程中,教学不再是千篇一律的灌输,而是充满活力与创造力的互动。

一、调"量",满足学习需要

在小学数学教学中,教学内容的"量"对于满足学生个体学习需要起着至关重要的作用。教学内容的"量"既不能过多,让学生"吃不了",导致目标落实不到位;也不能过少,使学生"吃不够、吃不好",无法充分满足其学习需求。

首先，当教学内容过少时，对于学习能力较强、知识吸收速度快的学生而言，他们会感到不满足。这些学生往往在课堂上能够迅速掌握基础知识，并且渴望进一步拓展和深入学习。如果教学内容的"量"无法满足他们的需求，就会限制他们的发展，使他们的学习潜力得不到充分发挥。例如，在学习"图形的认识"这一单元时，教材中可能只涉及了几种常见的图形的基本特征介绍。但对于一些思维活跃的学生来说，他们可能希望了解更多特殊图形的性质，或者探索图形之间的关系。此时，教师可以适当增加教学内容的"量"，引入一些拓展性的知识，如立体图形的展开图、图形的对称变换等，以满足这些学生的求知欲。

其次，当教学内容过多时，对于学习能力较弱的学生来说，他们可能会感到压力过大，难以消化。这些学生在学习过程中可能需要更多的时间来理解和掌握基础知识。如果教学内容的"量"过大，他们可能会疲于应付，无法真正理解每个知识点，从而导致学习效果不佳。以"小数的四则运算"为例，教材中可能涵盖了各种类型的小数运算题目。对于一些待优生来说，他们可能在掌握小数的加减法上就已经存在困难，如果再加上大量的乘除法运算，他们很可能会感到无从下手。这时，教师就需要调整教学内容的"量"，适当减少一些难度较大的题目，或者将复杂的知识点进行分解，逐步引导学生掌握。

为了实现教学内容"量"的调整，教师可以采取以下几种方法。一是深入了解学生的学习情况。通过课堂观察、作业批改、个别谈话等方式，了解每个学生的学习能力、知识水平和学习需求，这样才能准确地判断哪些学生需要增加"量"，哪些学生需要减少"量"。二是采用分层教学的方法。根据学生的不同层次，设计不同"量"的教学内容：对于学习能力较强的学生，可以提供更多的拓展性学习任务；对于学习能力一般的学生，按照教材的基本要求进行教学；对于学习能力较弱的学生，则适当减少教学内容的难度和容量，确保他们能够掌握基础知识。三是灵活运用教学资源。教师可以根据学生的实际情况，引入一些课外的教学资源，如数学故事、数学游戏、数学实验等，丰富教学内容，增加学生的学习兴趣。

二、调"序"，顺应学习实际

教学内容的顺序安排与教学内容"量"的多少同样重要。目前，教材中的固定的教学内容顺序并不一定完全契合每一个班级、每一位学生的学习需求。"为差异而教"的课堂，应注重对学生差异的理解与关注，适当调整教材中教学内容的顺序，从而顺应学生数学学习的实际需要。

（一）基于认知先后的"序"调整

【案例】苏教版小学数学五年级下册《解决问题的策略——转化》。

原始教学顺序为面积转化—周长转化。

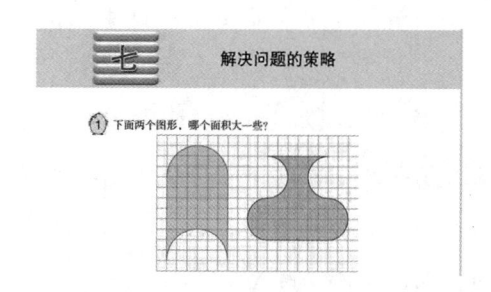

调整教学顺序为周长转化—面积转化。

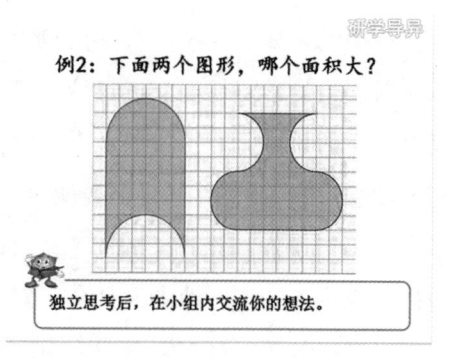

【原因分析】学生认识图形的过程是先一维，再二维。为了符合学生的认知顺序，在实际教学时，调整了原教材中的教学内容的顺序。将安排在练习中的周长转化置前，激活学生在一维的转化教学中的策略意识，从而为学生，特别是学习能力较弱的学生提供必要的"策略"学习准备。

（二）基于学生错误的"序"调整

【案例】苏教版小学数学三年级下册《混合运算》。

原始教学顺序为教学"乘加"，练习"加乘"。

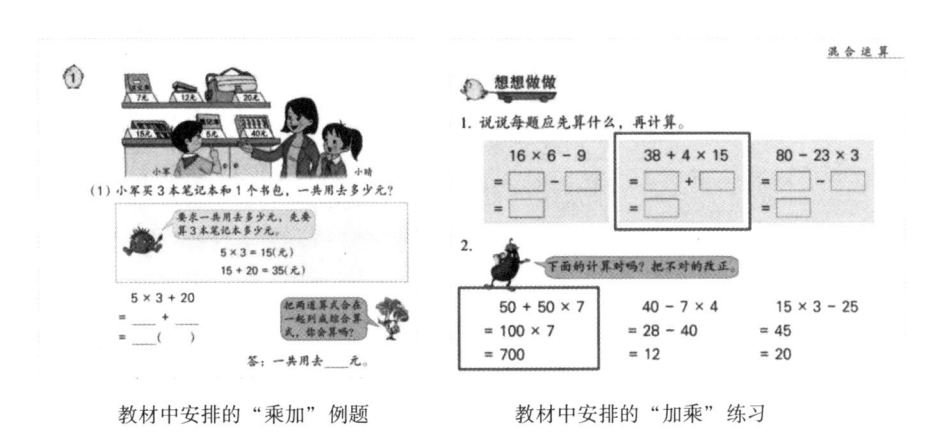

教材中安排的"乘加"例题　　　教材中安排的"加乘"练习

调整教学顺序为"乘加""加乘"一起学。

针对教材中"小军买3本笔记本和1个书包，一共用去多少元？"这个情境问题，让学生自主列式，然后在汇报中呈现两种综合算式：

5×3+20　　20+5×3

学生尝试独立完成。得出以下三种情况：

(1)　5×3+20　　　　(2)　20+5×3　　　　(3)　20+5×3
　　＝15+20　　　　　　＝20+15　　　　　　　＝15+20
　　＝35　　　　　　　　＝35　　　　　　　　　＝35

在对比练习后，进行分析，使学生从数量关系、书写格式上，进一步明确20是第一个加数还是第二个加数，强化混合运算的运算顺序，明确书写格式究竟是怎样的，让学生明白在计算的过程中加数的位置是不变的，强调没有参与计算的部分要照写。在此基础上让学生明确综合算式（3）错在何处，为什么错，正确的书写格式是什么。

【原因分析】在教学例题时，教材中只有5×3+20和50-15×2这两个例题，加乘的算式只在练习中出现，而在实际的加乘计算过程中，学生很容易将积写在加号的前面，如综合算式（3）所示，将过程写成15+20虽然计算结果正确，但这并不是学生主动运用运算定律的结果，而是受从左往右依次计算、将第一步计算所得的结果直接写在等号的右边等思维定势和计算习惯的影响的结果。若是20-5×3，该怎么办呢？要让学生遵守在混合运算中遵循先乘除、后加减的计算法则，不计算的部分按原位照抄，按照运算顺序写出算式20+5×3＝20+15的计算过程成为本节课的一个难点，而在教材中将这一难点后置于练习之中。当前面的认知初步形成之后，对于部分学生而言，再纠正就非常困难了。因此，在教学时，将练习中的"加乘"前移与教材例1的第一个问题一起出现，一起尝试，对比分析，从而知错、明错，达到破难的目的。

从认知发展角度来看，学生的认知水平是逐步提升的。按照传统教材顺序教学，可能会出现部分内容超出学生的当前认知能力，导致学习困难的情况。通过调整顺序，可以先呈现更符合学生当前认知阶段的内容，为后续学习打下坚实基础。从学习动机方面考虑，合理调整教学内容顺序可以增强学生的学习兴趣和积极性。如果一开始就呈现枯燥、难懂的内容，容易让学生产生挫败感，降低学习动机；而将有趣、生动的内容前置，可以吸引学生的注意力，激发他们的求知欲。从知识的关联性角度出发，调整顺序可以更好地构建知识体系。教师可以根据知识点之间的内在联系，重新组织教学内容，使学生能够更系统地学习。

总之，调整教材中教学内容的顺序是一种以学生为中心的教学策略。其能够更好地适应学生的认知发展，激发学习动机，构建知识体系，从而提高教学效果，促进学生的全面发展。

三、调"度"，促进更好发展

在教学过程中，我们经常遇到这样的现象：这个内容太难了，大部分学生无法理解；或者这个内容学生都会了，再教就淡而无味了。其实，这里面说的是教学内容的"度"的问题。教学内容的"度"如同一把精细的刻度尺，其不仅衡量着知识的深浅，还勾勒出知识领域的宽广边界。这"度"字之中，蕴含了深度与宽度两个维度，二者相辅相成，共同构建了学生认知世界的立体框架。针对不同学生的学习需求与能力差异，灵活调整教学内容的"度"，是提升教学质量、促进个性化学习的重要途径。

（一）调节"深度"，启迪思维的钥匙

教学内容的深度，是触及知识本质、激发学生高阶思维的关键。其要求学生不能仅停留在表面信息的获取上，更要学会分析、综合、评价乃至创造。在深化教学内容时，教师应注重引导学生探索知识的内在逻辑与联系，鼓励形成批判性思维与独立见解。在课堂教学过程中，我们不仅要注意数学知识或技能的传授，更要引导学生理解背后的数学原理、科学的思想方法，启迪思维，培养学生的数学素养。

例如，苏教版小学数学四年级下册《运算律》。

【一次实践】

1. 结合例1，引导学生观察、比较两种解法的结果，发现28+17和17+28的结果相等。然后让学生比较等号两边算式的相同点与不同点。

教师归纳：28+17和17+28的得数一样，也就是和不变。

2. 教师让学生根据这样的规律，模仿写几道这样的等式，看一看规律是否成立。

学生独立完成。然后教师板书几组算式，引导学生比较，加以概括。

3. 通过"写不完"这样的感受，让学生用自己"喜欢的方式进行表示"。

最后比较、归纳出一般规律。请几个学生试着把发现的规律说一说，然后教师完整地叙述一遍，并说明这一规律叫作加法交换律。

【课后寻思】

初看这节课似乎是循序渐进，符合认知规律的。学生学得轰轰烈烈，给人的感觉是知识、技能都得到了落实，课前预设的教学目标基本都能很好地达成。然而对于这一内容，孩子们从一年级学习加法开始已经有所接触，到四年级再次学习，难道仅仅是为了概括一个运算定律那么简单吗？这样的目

为差异而教：小学数学差异教学十五年探索与实践

标设定是否过于浅显？对于学生已有经验的学习内容，我们应如何挖掘更深的内涵，使他们得到终身受益的东西呢？既然我们的学生早有了"加法交换律"的体验，对其内容的归纳与总结不过是一种知识层面的教学，而对学生发展真正有用的应该是"数学思想和方法"的教学。为此，我们进行了第二次实践，将目标不再定位于简单的知识与技能的传授，而是放在"发展学生数学思想和方法"这一层面，这样的目标是对学生"终身发展"有用的。

【二次实践】

一、创设情境，理解"变"与"不变"

1. 观察一组物体，如1支钢笔和1支铅笔，交换位置后让学生说一说什么变了，什么没变。

2. 观察一组图形，如1个正方形和1个五角星，交换位置后让学生说一说什么变了，什么没变。

3. 观察一组图片，如1只大兔和2只小兔，交换位置后让学生说一说什么变了，什么没变。

4. 小结：咦，这种交换位置、结果不变的现象，其实在我们的加法算式中也有呢，你能找一找吗？

二、举例验证，体验规律的合理性与唯一性

1. 举例观察：让学生举出几个符合这种现象的加法算式，观察举出的加法算式，得出：交换加数的位置，和不变。

2. 举反例：刚才同学们举出的加法等式中全部是交换加数位置和不变的例子，有没有交换加数位置和不相等的例子？

3. 归纳：通过举例、举反例等方法的验证，我们发现交换加数的位置，它们的和不变，这是一条数学上普遍存在的规律。(揭题：加法交换律。)

4. 回想一下，我们在得出这个规律的过程中运用了哪些方法？

三、巩固练习，使规律进一步深化

1. 根据加法交换律填空，在括号里填上合适的数。

165+35＝（　　）+165　　　1013+214＝（　　）+（　　）

48+（　　）=72+（　　）　（　　）+（　　）=（　　）+（　　）

最后一题让学生们都明白：这样的算式填也填不完。

教师抓住时机引导学生："有办法用一道算式把所有的算式都表示出来吗?"这种挑战给学生带来极大的兴趣。学生自由表达。

2. 你最喜欢哪种表示方法？

辩论后小结：为了方便书写和记忆，加法交换律可以用字母来表示。如：$a+b=b+a$。

3. 下面哪些等式符合加法交换律？

230+370=380+220　　　　30+50+40=50+30+40

$a+100=100+a$　　　　　230+420=430+220

此题的目的在于让学生感受除了两个数相加可以运用加法交换律，四个数相加也可以运用加法交换律，让学生进一步体会加法交换律的普遍性：在加法中，交换任意两个加数的位置，和不变。

四、猜想拓展，使规律得以延伸

师：猜一猜，除了在加法中会用到交换律，还有哪些地方可能会出现交换律？

生：减法、乘法、除法等。

师：我们可以运用怎样的方法——加以验证呢？……

在以上过程中，整个学习内容的呈现是以"观察—举例—验证"的顺序展开的。在这样的教学活动中，教师有机地将数与形巧妙地结合在一起，学生的元认知被激发。课堂上，学生积极思考，所表现出的兴趣都是发自内心的，学生真正成为"学习的主人"，而教师是真正的引导者、组织者、合作者。除此之外，在整个教学过程中，学生不仅经历了知识发生、发展的过程，更为重要的是还经历了运用观察、举例、验证等数学学习方法的全过程，然后归纳提升这些方法，并在最后的"猜想拓展"环节中再次使用。这样基于学生"发展"的目标教学，使学生始终处于一种思考、实践、再思考的境地，并最终获得终身受益的数学思想和方法。这应是我们数学课堂永远追求的目标。

(二) 调节"宽度",拓宽视野的窗口

教学内容的宽度则强调跨学科整合与知识拓展,旨在拓宽学生的知识视野,培养其综合素养。在全球化与信息化时代,单一学科的知识已难以满足复杂多变的社会需求,跨学科学习成为必然趋势。因此,教师应打破学科壁垒,将相关知识有机融合,让学生在更广阔的背景下理解和学习。

接下来,我们来看一段特级教师许卫兵在教学"鸡兔同笼"一课时的片段。

师:根据资料显示,日本人也研究鸡兔同笼,称它为"龟鹤问题"。

(出示:龟鹤同游,共有40个头,112只脚,求龟、鹤各有多少只?)

师:日本人所说的"龟、鹤"和我们说的"鸡、兔"有联系吗?

生:龟和兔是一样的,都有四只脚。鹤和鸡是一样的,都有两只脚。

师:那这道"龟鹤同游"问题大家会解决吗?

(学生试做后,交流算法)

方法1:112÷2-40=16(只)……龟　40-16=24(只)……鹤

方法2:(112-40×2)÷2=16(只)……龟　40-16=24(只)……鹤

(学生比较后得出:"龟鹤同游"和"鸡兔同笼"是同一类型的数学问题)

师:老师昨天晚上还看到这样一首儿歌。

(教师出示儿歌:一队猎人一队狗,两列并成一队走。数头一共五十五,数脚共有一百九)

师:我们研究了"鸡兔同笼""龟鹤同游"问题,也来给这首儿歌取个名字吧?

生:人狗同行。

师:看了"人狗同行"的儿歌,和"鸡兔同笼"比较,你有什么话想说?

生:我觉得它和"鸡兔同笼"问题是一样的。猎人相当于鸡,狗相当于兔。

师:这位同学的说法可以吗?

生:可以。

第五章 "为差异而教"的教学策略

师：虽然把猎人看作鸡有些不雅，但是从研究的角度，大家确实是找到了它们数量上的联系。猎人——鸡（两只脚），狗——兔（四只脚）。

师：回想一下，从"鸡兔同笼"到"龟鹤同游"，再到"人狗同行"，你发现了什么呢？"鸡兔同笼"有什么独特的魅力？

在这个教学环节中，学生对"鸡兔同笼"的问题作了进一步的提炼，许老师出示变式问题，让学生去理解问题，识别模型，再让学生自己去编制同类问题，这样可以让学生进一步明确鸡兔同笼问题的结构和模型，从而让学生更好地经历数学化的过程。这样的教学过程会使学生感受到模型的力量和数学的魅力。

教学这些内容时，如果教师仅是就题讲题，就课本讲课本，就会显得过于简单和浅薄。而许老师独辟蹊径，从新的视角来演绎这节课，给人耳目一新之感。许老师让学生领略"龟鹤同游"问题的不同解题方法，在比较中感受数学文化的独特魅力。学生从这里得到的不仅是一种解题方法，还能纵横驰骋在古今中外的数学文化中，让学习的视野更加开阔。许老师从一个具体的数学问题出发，研究解法，并上升到一种模型，最后引导学生进行广泛的运用。许老师通过创造性地使用教材，在教学内容的"宽度"上进行拓展，学生在这样的课堂上会终身受益。

总而言之，面对学生多样化的学习需求与能力差异，教师应成为教学内容的灵活调控者：一方面，要深入了解每位学生的兴趣、特长与学习风格，为其量身定制学习路径；另一方面，要关注学生在学习过程中的动态变化，及时调整教学策略与内容上的"度"。对于基础薄弱的学生，可适当降低难度，注重基础知识的巩固与基本技能的训练；而对于学有余力的学生，则应增加挑战性内容，鼓励其深入探索与创新实践。通过差异化的教学安排，确保每位学生都能在适合自己的"度"上获得成长与进步。

教学内容的"度"是教师教学智慧的体现，其要求教师在深度与宽度之间寻找最佳平衡点，以满足不同学生的学习需求。通过精准把握与灵活调整，我们能够为学生打开一扇通往无限可能的知识之门，引领他们在学习的道路上不断前行，成长为具有深厚底蕴与广阔视野的新时代人才。

四、实验案例

课题：苏教版小学数学四年级下册的《解决问题的策略》。

（一）问题提出

学期初，我们帮助校内一名青年教师准备一节市级竞赛课，他的课题是苏教版小学数学四年级下册的《解决问题的策略》。在设计与试教过程中，我们发现学生较难理解学习内容，加上课堂中操作（如画图）也需要时间，有效教学时间常常不够，教学效果不够理想。特别是围绕教材中"想想做做"最后一题出现的现象更是让人无法理解：教学前，我们对没有学习该内容的学生进行了前测，正确率达60%以上；但教学之后，该题的正确率明确下降，只有30%左右。教学之后，原本会解决同样类型的题目的学生现在反而不会了，问题出在何处？这一系列奇怪现象为我们继续探寻这一课的教学提供了无限的动力。

基于以上的需要与困惑，我们借助正在进行的"差异教学"研究这一平台，针对苏教版小学数学四年级下册的《解决问题的策略》这一特殊的课例，展开专项研究。力求达到如下目标：在全面照顾学生差异的基础上，通过调整教学内容这一策略，大大提升本课时教学的实效性，明显提升学生对"画图"这一策略的认识、理解以及应用能力。

（二）研究方法

结合学校实际和实验教材的编排特点，本实验采取了等组设计的实验方法，将《解决问题的策略——画图》这一课作为研究重点。因此，我们选取同一教师执教的、学生学习环境及水平大致相同的四年级两个平行班进行对照实验。

1. 实验对象说明

本实验选取了四年级（13）班和四年级（14）班进行对照实验。四年级（14）班，共39人，男生21人，女生18人；四年级（13）班为对照班，共

40人，男生21人，女生19人。这两个班的学生人数不同，为了尽量控制无关变量，我们通过前测对两个班的学生进行了数学学习基础与能力的测试。在测试的基础上，通过配对的方法在各班确定30人作为实验对象。这些实验对象在测试以及平时的观察中均表现出了相近的学习基础、学习成绩和能力水平。

2. 实验时间及具体安排

本实验按照学期初制定的教学计划，根据自然状态下的教学进度定于5月12日进行。教师在两个班就《解决问题的策略》这一课按课表的自然顺序分别上一节课。对于实验班，在差异教学理论的指导下，从照顾学生差异出发，采用调整教学内容策略，灵活、合理地组织教学。例如，教材例1是以倒叙的方法呈现的，这就导致学生无论是理解还是画图总感觉到困难，于是在实验时，我们通过复习铺垫的形式，将长与宽变化引起面积变化的知识以正叙的方式先呈现给学生，让学生在图形变化中，初步感悟变与不变之间的内在关系；教材例1增加情况教学后，立即让学生尝试"练一练"，而"练一练"是数字减少的情况，其实学生这时对增加这种情况的理解与掌握尚不牢固。因此在教学时，我们将数字减少的情况后置，把例1与"练习八"的前两题整合在同一情境中进行整体教学。这样既能让学生彻底将增加情况研究到位，又便于对"练习八"的前两题进行对比教学，在对比中及早区别两道题中的不同点，以防止学生因前面的学习，在"迁移"消极方面的干扰下影响第2题的正确解答。对于对照班，不进行专门的内容调整，而是按教材中的原来的知识进展顺序进行教学。为保证等组实验的公正性，实验班与对照班在教学过程中同样使用了多媒体辅助教学。

3. 实验条件的控制

本实验所选取的实验班和对照班的学生在数学学习成绩、学习习惯、学习能力、学习数学的兴趣、学生个体差异等方面的情况大体一致，并且两位班主任均为学校的年轻优秀教师，两个班的班风、学风等学习环境也大致相同。为了让实验在更合理、公平的条件下进行，更为了有效控制实验过程中无关变量的影响，在实验前，我们对两个班的学生进行了前测，根据前测成绩进行配对分组，两个班各确定了 30 名实验对象。在教学过程中，实验教师对每个班的学生也一视同仁。

4. 实验程序

（1）两次前测，确定实验对象

以实验前一学期（三年级下学期）的期末考试成绩作为选择实验对象的标准，四年级（13）班平均成绩为 93.13 分，四年级（14）班平均成绩为 93.9 分，总体上说两个班学习情况大致一样，四年级（13）班平均分略低于四年级（14）班。最后，我们确定四年级（14）班为实验班，四年级（13）班为对照班，其目的在于验证通过实验干涉后实验班的学习效果会不会明显高于对照班。

确定实验班和对照班后，为更好地保证实验在无关变量基本一致的情况下开展，我们于 5 月 6 日进行了前测，并根据这次的测试成绩对学生进行配对分组，每班确定 30 名学生作为实验对象，其中均选取女生 14 人，男生 16 人。对照班平均成绩为 93.33 分，实验班平均成绩为 93.5 分，两个班学习情况大致相近。

（2）调整内容，实施实验干涉

按照正常的教学进度，5 月 12 日对实验班与对照班进行实验。具体安排如表 5-3。

表 5-3 具体安排

班级	授课地点	授课时间
四年级（13）班	四年级（13）班（原教室）	8：55—9：35
四年级（14）班	四年级（14）班（原教室）	10：50—11：30

实验班教学安排：根据学生的个体差异，采用调整教学内容策略，对整个教材内容进行重新编排。具体实施步骤如下：

①情境中激发"画图"欲望。

出示题目（配录音）：我从家出发，先向东走了 50 米后，再向北走了 20 米，接着向西走了 40 米，最后向南走了 20 米。你知道我现在离家多少

第五章 "为差异而教"的教学策略

米吗？

让学生口算时，学生感到困难，"画图"欲望在"求解"中被自主激发。

②回忆中体会"变化"规律。

第一次实验干涉：将教材中的倒叙调整为正叙，如图5-1。

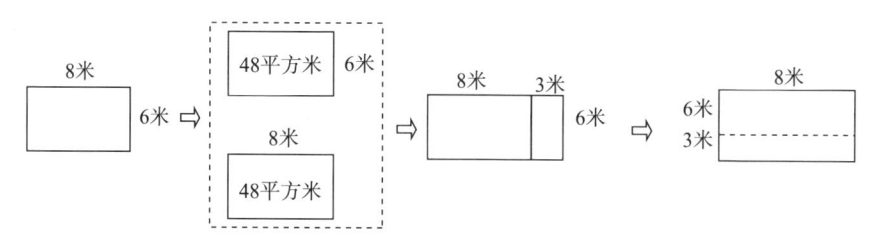

图5-1 回忆中体会"变化"规律

根据给出的长方形的不同数据，让学生联想相关信息。在回顾旧知中，循序渐进地让学生初步感知长（或宽）变了，宽（或长）没有变的变化规律。

③应用中体验"画图"策略。

第二次实验干涉：将教材中所有"增加情况"进行整合。

谈话：梅山小学有一块长方形花圃，为了扩大绿化面积，学校准备把这块花圃扩建得大一些。你有什么好的建议吗？

学生讨论，给出建议：增加长、增加宽、长和宽同时增加。

然后根据学生的建议分别研究：增加长的情况、增加长或增加宽的情况、长和宽同时增加的情况。

为了照顾个性差异，教学过程中，我们加强对"增加长或增加宽的情况"中关键句的分解教学；进入"长和宽同时增加的情况"时，我们通过图形同"增加长或增加宽的情况"进行对比，让学生在观察中感悟其中的区别。

④自主探究"减少"现象。

⑤回忆旧知，沟通联系。

对于对照班，仍按原来常规的教学计划进行常规教学，不对教材内容进行调整与整合。具体流程如下：

①创设情境,引出例1。
②师生合作,共同画图,交流解题过程。
③变换情境,自主探究"减少"现象。
④巩固练习,完成"练习八"的前两题。

(三) 实验结果

为考查实验效果,在实验结束后的当天下午,我们对实验班和对照班进行了书面测试。

1. 实验班和对照班后测成绩差异比较

进行教学实验之后,我们于下午第2节课时对两个班进行实验后测。后测内容主要从识图、画图解答应用题以及拓展应用这三个方面考虑。后测结果将90分以上(含90分)记为优,80~70分记为中,70分以下记为差。其测试结果统计如表5-4。

表5-4 实验班和对照班后测成绩差异比较

	总体			优			中			差		
	n	$\bar{x}$	s	n	$\bar{x}$	s	n	$\bar{x}$	s	n	$\bar{x}$	s
实验班	30	85.2	16.7	15	98.4	2.2	5	86.8	1.6	10	64.6	11.7
对照班	30	74.1	11.9	3	95.3	3.4	8	82.8	3.2	19	67.2	8.1
z	3.34			0.05			2.34			2.22		
P(呈著性)	<0.01			>0.05			<0.05			<0.05		

我们可以比较一下两个班后测成绩:从总体上看,实验班的平均成绩为85.2分,而对照班的平均成绩为74.1分。因此,总体来说,实验效果是非常显著的($P<0.01$)。对于中和差来说,效果比较明显($P<0.05$);对于优来讲,虽然从P值上来看,效果不明显($P>0.05$),但从两个班得优的人数上来看,实验班为15人,而对照班只有3人,实验班得优人数正好是对照班的5倍。所以从这个意义上来讲,实验效果也是不错的。

2. 实验班和对照班前后测情况比较（如表5-5）

表5-5 实验班和对照班前后测情况比较

	对照班		实验班	
	$\bar{x}$	s	$\bar{x}$	s
前测	93.3	3.98	93.5	4.7
后测	74.1	11.87	85.2	16.67

在实验中，除了研究教学内容调整策略的效果，我们对《解决问题的策略》这一学习内容也进行了研究。从表5-5中我们可以看到，前测中的标准差对照班只有3.98，而实验班也只有4.7，这说明实验前这两个班的学生与学生之间的差距并不是太大。而实验后，不仅两个班的平均分大幅降低：对照班只有74.1分，实验班也只有85.2分，而且标准差也相差甚远。对照班的标准差为11.87，实验班的标准差更大，为16.67。这两个标准差说明，学习完这部分内容后，学生的差异被明显区分开来，数学思维能力较弱的学生学习这部分知识明显感到力不从心。

（四）结果分析

本课时的实验取得了较满意的实验效果。从实验结果来看，对本课时采用调整教学内容的策略重组教材，能让实验班的学生在接受这一部分知识时的实践效果明显优于对照班。可见，根据特定的教学内容和学生的个体差异，采用调整教学内容策略，的确可以提高学生学习数学知识的实效。

四年级下册《解决问题的策略》教材编排（直接呈现例1）起点较高，特别是对中等生或中等偏下的学生造成了一定的学习困难。通过实验，笔者认为，可以先采用正叙的方式引出长方形中长或宽变化引发的面积问题这样的例子，让学生初步感受变与不变中的变化规律。这种正叙的例子，起点低，大部分学生都能接受。这样的安排同时也为后面的倒叙奠定了良好的思维基础。然后转换方向，通过情境出现倒叙的例子，这样的安排一方面能让学生准确把握这类问题的实质，另一方面也能凸显画图策略的实际意义。

为差异而教：小学数学差异教学十五年探索与实践

但从平时的教学与实验情况我们仍然可以看出，尽管我们特别注意照顾学生的个体差异，采用了调整教学内容的策略，但后测所反映出来的学生之间的差异仍然比较明显。这充分说明该内容对于大部分学生而言，并不能只通过一个课时就能很好理解与掌握。因此，笔者认为，在具体加强学生基本技能训练方面，首先要将较复杂的技能分解成许多子技能，并分别掌握；其次促进各子技能之间的组合。我们可以重组教材，改变教材的呈现方式，科学地进行补充，为学生发现问题、提出问题和自主解决问题创造机会。

（五）实验反思

虽然实验结束了，但笔者对"画图策略"教学的思考并没有就此停止。

1. 做好解决问题策略的"潜伏"教学

古诗有云："随风潜入夜，润物细无声。"为了真正做好"策略"教学，我们应在教学前就做好策略的"潜伏"教学。就苏教版教材安排而言，"策略"教学主要在第二学段正式开始，但在第一学段教材[①]中其实就早有"伏笔"。如：

一年级上册《认识物体》一课出现了全套教材第一张表格，潜伏着分类的思想。

一年级下册《统计》一课正式教学统计表，利用列表策略整理数据。

三年级上册《用两步计算解决实际问题》一课要求学生用画图策略解决问题。

三年级上册《乘加、乘减混合运算》一课用情境图出示了这样的问题：生物组养了4缸金鱼，左边三缸每缸4条，右边一缸有2条，生物组一共养了多少条金鱼？学生列出4×3+2引出乘加，学生列出4×4-2引出乘减。4×4-2这个列式蕴含了假设的策略。

三年级上册《周长是多少》一课有这样一道习题，多边形的周长可以用转化的策略来求。

[①] 书中部分例子为旧版教材，后同。

三年级下册《整理与复习》一课安排了这样的习题："用一根长20厘米的线,在第115页的方格纸上围出边长是整厘米数的长方形或正方形,再填写下表。"这里需要枚举等策略。

课前的"深入"是为了课上的"浅出",第一学段的"潜伏"是为了第二学段的"突破"。如果能在第一学段打好解决问题策略的基础,那么在第二学段各个"解决问题的策略"单元教学时,不难想象,学生们势必对策略产生一种顿悟的感觉,仿佛遇到了时常见面的老朋友,发出"原来我们早就在用策略了"这样的感慨。于是,策略的形成、比较、反思和应用变得水到渠成。

2. 做好"画图策略"的"前期"教学

其实无论是新课程之前还是之后,线段图在数学教学与学习中的重要性是不言而喻的。但就苏教版教材而言,线段图的出现是在三年级(上册)第43~44页的"两步计算的实际问题"。笔者认为可以将"线段图策略"教学定为本节课的教学重点,让学生在倍数关系中初步感受"画图"的优越性,为以后学习更难的"画图策略"打下坚实的基础。

3. 做好"策略"教学的"长期"准备

简单的解决问题策略可以很快学会,但复杂的信息加工涉及许多策略,必须充分练习。因此,解题策略的教学一般是不能立竿见影的,必须坚持长期的、系统的教学训练,方能取得满意的效果。教师不能满足于把相关策略性知识告诉学生,学生能说出相关内容,重要的是让学生利用策略来指导自身完成相关练习,同时练习必须要有连续性。没有连续性,学生将无所适从,其能力也不能形成。但在练习中必须有变化,如让学生与同伴一起通过变式练习运用解题策略,因为只有在变化的练习中,知识才能深化,策略才能灵活应用。

第四节 动态隐性合作与交流

班级授课制与个别化教育最为显著的优势在于其"群体性"。班级授课制将学生个体置于班级这个"群"中,在个体与集体的互相作用下促进学生成

为差异而教：小学数学差异教学十五年探索与实践

长。但在实际教学中，我们很多教师并没有认识到班级这个"群"的作用，往往只关注学生的个体差异。《学记》有云："相观而善之谓摩。"意指在教育教学过程中，要充分发挥群体的教育功能，个体间相互观摩，取长补短，方能共同进步；如果忽略或放弃了群体的影响，是无法达到理想的教育效果的。差异教学理论告诉我们，学生差异是天然的存在。班集体教学中，我们应该尊重差异，合理利用差异资源，从而让每个学生获得最大限度的提升。"为差异而教"不仅强调学生的个别性、独立性，强调教学的个别指导，而且强调学生间的合作与交往，让他们在相互帮助中共同提高[①]。课堂教学中，学生之间的合作与互助可以是随机的，没有固定的组织形式，也可以有相对稳定的合作架构，如优等生与待优生的配对组合，或同异分层、异质合作的交替组合。无论是何种形态，我们都应该给学生提供相互合作和帮助的机会，并鼓励学生积极合作和相互帮助。

一、组内讨论，在思维碰撞中互补

在日常的教学中，我们经常看到教师组织的同桌交流或小组讨论（一般是随机的异质小组）的活动形式。其实这是合作学习中使用频率最高、组织较为简单的一种形态。当大部分学生独立思考解决某个问题有困难时，可以利用组内讨论的形式，汇集群体智慧共克难关；当数学学习过程中意见不一、争执不下时，可以利用组内讨论的形式，互相启发，统一见解，形成正确的认知；当遇到开放性问题，考虑到个体思考存在局限性与单一性时，可以利用组内讨论的形式，集思广益，在互补中拓宽思维……组内讨论，除了要把握恰当的时机外，还应将讨论的中心聚焦于教学内容的重点、难点，以便促进对重点的理解和对难点的突破，从而加深对知识本身的领悟；设计讨论的核心问题也尤为重要，因为其直接影响着讨论的质量，探究的深度，所以核心问题要具有启发性与争论性；营造民主的讨论氛围能充分调动学生的积极性，使学生在讨论过程中愿说、敢说、想说。除此之外，我们还应从照顾学

---

① 华国栋. 差异教学论（修订版）[M]. 北京：教育科学出版社，2007：16.

生差异的角度出发，为学生提供较为丰富、可选择的讨论素材，使每个学生依据其自身的能力特点，从不同的层面对核心问题进行阐述，营造人人有话说的讨论氛围。

在学习苏教版小学数学四年级下册《轴对称》时，学生对于"平行四边形不是轴对称图形"这一结论产生了分歧：一方认为教材是正确的，而另一方觉得这句话不完全正确。面对争论不下的局面，教师提出核心问题："'平行四边形不是轴对称图形'这一结论是否正确？如果不正确，该如何改进？"并开展组内讨论。对同伴的质疑，特别是对教材的质疑，激发了学生探究的热情，组内讨论精彩纷呈。认为结论正确的小组除了将教材中所给的平边四边形任意对折外，还让画图比较好的同学，迅速画出其他类似的平边四边形进行对折验证，发现这些平行四边形无论如何对折，对折后的两侧都无法完全重合，所以认为"平行四边形不是轴对称图形"是正确的。而认为结论不完全正确的小组，在小组长的带领下积极思考。对图形特征以及相互关系比较清晰的同学提出，长方形和正方形是特殊的平行四边形，但它们却是轴对称图形，所以结论是不完全正确的；对平行四边形认识比较深的同学提出，除了长方形和正方形，菱形也是平行四边形，但它也是轴对称图形；动手能力强的同学立刻在白纸上画出菱形，对折加上验证；集合思想比较强的同学通过集合图（如图5-2）进行反驳。

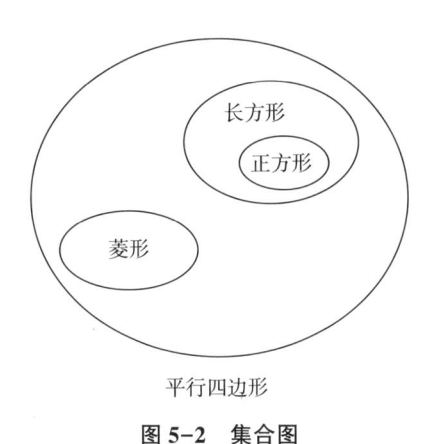

图 5-2 集合图

如果结论是完全正确的话，那在这个圈内的所有图形应该不是轴对称图形，而现实并不是这样的，所以结论是不完全正确的。有了足够的证据之后，组内成员便开始讨论如何修改。有小组提出"非长方形、正方形、菱形的平行四边形不是轴对称图形"；还有小组提出"非长方形、菱形的平行四边形不是轴对称图形"，因为正方形是特殊的长方形；还有小组提出"邻边不等，且没有直角的平行四边形不是轴对称图形"。在反方充足的证据面前，正方也接受了大家的共同智慧，同时还给教材提出了一个很好的建议，他们认为教材应表述为"这个平行四边形不是轴对称图形"。在以上组内讨论的过程中，组内成员发挥各自的优势特长，善于动脑的想点子，善于表达的忙总结，善于操作的动手做，这一切都是围绕核心问题开展的激烈思维碰撞，成员间的差异资源在讨论中互补，在互补中实现了共同发展。

二、配对互助，在相互帮助中双赢

为了摸清对同一学习内容学生任务完成速度的差异，以及完成后的个人后续意愿情况，我们从二、四、六年级各选了一个班，对共109名学生进行了以下问卷调查。

①在完成老师布置的学习任务过程中，你有没有等待现象（即你已经完成任务，但其他同学还没有完成任务）？（　　）

　　A. 没有，因为任务未完成　　B. 时间差不多，偶尔会有　　C. 经常出现

②如果有等待现象，在这段时间内，你希望自己干什么？（　　）

　　A. 无所谓，继续等

　　B. 希望老师独立布置难度高一些的练习

　　C. 希望去帮助一些有困难的学生

通过项目①调查数据显示（如表5-6），有一半多学生选择的是"时间差不多，偶尔会有"，说明这部分学生正好能跟上老师的节奏，在规定的时间内完成相应的任务。

第五章 "为差异而教"的教学策略

表 5-6 项目①调查数据情况

选项	人数	所占比例（%）
A	23	21.1
B	57	52.3
C	29	26.6

对于项目①中选项 B 与 C 的学生，我们又对其中大部分人进行了项目②的调查，数据显示（如表 5-7）大部分学生选择的都是 B 和 C，选择 B 的学生希望老师能独立布置难度高一些的练习，他们愿意去思考，去挑战；选择 C 的学生非常愿意去帮助一些学习有困难的学生，带动他们一起进步。

表 5-7 项目②调查数据情况

选项	人数	所占比例（%）
A	13	16.3
B	30	37.5
C	37	46.2

陶行知先生早就说过："小孩子最好的先生，不是我，也不是你，是孩子队伍里最进步的小孩。"根据学生的个人意愿以及学生教育的内在特点，我们在课堂教学中采用了"配对互助"的合作形式，一般情况下让学优生与待优生自愿组合，座位安排上尽可能地将配对组安排成同桌或在附近位置。教学过程中布置学习任务时，采用选择性拓展内容，一般有两种可供选择，如学习任务完成后，你可以选择以下任务中的一种进行学习：①继续挑战（增加一道事前准备好的、难度系数高一些的题目）；②对有需要的同学提供帮助。这种"配对互助"形式，既有固定配对，也有动态配对（即课堂有一些本没有配对，但也早早完成学习任务、有意愿帮助他人的这部分学生，他们通过举手示意，然后教师根据其他学生情况进行安排）。这样的课堂有固定配对的互助，也有动态配对的互助，此时的教师可以有更多的时间去照顾有特殊学习需求的同学。

配对互助的形式，让部分有能力的学生成为"小先生"，这是社会文明的需要（有责任感，乐于助人），同时也增强了"小先生"的自信心、上进心，因为为了维护"小先生"的威信，他们往往会更严格要求自己，更努力地学习，从而提高自己对所有知识技能的掌握程度。对于被帮助的学生而言，他们能够更好地接受"小先生"的"学生知识"（通过知识内化后的、从同学口中讲出的、贴近学生语言习惯的知识内容），也能在"小先生"面前畅所欲言，加速学习过程的推进。在配对互助的合作学习中，差异资源得到了充分利用，实现了互助双方的提升。当然这种合作学习的形式也可以延续到课外继续进行，效果更佳。

三、任务分工，在各展其能中共进

多元智能理论的创始人霍华德·加德纳（Howard Gardner）教授认为，人的智能是多元的，每个人都具有语言智能、逻辑-数学智能、空间智能、音乐智能、躯体-动觉智能、人际智能、内省智能和自然观察智能这八种智能。然而每个人的智能结构又是不一样的，同时每个个体内的智能也是存在差异的，有优势智能和弱势智能之分。因此，多元智能强调扬优补缺，各展其能。差异教学提倡尊重差异，其中尊重学生的智能差异是很重要的一方面。在实际教学中，我们不仅要在意识上尊重，更要将这种差异智能转化成教学资源，合理利用，互为促进，从而实现共同提升的教育目标。任务分工式的合作学习先依据学生的差异将学生合理分成若干学习小组，然后组内将学习任务进行合理分工，再由小组个人完成相应的任务，最后综合每个成员的完成结果从而完成小组任务。分组时，要保证组内异质、组际异质，即同一小组内不同性别、不同基础、不同能力的学生都要尽量兼顾，而组与组之间的学生构成要大致相同，这样便于形成组与组之间的公平竞争。任务分工时，要考虑到组员的水平和能力差异，做到分工明确、人人有份，同时还要做到相互之间要有合作与帮助。

如教学苏教版小学数学五年级下册《蒜叶的生长》时，提前20天布置小组学习任务，即完成一份以《蒜叶的生长》为主题的手抄报，要求数据准确、内容丰富、构图合理美观。各小组在组长的带领下开始讨论任务分工，以下是第 3 小组的任务分工情况。

①王同学（该学生做事负责、细心）：负责准备蒜种、容器，以及照顾蒜的成长，同时每天观察、测量蒜叶与蒜根的生长数据；

②马同学（该学生平时作文比较好）：负责通过网络查找蒜的用处，并撰写蒜的成长日记；

③施同学（该学生动手能力较强，几何图画得特别棒）：负责手抄报中统计图的制作；

④张同学（该学生喜欢美术，绘画能力较强）：负责给蒜叶拍照，洗出照片，以便出报时使用，同时负责手抄报的所有图画；

⑤吴同学（该学生爱好书法，字写得非常好）：负责手抄报中所有文字的书写。

以上分工完全依据组内成员的能力特长，真正做到了人人有任务、互相有合作的学习要求。教学当天，其实就是一个成果展评与数学追问的过程。在完成以上学习任务过程中，每个学生都积极参与其中，有监督也有合作，形成了各美其美的合作氛围。在任务分工式合作学习中，选定小组长时要考虑到学业成绩、人际关系、组织才能以及是否具有奉献精神、能否以身作则等多种因素。教师在此过程中，主要进行任务设计、分工审查、过程监督等工作，当然对于特殊小组（如有特殊学生存在的）要多加照顾与指导。

四、练习交流，在互纠互进中提升

数学课堂最后一个环节正常情况下是检测学习效果、拓展提升的练习阶段。为了让每个学生都能达到检测与拓展的目的，基于差异教学理念的数学课堂在此环节为学生提供了有选择性的练习，即必做题与选做题。

必做题是依据所学内容，以检测达标为目标而设计的一组保底练习。在处理必做题时，我们采用"异质互纠"式合作学习形式。主要分为以下几个步骤。

①独立完成：要求组内成员（此组为异质组）先独立完成练习（对于特殊学生教师可作个别提醒或指导）；

②成员互批：在小组长的带领下，互批练习，记录组内成员完成质量（主要记录错误率），并汇总小组完成质量情况；

③组内讨论：针对批改出现的错误，在组长的组织下，由出错个人自查错误，谈感受。对于无法找出错误原因的，小组内共同讨论，形成共识，将错误或不理解之处在小组内自行解决。如果互批中出现较好的或有创意解法时，由解题人在小组内进行讲解，以达到思维共享的目的。

④交流得失：组内成员轮流发言，在全班大组交流练习过程中的得与失。

"异质互纠"的过程，改变了以往教师一题一讲的单一模式，既节约了课堂时间，又让不同层次的学生在交流得与失的过程中互受启发，共同提升。同时，小组作业完成情况记录，也可作为评估小组合作学习效果的重要参数，对于互助学习效果较好的小组定期进行奖励，以达到互为促进的作用。

选做题，即我们平时教学中所指的提高题，重在拓展学生的思维，提高学生解决问题的能力。选做题以难度系数逐题增加为区分，通常会设计☆题、☆☆题、☆☆☆题。其中☆题只是所学内容的简单变式，主要为待优生准备，而后面两题具有一定或较强的思维难度，主要是让学有余力的学生"跳一跳，摘桃子"。在处理选做题时，我们采用"同质互进"式合作学习形式。主要分为以下几个步骤。

①自主选择，独立完成：要求所有学生根据自己的实际情况，自主选择三题中的任一题，并独立完成；

②同质交流，互启共进：挑战成功的学生可以离开座位，到指定的星级交流圈中进行交流（此时的交流是同质交流）。交流中出现争议时，还可以查阅交流圈中教师事前准备好的自主学习系统进行自我核对（即星级题的详细解答过程）。

在"同质互进"过程中，要让学生树立"我能行"挑战精神，避免出现畏难学生只选☆题或是无畏学生只选☆☆☆题的情况，要么毫无挑战地完成，要么毫无进展地失败，从而失去拓展的初衷。在时间允许的范围内，对于挑战一题完成的学生，还可以继续挑战更高级别的选做题进行拓展提升（在☆☆题自主学习系统前，摆放事前准备好的☆☆☆☆题，以供超常学生所需)。在此过程中，教师只是组织者、解惑者。而学生的思维拓展与能力提升已在一起交流、一起思维互动中得以实现。

"水本无华，相荡乃成涟漪；石本无火，相击乃发灵光。"在课堂教学中，我们应充分利用好班级群体的教育功能，让差异资源在互相合作与帮助中互为作用，让每个学生都能获得最大限度的发展。与此同时，我们也应该认识到合作与互助不仅是一种学习方式、一种教学策略，更应该是一种新的生活方式、一种新的价值观。合作与互助不仅能培养学生倾听、表达等能力，更重要的是能实现教育教学的社会化功能。

第五节 提供适合的学习辅导

苏霍姆林斯基曾言："在思想、对周围世界的理解以及在智慧、意志和性格的个性特点方面，没有完全相同的孩子。每个孩子都是一个独特的世界。"这充分说明学生的差异是客观存在的。为了弥补因集体授课而带来的缺陷，辅导教学便成了目前教学过程中的重要环节，成为满足学生个别发展需求的重要途径。按照布鲁姆的掌握学习理论，以群体教学为主，辅之以个别教学的组织形式，可使95%以上的学生达到传统教学条件下少数优等学生取得的成绩。因此我们可以通过辅导教学，使待优生及时弥补知识技能上的不足，跟上全班的进度，缩短与其他同学之间的差距；还可以使一部分优等生在"吃得饱"的基础上"吃得更好"，满足他们在知识与技能上的特殊需求。

一、课前辅导——未雨绸缪

在很多教师的观念中，辅导一般是指课后辅导，这样的认识显然是不全面的。根据我们自身教学经验发现，学生在学习过程中所产生的差异，往往是因为有一部分学生在学习新知前就与其他同学不在同一起跑线上。按照"掌握学习"的理论，只要给学生提供必要的认知前提行为与积极的情感前提特性，并接受高质量的教学，那么学习成绩之间的离差就将缩小到10%。由此可见课前辅导对于一些基础并不扎实的同学来说是非常重要的。

为差异而教：小学数学差异教学十五年探索与实践

在传统教学中，对于知识间关联较大的学习内容，教师在授课前一般会准备3~5分钟时间用以复习旧知，从而以旧引新。这种做法对于学习程度较好的学生来说的确可以起到铺垫作用，但对于一些对旧知掌握并不理想的学生来说，这短短的几分钟显然是不够的。这就要求教师针对这些学生进行个别化的课前辅导。如我们在教学三位数乘一位数笔算之前，先对学生进行两位数乘一位数笔算以及整百数乘一位数口算的测试。从测试反馈信息中，我们排查出对于这部分知识掌握不够透彻的同学，然后对他们进行个别辅导，让他们拥有足够多的"三位数乘一位数"的认知前提。在这些辅导教学的基础上进行三位数乘一位数笔算新授后，我们又对三位数乘一位数这部分新知进行后测。从后测效果分析中发现，部分待优生取得了与优等生一样的学习效果（满分），即使少部分同学因多方面的原因掌握得还不够理想，但对于这部分新知的掌握与优等生之间的差距明显缩小。由此，我们可以看到进行必要的课前辅导对于待优生而言何等重要。

为了摸清学生学习新知有哪些困难，我们应认真钻研教材，了解学生学习新知应具备哪些认知前提。在此基础上，进行一些学前测试活动。通过对测试结果的分析，有针对性地对个别学生进行课前辅导，从而降低他们学习新知的难度，扫清认知路上的"障碍"，增加其学习新知的自信心。

二、课中辅导——雪中送炭

由于学生在认知方式与思维类型等方面的差异，在新知学习的过程中，遇到一些较难理解或比较抽象的数学内容时，一些学生在接受时间与速度上与其他同学存在明显的差异。如果教师不能及时发现，并给予"解惑"的话，那这道"坎"势必影响学生后续学习，从而出现注意力不集中、做小动作甚至厌学等问题。因此，在课堂教学过程中，我们应通过提问、观察等方式留心每一个学生的学习状态，特别是对于待优生应多加注意。如若发现这类学生出现迷茫现象，应及时间清缘由，并采取一定措施帮助他们跃过这道"坎"。

如在《认识角》的教学过程中，让学生思考一个长方形剪掉一个角，还有几个角。思维灵活性较强的学生，眼珠一转便能得到几个结论；但对于空间思维较弱的部分学生来说，对于五个角的结论比较容易理解，但对于四个角、三个角的情况就无法想象了。当发现这些学生一脸茫然时，教师可以立即让学生动手试一试，在学生活动的间隙走到需要辅导的学生面前，与他们一起操作、探讨。通过这样的活动，很快每个学生都明白了其中的道理。刚才还一脸茫然的学生，这时脸上都洋溢着胜利的笑容。

同样，对于一些学习能力较强的学生来说，简单、平淡的数学课堂也会让他们感到淡而无味。面对这些"吃不饱"的学生，教师应在适当的时机选择一些思维难度较高的问题，来刺激这些学生的脑细胞，让他们始终保持一种积极、亢奋的学习状态。如教学《7的乘法口诀》时，部分学生已经不满足于熟记口诀和简单运用口诀解决问题了，他们已有更高层次的学习需求，为了让他们也能体验到高层次成功的喜悦，从而感受数学知识的内在魅力，教学时我们可以设计这样的练习：在○里添上合适的运算符号使等式成立，7○7=14，7○7=49，7○7○7=42，7○7○7=56……这样的练习既是对口诀的灵活运用，也为后续学习乘法口诀作了有效的知识渗透。

三、课后辅导——扬长补短

虽然课前、课中我们都充分照顾到学生的个性差异，但差异并不会因为这些努力而消失。一堂课下来，仍然会有一些学生对课堂上所学内容理解、掌握得不够透彻。对于一些普遍性的问题，我们可以寻找适当时机，进行集体讲解或纠正，以弥补课堂教学中的不足；个别问题则需要我们进行课后的个别辅导。课后个别辅导一定要以学生的差异为前提，针对不同的学生，采取不同的方式方法，有的放矢地开展辅导工作。辅导前，我们可以通过课堂表现、作业反馈、日常交流等手段发现这些学生存在的问题、准确找出问题的原因：是知识、技能基础薄弱，还是方法、能力缺陷？是智力因素引起，还是非智力因素造成？是学生方面的问题，还是教师方面的问题，抑或是家庭、社会环境方面的问题？……然后针对问题原因寻找有效措施。其实很多情况下，学生所表现出的学习滞后现象常跟非智力因素有关，所以我们补

"差"先要补"心"。由此我们可以看出，课后辅导不仅要加强知识技能的辅导，还要特别注意培养学习兴趣、消除自卑感，并通过实事求是的鼓励和激励，增强学生学习信心，调动学生学习积极性。要从心理上消除学生害怕学习的畏惧心理，让学生喜欢数学、爱上数学，从而自动、主动地投入数学学习的行列中。

G. A. 戴维斯、S. B. 里姆在其所著的《英才教育》一书中曾说："任何年龄的学生的英才教育计划都包括辅导成分。"由此可以看出，对于一些学有余力的学生而言，课后辅导也是必不可少的，可以为他们开设小型课程，或成立数学兴趣小组，指导他们自学有关数学知识，发展其特长，满足其求知欲望。

除此以外，在课后辅导中我们还要充分发挥助学伙伴与家长的作用，和他们一起制订辅导计划，落实辅导时间，指导辅导方法，并及时了解他们辅导的进度与效果，从而更好地提高课后辅导的质量。

四、单元辅导——步步为营，层层把关

学生的个体差异很大程度是由其个体遗传及其所处生长环境不一样造成的。通过对待优生进行观察，发现他们有一个共性特征——对知识遗忘较快。根据艾宾浩斯遗忘曲线的规律，我们发现辅导教学不能只局限于课前、课中与课后，还要注意小单元辅导。通过小单元的辅导，可以发现本阶段所学知识技能的缺陷，帮助他们补差找漏，促进他们再次理解并巩固记忆。同时，小单元的辅导还可以帮助他们将所学知识理成体系，促进知识迁移。

对于待优生而言，小单元辅导的间隔时间不宜太长，不然起不到及时诊断缺陷、及时矫正的作用。一般情况下，1~2周为一小单元较适宜。小单元辅导可以通过单元测试卷进行，测试时间一般以5~15分钟为宜。通过对测试卷进行分析，然后对症下药。对于未达到测试目标的学生，教师要注意进行记录，以便在适当时机再次进行辅导，直到学生理解、掌握为止。

同样，单元辅导对于优等生而言也同样重要。因为在课后辅导中给他们布置的小型课程或兴趣小组内容，都是有计划、有目的的。为了检测他们完成与掌握的效果如何，可以通过单元辅导的形式进行测试，然后在交流中帮

助他们解决心中的困惑，形成知识技能。同时在交流过程中，我们还可以通过激励手段，让他们体验成功，点燃其进一步探索未知世界的信心与恒心。

辅导教学并不是消除差异，而是让每一个学生都能在自己原有知识基础上得到更大的发展。辅导教学的意义和灵魂在"导"，教师的导是给学生一个"加速度"。教学最终目的应该是让学生扔掉这个"拐杖"，能够独立、健康地"行走"，自觉地获取知识，在获取知识的过程中逐步提高自己的能力，健全、优化认知结构，最终完善自己的精神品格，全面提高自身的综合素质。

第六节 及时性大面积的反馈

差异教学追求的是教学与每个学生最大限度的匹配。那么，教学反馈的信息就必须具有全面性与真实性，唯有依据这样的反馈信息，教师才能根据不同学生的学习需求对教学进行相应的调整，从而实现每个学生最大限度的发展。华国栋先生在《差异教学论》一书提出"大面积及时反馈"这一概念，其用意在于区别现行课堂教学中存在着的"以优代全"或是"异口同声"的伪反馈现象。"大面积及时反馈"中的"大面积"强调的是反馈信息的全面性，教师可根据不同的教学内容与时机，采用全员反馈、分层反馈（不同水平学生均涉及）或"以差代全"（木桶原理告诉我们就某一知识点而言，基础较薄弱的学生已掌握，全班学生自然也就掌握了）等形式，了解学生实时学习信息，及时评价学习效果，并对学生的学习作必要的补救和针对性的指导矫正。

一、课前大面积及时反馈，摸清学生认知前提准备

美国教育心理学家奥苏伯尔说："影响学习的最重要的原因是学生已经知道了什么，我们应当根据学生原有的知识状况去进行教学。"因此，在新知教学之前，教师应通过大面积及时反馈策略，清晰了解学生已经具备了哪些学习新知所需的生活经验和知识技能，在教师没有教的情况下学生已对教学目标掌握到了什么程度，在哪些知识点上学生有困难以及难在何处，哪些知识

为差异而教：小学数学差异教学十五年探索与实践

可以自学或互学，哪些知识需要教师的点拨等。当摸清学生认知前提准备后，再依据反馈信息，调整教学流程或教学方法，这样的教学才能最大限度地与学生的学习匹配。为了准确地了解学生学习新知的真实情况，可采用全员前测或部分代表性学生课前访谈的形式进行大面积及时反馈。通过对测查结果的分析，全面了解学生个体间的差异，这样才能制定适合学生的教学目标和教学过程，才能保证为他们制定的学习目标都在他们的最近发展区内。

《乘法分配律》是苏教版小学数学四年级（下册）第六单元的内容。该学习内容是在学生学习了加法和乘法的交换律、结合律，并会运用这些运算律的基础上进行教学的。该内容是小学阶段典型的疑难课。虽然教材中早有铺垫，现在又专门学习，但部分学生在以后的学习道路上应用乘法分配律解决问题时仍然错误百出，不会灵活运用。那么其中的原因是什么呢？为了真实探明学生的学习情况，在讲课之前，笔者对四年级学生进行前测评估。前测内容如图5-3。

1、同学们，你知道乘法有哪些运算律?这些运算律用字母又怎么表示呢?
　　乘法（　　）律，用字母表示为（　　　）；乘法（　　）律，用字母表示为（　　）；乘法（　　）律，用字母表示为（　　　）。

2、观察下面的等式两边的算式有什么联系，再照样子写两个等式。
　　　　　　　（25+75）×4=25×4+75×4
　　等式一：　　　　　　　等式二：

3、在□里填上合适的数，在○里填上合适的运算符号。
(32+25)×4=□×4+□×4　　　(23+77)×3=23×□+77×□
42×5+58×5=（42+□）×5　　16×31+16×69=(□○□) ○□
8×□—□×□=8×(17−6)

4、火眼金睛，判断对错。
302×7+98×7=（302+98）×7 …………（　）
86×(19+28)=86×19+28 ………………（　）
70×50+50×90=70×(50+90) ……………（　）
52×(3×7)=52×3+52×7 …………………（　）

图5-3　前测内容

通过对前测数据的分析，笔者发现学生学习乘法分配律，一般出错现象有漏乘问题［86×（19+28）= 86×19+28］和混淆问题［52×（3×7）= 52×3+52×7］，除此之外，还有一个最大的问题就是缺乏对乘法分配律本质的理解。如前测判断题中第 4 题 70×50+50×90 = 70×（50+90）出错率高达 30.6%，这就需要我们在教学时注重对乘法分配律本质的理解，即要在准确判断谁是公因式（数）的问题上下足功夫。同时，在前测中也发现了部分学生对乘法交换律与结合律有所遗忘，特别是不会字母表达式。对于此类似现象，教学前要通过个别辅导进行干预，解决这些新知学习的障碍，确保每一个学生都能具备较好的认知前提准备，进入新知的学习。

二、课中大面积及时反馈，把控知识建构实时质态

行为主义心理学认为：学习就是行动的反馈。由此可见，全面、及时、准确的信息反馈是提高学习效率的重要因素。在目前的小学数学课堂中，信息反馈存在这样一些问题："以优代全"现象，即教师往往以课堂上个别学生的学习信息替代全班学生的学习信息，这样的反馈信息是不全面的，不具代表性，对教学的指导作用不大；"异口同声"现象，即教师往往通过"会不会啊?""大家听懂了吗?"这样的提问，并让全班学生齐声回答，这看似全面反馈，但信息的真实性有待商榷，这样的反馈信息对于教师认清学生的学习状态作用也不大。为了在教学中能照顾每个学生的差异，并有针对性地教学，教学应使用大面积及时反馈策略，实时、真实地了解学生差异所在，懂得每一个学生在学习中的特殊需求，方能让教学与每个学生最大限度地匹配。从这个意义上来说，大面积及时反馈应贯穿教学的全过程，尤其应重视课初、教学关键环节以及新授后尝试练习的信息反馈。课初的信息反馈，主要是为了了解学生学习新课前知识技能的准备、学习的兴趣和积极性、学生之间差异的水平。教学关键环节往往决定一节课的成败，在关键环节教师要重视运用大面积及时反馈策略，了解学生对重点内容掌握如何、有什么疑问或困难，特别是那些待优生需不需要特殊帮助等。在新授结束后、学习巩固前，会进行一些尝试性练习，此处应该采用大面积及时反馈策略，从而实时把控学生

的学习效果，并依据信息反馈的情况，对教学做必要的补救与调整。

例如，在教学《不含括号的混合运算》例题之后，出示两道题让学生进行练习：

240÷6-2×17   51-21÷3+25

学生尝试独立完成，教师巡视（选择两名计算正确的同学板演）。

  240÷6-2×17   51-21÷3+25
  =40-34   =51-7+25
  =6   =44+25
           =69

师：请生1（第一题板演的同学）说一说你的想法。

生1：在混合运算中，既有乘、除法，又有加、减法，按照计算法则应该先算乘、除法，再算加、减法。因为乘、除法是同一级运算，所以第一步我将乘法、除法优先计算，得到40与34，最后再算减法，结果是6。

师：与生1计算过程与结果一样的请举手。（第一次大面积及时反馈，有三个同学没有举手）

生2：我与生1的结果是一样的，但过程不一样：我是先算除法，再算乘法，最后算的减法。

生3、4：我计算错了。

师：谁来点评一下生2的计算过程。

生5：生2的计算过程其实是正确的，但为了简便，在这样的混合运算中，可以将乘、除法同时算。

师：很好，那与第二题计算过程与结果一样的请举手。（第二次大面积及时反馈，有六个同学没有举手）

生6：我是这样算的：

  51-21÷3+25
  =30÷3+25
  =10+25
  =35

师：谁来点评一下生6的计算过程。

生7：他这样算的运算顺序就不对了，应该先算除法，再算减法与加法。

师：生6，你同意他的点评吗？

生6：同意。(红着脸)

师：刚才没有举手的同学，有没有与生6一样的。(有两个同学举手)

师：为什么会有三个同学都先算的减法呢？

生8：他们可能看到51-21结果是整十数30，所以就先算了。

师：你们是不是这样想的呢？(有三位同学点头)

师：是啊，在混合运算中，我们首先要确定正确的运算顺序，切不可被个别特殊的数字吸引，而犯了运算顺序的错误啊。

进一步了解，其他三位同学的错误，一个同学是计算错误（同前面的生3），另两个同学是没有计算完。

在这一教学过程中，教师通过两次大面积及时反馈，了解学生对于新知识的掌握情况，从反馈信息可以看出，绝大多数学生都掌握了正确的运算顺序，说明新授部分的目标基本达成。面对出现的个别现象，教师没有视而不见，而是通过两次生生互动点评环节，让学生明白了混合运算也可以简便计算，但不能受数据特殊化的影响而违背了正确运算顺序的道理。同时，再通过前面的反馈信息，教师发现了生3的计算正确率有待提高，还发现了两名同学计算速度有待提高。在后面的教学中，教师利用巡视机会根据刚才发现的学生差异，进行有针对性的个别指导，从而让教学与每个学生的学习状况最大限度地匹配。

三、课后大面积及时反馈，巧用发展档案促进提升

当堂检测性练习（简称数学作业）不仅是促进学生巩固知识、培养能力、发展智力、丰富情感的重要手段，更是教师获取大面积及时反馈的重要渠道。但在实际教学中，由于教师工作负担重或主观不重视等原因，往往陷入一种恶性循环：教师忙批改，学生忙订正，但有效反馈不足。教育心理学证明，学习必须获得信息的反馈，没有反馈的学习收效甚微，甚至无效；而反馈越

为差异而教：小学数学差异教学十五年探索与实践

及时，学生的学习兴趣就越浓，学习效率就越高。因此，教师应利用数学作业批改这一获取大面积信息反馈（全员反馈）的时机，建立认知发展档案，并及时与学生进行反馈，调整自我教学策略，促进学生自主提升。

由于知识本身的难度问题或教师在备作业时不够充分等原因，大量学生可能在作业中出现错误。例如，在分数教学中，布置题目"甲数比乙数多25%，则乙数比甲数少（ ）%"，有很多学生填写了"25"。这反馈出很多学生对分数单位"1"认识不到位。对于这样的共性问题，教师应利用适当的时机对学生进行集体讲评，矫正学生知识构建中的问题，及时消除错误产生的负面影响。也有由于学生知识基础或作业态度、习惯等方面的差异，而造成的个性错误。

例如，学生在练习"如右图所示的直角三角形小红旗，一张长1.2米、宽0.8米的长方形纸能做多少面这样的小红旗？"时，出现以下个性错误：

错解：　　　　　教师批注：

1.2×0.8÷（0.3×0.2）　　　三角形的面积公式记错了，想一想正确的应如何计算？

= 0.96÷0.06

= 16（面）

教师可采用纸面批注的方式进行反馈，这样既点明了错在何处，又让学生明白了错因是什么。对于反复出现错误反馈信息的个别学生，应采用当面反馈交流方式，充分发挥学生的主动性，让学生自己讲讲对题目的理解以及解题的方法，从错误中帮助学生发现问题，对症指导，这样从根本上帮助学生认识错误、减少错误，从而促进自主提升。

批改作业时，教师应将每日学生作业中的典型错误（共性与个性相结合）记录下来，并建立认知发展档案，每周形成一份包含错误巩固题与少量拓展题的练习题让学生有针对性地进行练习。这样，教师可以通过每日错题记录，及时反思和梳理自我教学情况，及时发现学生的学习困难，调整教学策略；学生也可以通过教师设计的针对性练习，及时纠正错误，巩固知识和技能。对于学生而言，可根据自身学习情况建立个性化的认知发展档案，如正确率不高的学生，可采用记录每次作业正确率，并通过制作作业正确率折线统计图的方式，时刻自我监控作业正确率，从而提升作业准确性；对于错误原因较多的学生（如审题不清），可采用记录每次作业错误原因，并通过制作错误原因条形统计图的方式，凸显错误原因，加深对自我问题的认识，从而实现思想上重视、行动上注意，达到矫正不良作业习惯的目的。

四、实用小工具——"课堂教学反馈器"

在日常的课堂教学中，由于学生个体存在差异，他们的学习状态与理解、掌握情况必将呈现出差异。为了能够在课堂教学中照顾学生的差异，有针对性地教学，教师必须能及时获取学生学习信息（反馈信息），了解每个学生在学习中有什么特殊需求，通过这样的及时反馈信息，实时调整自己的教学，从而尽可能地满足每个学生的学习需求。然而，从笔者这几年的听课情况来看，目前的课堂教学中信息反馈现状不容乐观，集中存在的问题有方式单一、不及时、不全面、欠真实等。究其原因，主要是相当一部分教师缺乏对及时反馈信息重要性的认识，更缺乏大面积及时反馈的策略，从而导致课堂教学效果差，学生发展受到限制。为了改变这样的教学现状，我们的数学研究团队，在差异教学理念指导下，自主研发了"课堂教学反馈器"（以下简称"反馈器"）。该教学工具的创生，有效弥补了上述反馈缺陷，其集包容性、时效性、大面积、多样性、真实性为一体，充分展现学生"真我"，让大面积及时反馈成为可能，从而使教学与每个学生的学习和发展最大限度地匹配。

（一）"反馈器" 简介

1. 样式与标准

棱长为 6 厘米的纯木正方体，并将棱角磨成圆角。这是我们通过多样比较，最后才得出的样式标准。其中 6 厘米的棱长标准主要是便于教师一目了然地通晓学生所呈现的信息，同时也便于学生的日常维护；而对于"纯木"与"棱角磨成圆角"这样的标准，主要是考虑到学生的安全。

2. 功能与使用

正方体六个面，每个面都被赋予一种反馈信息，即六个功能（如表5-8）。

表 5-8 "反馈器"的六个功能

面	颜色	文字信息	功能
上面	白色		该面朝上时，表示"原始状态"，即准备好了的意思。
下面	橙色	完成	该面朝上时，表示任务已经完成。
前面	绿色	同意 A	该面朝上时，表示同意某种观点；如果当作选项用时，表示"A"。
后面	红色	反对 B	该面朝上时，表示反对某种观点；如果当作选项用时，表示"B"。
左面	蓝色	新想法 C	该面朝上时，表示有新的想法想表示，如果当作选项用时，表示"C"。
右面	黄色	困惑 D	该面朝上时，表示在学习过程遇到困难了，需要教师的帮助，如果当作选项用时，表示"D"。

六个面分别贴上绿色、红色、橙色、蓝色、黄色以及白色六种颜色的卡纸。其中绿色面表示"同意"，红色面表示"反对"，橙色面表示"完成"，蓝色面表示"新想法"，黄色面表示"困惑"，白色面表示"原始状态"。每节课前学生将"反馈器"白色面朝上放在桌子右上角，表示已经做好上课准备。需要学生进行信息反馈时，学生只要将想要呈现的信息这一面朝上即可，教师站在讲台前，无须看清每个面上所呈现的文字信息，只要根据颜色就能及时读出学生所反馈的信息，并对这些信息进行及时分析，从照顾个体差异的角度调整接下来的教学设计，从而真正达到"教"为"学"服务的目的。

(二)"反馈器" 实践运用

"课堂教学反馈器"，顾名思义，其是学生在课堂学习过程中及时向教师反馈自身学习状态或需求的一种教学工具。有了该工具的帮助，信息反馈变得简单、有效、真实。

1. "完成"状态，让反馈成为常态

学生自主独立完成某项学习任务时，由于个体差异的存在，完成时间是有一定差距的，这时……

【以往】提前完成的同学，可能会按照老师的要求举手向老师示意已完成，然后就处于无所事事的等待状态。

【现在】提前完成的同学，只要将"反馈器"的"完成"状态这一面轻轻朝上放置，然后开始挑战教师为其准备的更高难度的挑战题即可。教师通过"反馈器"中的颜色信息就能清楚学生的完成状态，并根据这样的反馈信息调节自身的课堂教学设计。

差异教学追求的是让教学与每个学生最大限度地匹配，只有及时、大面积反馈出学生学习的真实状况，并由教师据此对教学作相应调节，教学才能真正有效。课堂上，我们经常会看到教师请班上一些学优生回答问题或者板演，以部分学生来代表所有学生，这样反馈的信息并不能代表全班学生学习的效果。"反馈器"中的"完成"状态便很好改变了这一现状。当学生独立完成了某项学习任务时，只要将"完成"状态呈现给教师，教师就能及时采集到真实、大面积的反馈信息。这样的举措一方面可以让做题速度快的学生在等待别人继续完成任务的过程中，有机会挑战更高要求，从而避免了集体教学中"无效等待"现象的出现；另一方面教师可以根据学生呈现反馈信息的快慢，对学生的熟练程度进行判断，并依据这样的判断规划课堂巡视，并对不同学生进行有针对性的指导。由此不难看出，在"教学反馈器"的长期作用下，每一位学生都会获得最大限度的发展。

2. "同意"与"反对"状态，让决定真情表露

小 A：我认为平行四边形是轴对称图形。

这时，教师会……

【以往】师：你们认为小 A 的观点对吗？请用你们的手势告诉我。如果"同意"就用"√"来表示，如果"反对"就用"×"来表示。这时学生在亮出手势的过程中，会左顾右盼，导致反馈信息有失真实。

【现在】师：你们认为小 A 的观点对吗？先独立思考，然后用"反馈器"作出判断。(学生独立思考) 统一时间，亮出自己的观点。

真实性是反馈信息的先决条件，唯有真实的反馈信息，才能有效了解学生和调节教学。如上述反馈信息中，学生会受他人答案的影响，更改自己最初的决定，从而影响了反馈信息的真实性。除此之外，在课堂教学过程中，教师经常在对学习任务进行评讲之后，才进行大面积反馈，让做正确的学生举手。看似及时、大面积的反馈环节，却存在着很大的"失真"漏洞，即有的学生错了却碍于面子不得不举起手。有了"反馈器"后，教师可以先不表态正误，让学生"翻面"表示自己的想法，绿色面朝上表示同意，红色面朝上表示反对，这样就会减少不真实的情况。同时教师也能通过不同颜色一眼看出谁做错了。对于做错的学生，教师可以及时走到他的身边了解其出错原因，及时纠错，为下一环节扫清障碍。

3."困惑"状态，让胆怯成为过去

教师出示题目：梅山小学有一块长方形花圃，长8米。在修建校园时，花圃的长增加了3米，这样花圃的面积就增加了18平方米。原来花圃的面积是多少平方米？

请同学们先独立自主完成。

【以往】能独立完成的学生，一路"绿灯"；而不能自主独立完成的学生，这时思维状态就是一路"红灯"。由于个人的面子或心里胆怯等因素，能举手示意教师自己在解决问题中遇到困难、需要帮助的现象少之又少。

【现在】在充分认识"困惑"状态功能的前提下，当在解决问题的过程中遇到困难时，学生只要轻轻地将"反馈器"的"困惑"状态朝上，这时教师在巡视时就会发现求助信息，并加以个性化的指导。

回看平时的课堂教学，待优生极少有在课堂上举手示意自己不会，向老师发出求助信息的，也就意味着教师几乎从未接收到过此类反馈信息。在这样的课堂中，这段时间对于待优生来说是种煎熬，若置之不理，他们将会越来越怯弱。"反馈器"中的"困惑"状态有效解决了这种问题。在答题的过程中，只要学生遇到困惑即可悄悄将黄色面朝上，向教师求助。教师可根据学生的反馈信息及时走到他们身边，及时了解困惑的原因，给他们提供必要的台阶，让他们能够跟上大家的步伐。

4."新想法"状态，让求异之声响彻课堂

教师出示题目：计划修一条长120米的水渠，前5天修了这条水渠的20%，照这样的进度，修完这条水渠还需要多少天？

第五章 "为差异而教"的教学策略

学生独立完成，教师巡视。

【以往】由于学生在日常状态下求异思维意识是淡薄的，完成任务后，便启动了"等待系统"。

【现在】教师在学生完成任务前提出要求：完成该题后，如果发现了其他更为有趣的方法，可以"尝试"一下，并将"反馈器"置于"新想法"状态，教师便会与你一起思考。

由于课堂教学的时间有限，教师很少让学生充分表达自己的不同见解，长此以往，我们将很难从中得到教学信息反馈，也就很难调动学生学习的积极性，学生也将变得"不愿意说"。因此，教师应当鼓励学生大胆发表自己的不同见解，促进学生发散性思维的发展。"反馈器"中的"新想法"状态可以让学生习惯性发表自己的不同见解，教师对于这种声音要给予鼓励，为此类反馈创造必要条件。如若因为时间关系，教师不能在课堂上回应学生的不同见解，课后，教师也要和这些学生交流，了解他们的真实想法。对于合理的想法，可让他们做"小老师"，把不同的想法介绍给其他同学，以拓宽学生的思路，培养学生的创新思维。

5. "ABCD"状态，让真学习发生

教师出示题目：长方形纸片长20厘米，宽16厘米，它最多能剪下（　　）个半径是3厘米的圆形纸片。

A. 6　　　　B. 8　　　　C. 11　　　　D. 9

学生独立完成，集体反馈。

【以往】指定一个同学说一说答案是什么，再让跟他一样的同学举手。这时的举手其实也是一种大面积及时反馈手段。但此时通过举手所得到的真实性是有疑问的。

【现在】完成任务后，让所有学生使"反馈器"处于"原始"状态，听老师口令使用"反馈器"上的"ABCD"表达你的选项。这样的操作真实、便捷。

"反馈器"除了前面四种状态，同时也可以表示A、B、C、D或1、2、3、4、5等不同选项，便于不同题型的反馈。A、B、C、D选项，用于选择题

题型的反馈,避免学生出现"人云亦云"现象。1、2、3、4、5等不同数值,用于学生在完成挑战性学习任务时的信息反馈。

及时、大面积、真实、有包容性的教学反馈,可以帮助我们了解学生的学习信息,智慧地调节课堂教学,实现课堂教与学的和谐、有效。"教学反馈器"让我们直面学生"真我",减少低效的教学,使每个学生在原有基础上都能获得最大限度的发展。

第七节 设计有效性数学练习

练习是课堂教学活动中必不可少的重要组成部分,其是新知得以巩固、技能得以形成的重要手段。但心理学研究与差异教学论告诉我们:学生之间的数学知识与数学能力的差异是客观存在的,而这种差异在数学学习过程中起到了关键性作用。有些学生学习速度快,一教就会,甚至做到"无师自通";而有些学生学习速度慢,虽然能教会,但必须小步骤、慢节奏地进行练习,才能掌握所学的知识。针对客观存在的差异,我们在设计课堂练习时,应尽可能照顾这种差异,让全体学生在练习时都能做到"各尽所能,各取所需",让每个学生都能在练习中获得成功体验。

一、整合策略——变零散为整体,使目标更系统

教材中的练习通常都是在新授后,安排一定量的不同形式的习题,对本课学习的新知进行巩固、提升,进一步达成本课的教学目标。但一节课的知识点不止一个,而这样的练习设计就会使知识变得零碎,不够系统。为了照顾差异,在设计练习时,我们可以采用整合策略,将一些零散的练习通过一定的目标,整合在一道题中,从而实现零散目标的整体化,使目标更为系统。

【案例】A老师执教的《扇形统计图》

师:除了我国土地、海域情况可以用扇形统计图表示,在生活中,哪里也经常用到扇形统计图?(出示练一练第2题)

第五章 "为差异而教"的教学策略

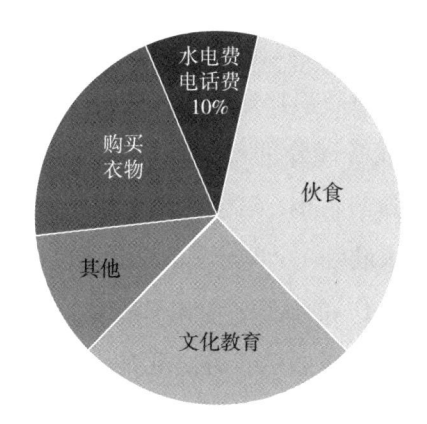

师：这是小红家2006年7月支出情况的统计图，从图中你能知道些什么？

生：（略）

师：如果已知水费、电话费占总支出的10%，你能估计其他几种支出大约各占总支出的百分之几吗？

生：（略）

师：那到底估计得对不对呢，我们一起来看屏幕，哎呀，文化教育的百分之几漏标了，你能帮我算一算吗？

生练习。指名板演。

师：1表示什么？也就是（　　）。

师：原来各个扇形所表示的百分数之和等于1。

师：伙食支出最多，那伙食支出了多少元，应该怎么算呢？

生疑问。

师：怎么了？为什么不好做？需要单位1的量。

师：可见要求出某一数量，就必须先知道总数量。

师：小红家7月总支出2400元。伙食支出了多少元？

生练习。

师：你还能提出哪些问题？

解读：以上教学过程，A老师为了兼顾不同学生的需求，在研读教材的基础上，立足于"练一练"中的第2题，将练习十五中的各种目标要求都整

121

合到了该题中。出示扇形统计图，但不出示百分数，让学生体会比较扇形统计图中各部分大小，只要看各扇形面积的大小即可。哪怕学生不会比较百分数的大小，也能掌握比较各部分量大小的方法。出示一个部分量，如10%，让学生估计其余各部分量的大小，这样达到了练习十五第2题的目的，培养学生的估计意识，同时求最后一个部分量的百分比，也进一步巩固了对"圆"是一个总数量，即单位"1"的认识；给出总数量，求对应的部分量，结合百分数的相关知识点，即求一个数的百分之几是多少来解决简单的实际问题。以上都是本节课中需要达成的基本目标，A老师将所有的目标融合到一道习题中，统一情境，同时问题层层深入，让学生一步步地练习知识点，不经意间达成了各个目标，同时也能使数学目标更为系统。

二、题组策略——变繁杂为统一，使目标更清晰

每一节课的教学目标都有一定的层次性，为了帮助学生巩固新知、发现新授中存在的问题，教材通常为我们准备了一系列不同层次的练习设计。但这样的练习设计较为繁杂，特别是对于一些目标层次较为明确的内容来说，如果不停地变换题型或问题情境，不仅浪费了学生的课堂时间，同时也影响了学生对数学问题本质的把握。因此，对于一些目标明确、层次较为清晰的练习，我们在实施差异教学时可采用题组练习的教学策略，依据由浅入深、由简到繁的层次性练习，使目标更为清晰，更能照顾学生的差异，提高教学效率，促进学生的智慧发展。

【案例】B老师执教的《认识小数》，安排的练习如下。

第一组：教材中的第1题和第3题。

1. 先写分数，再写小数。

第五章 "为差异而教"的教学策略

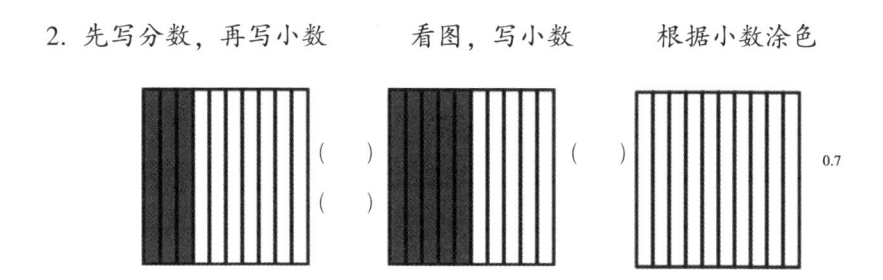

2. 先写分数，再写小数　　看图，写小数　　根据小数涂色

( )
( )　　　　　　　( )　　　　　　　0.7

第二组：将教材中的第 2 题和第 4 题进行整合，以快餐优惠券的形式呈现。

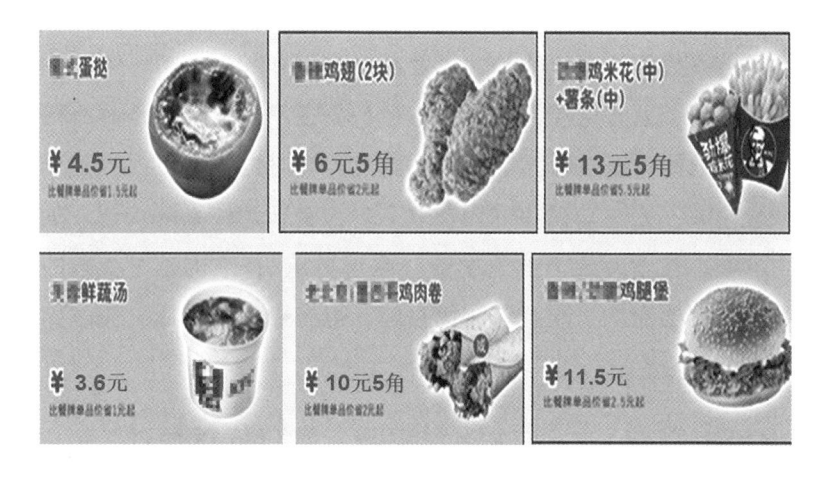

第三组：安排教材中的第 5 题和"猜一猜"的游戏。

猜一猜：

老师在超市买了三件商品，这三件商品的价格都是以"元"为单位，请同学们根据老师的提示，猜一猜它们的价格。

①杯子　提示：它的价格的整数部分是3，小数部分是8。

②直尺　提示：它的价格不满1元。

③笔筒　提示：它的价格在8~9元之间。

智力冲浪：

用1、8、0这三个数字和小数点组成小数，看谁写得多。

解读：为了照顾学生差异，在认真钻研教材的基础上，B 老师对教材中的习题进行了一些调整，主要采取题组练习的形式呈现，将原书第1题和第3

题作为一组,主要巩固把1个整体平均分成10份,其中第1题的几份既可以用十分之几的分数表示,也可以用零点几的小数表示;对原第3题作了改动,先出示涂1份用分数和小数表示,接着将涂3份、5份直接用小数表示,感知0.3和0.5里面有几个0.1,再根据小数来涂一涂,这样逐步让学生认识分数和一位小数的计数单位,丰富了学生对小数的认识。第二组将书中第2题和第4题进行整合,以优惠券的形式呈现,既巩固了几元几角和几点几元进行互换的知识,同时也让学生感受到了数学与生活的联系,体会到学习小数的应用价值,提高了学生练习的兴趣。这两组题是基础题,是保底目标,然后逐步提高难度,安排第三组练习。书中第4题要求在数轴上表示出某些点对应的小数,将整数部分是0的和大于0的小数混合起来练习,逐步渗透小数大小比较的知识,由此层层深入,让学生根据提示猜数,这是对小数知识的综合应用,猜数的过程中培养了学生的数感,同时也将学习内容延伸到下节课认识两位小数,关注知识间的内在联系,注重知识体系的构建。最后安排一道智力冲浪,让学有余力的学生能"吃得更饱",这也是对小数的复杂运用。练习设计逐层深入,既有保底的目标,也有提高的目标,照顾差异,丰富了学生的学习目标。

三、模拟策略——变枯燥为鲜活,使目标更具体

郭思乐教授在《教育走向生本》中说:"快乐的感受是人更好学习的情感基础。快乐的日子使人聪明,使人产生心理的兴奋和生理的活跃。在兴奋中,他会获得最高的学习效率和最好的学习效果。"对于数学学习而言,新授部分的教学通常需要教师花费较大的精力去研究,尽可能设计出符合学生的心理特点,同时又能照顾学生差异的问题,从而吸引学生"粘上去""钻下去"。而到了巩固练习时,有些教师好像大功告成一样,投入的精力与思考大大减少,一般情况下采用一练一讲的形式,让学生练习教材中所呈现的那种单一、枯燥的题目,然后校对过就算完成任务。这就导致基础薄弱的学生感觉单调,没有兴趣;学习较好的学生看到题目就一目了然,感到乏味。为了激发不同层次学生的练习兴趣,在设计练习时,我们可采用模拟策略,将枯燥的练习融入鲜活的实际生活中,从而激发所有学生的学习热情,然后通过不同的问

第五章 "为差异而教"的教学策略

题解决，实现不同学生的差异发展。

【案例】C 老师执教的《扇形统计图》

小红家 2006 年 7 月支出情况统计图　　小华家 2006 年 7 月支出情况统计图

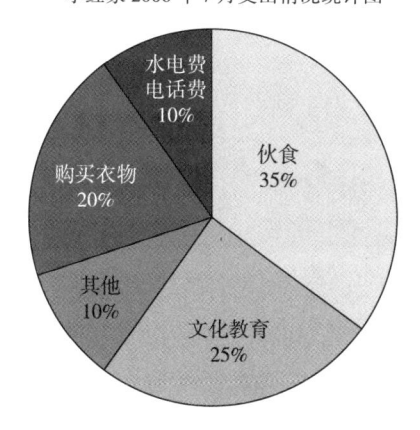

小红家：水电费电话费 10%，购买衣物 20%，伙食 35%，其他 10%，文化教育 25%

小华家：水电费电话费 10%，购买衣物 20%，伙食 50%，文化教育 20%

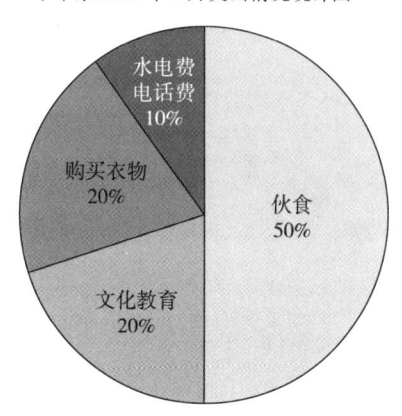

师：现在将小红家和小华家两家的 2006 年 7 月支出情况统计图比一比。你认为谁家的伙食支出多一些？为什么？

生：单位 1 不同。

师：可见，比较两幅图中扇形面积大小，不能只凭百分数来判断，还要考虑单位"1"的量。

师：这里伙食支出也可以说成"食品支出是家庭总支出的百分之几"，你能联想到什么？

生：恩格尔系数。

中国 1996 年城镇居民家庭食品消费支出统计图　　中国 2005 年城镇居民家庭食品消费支出统计图

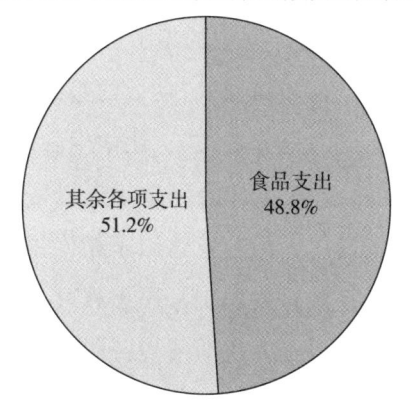

1996年：食品支出 48.8%，其余各项支出 51.2%

2005年：食品支出 36.7%，其余各项支出 63.3%

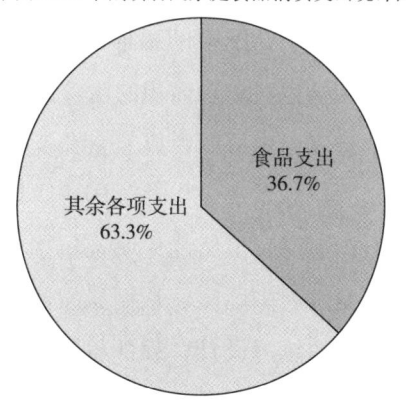

为差异而教：小学数学差异教学十五年探索与实践

师：来看看我国1996年城镇居民家庭食品消费支出统计图，从图中你能知道些什么？属于什么水平？再来看我国2005年城镇居民家庭食品消费支出统计图，属于什么水平？通过两个统计图的对比，你有什么想法？

生回答。

中国2005年城镇居民家庭食品消费支出统计图　　　英国2005年居民家庭食品消费支出统计图

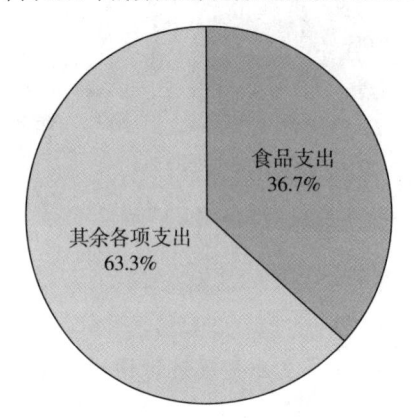

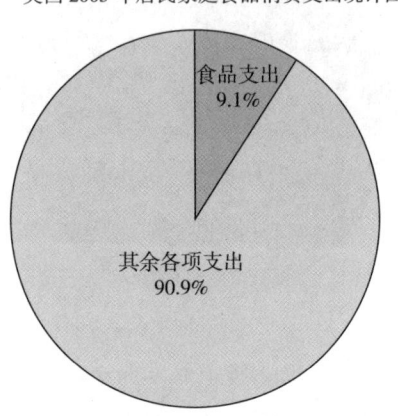

师：放眼望世界，再看看其他国家的情况，这里以英国为例，从图中你能知道些什么？和我国比，现在你又明白些什么？

师：（我国）还远远不及发达国家的经济水平，可见我们还需要发愤图强，振兴中国的经济，从现在起，努力学习，祖国的未来由你们去发展去腾飞。

解读：根据教材内容以及目标要求，将知识巩固模拟成生活中的数学问题，让学生在练习中达成目标的同时，感受数学知识源于生活，又服务于生活。以上案例中，C老师创设了"小华家的水电费、电话费"的情境，先从一张扇形统计图中的扇形面积比较引出不同扇形统计图中的扇形面积比较，从而使学生对扇形面积的比较有个整体的认识。在发挥前两者功效的基础上，由伙食支出也可以说成"食品支出是家庭总支出的百分之几"，让学生联想，引出恩格尔系数。再通过国内、国际比较之后，让学生体会到近年来恩格尔系数的下降，虽然能说明人民生活水平真的提高了，但与发达国家相比，我们还是发展中国家，从而激发学生的爱国热情，进行爱国主义思想教育。通过这样的练习设计，教师将原本简单、枯燥的练习融入生活情境，调动不同学生的兴趣，并通过不同程度的设问激发不同学生的兴趣与潜能，变"要我做"式的应付交差为"我要做"的热切愿望。

四、类比策略——变单一为丰富，使目标更深刻

教材中的任何一道习题都具有一定的目标指向性，如果我们在处理这样的练习时，只是简单地一练而过，就会窄化了练习本身所具有的拓展功能。因此，我们必须认真钻研，用心挖掘，吃透题目编写的意图，这样才能最大限度地发挥课本习题的示范导向作用。当然，练习功能的拓展，需要教师本身具有较高的洞察力，同时要时刻关注学生在练习过程中的差异。为了帮助学生体验数学知识的内在联系，在设计练习时可通过一个问题的解决引导学生学会解决一类问题，提高学习的效率，也就是利用一个或两个问题作为生发点，左串右联，引出一大片数学知识的讨论，从而拓宽学生的思维。

【案例】D 老师执教的《2 和 5 的倍数特征》。

师：我们班一共有 40 名同学，学号是 1—40 号，下面，我们利用学号做一个游戏，仔细听老师的口令。

第一环节：请学号是偶数的同学先起立（问几个），请学号是奇数的同学也起立，还有同学坐着吗？你发现了什么？

第二环节：请学号是 2 的倍数的同学先坐下，你能很快猜出有多少人坐下去了吗？你是怎么知道的？

师：（出示表格）从 1 开始，像这样分下去，可以分为多少组？

生：$40 \div 2 = 20$（组）。

师：每一组的两个数有什么特征？

生：一个奇数和一个偶数。

师：20 组有多少个奇数？多少个偶数呢？

生：各有 20 个。

师：继续游戏，请学号是 5 的倍数的同学也坐下，想一想，站着的同学他们的学号有什么特点，你能说一句话让他们全坐下吗？

师：（出示表格）游戏做完了，再回到这张表中。你能找出学号中 4 的倍数吗？

生：（略）

师：观察4的倍数，都是2的倍数吗？为什么？

生：（略）

师：反过来说，2的倍数都是4的倍数吗？举例说明。

生：（略）

师：那我们能不能根据个位上的数来判断一个数是不是4的倍数呢？

介绍数学文化：关于不同的数的倍数的特征。

解读：上述案例中，D老师先采用了上面的"模拟策略"，创设一个游戏环节，将全课的知识点融合到班级人数中，分别复习了偶数和奇数的概念，引出了"自然数不是奇数就是偶数"这个隐藏的知识点；还让学生结合自己的学号，复习了2和5的倍数的特征，并学会了算出40个连续的数中有多少个奇数、多少个偶数。接着，在刚才的1—40的数表中，让学生在其中找出4的倍数，D老师又抛出了一个问题：4的倍数都是2的倍数吗？让学生将4的倍数和2的倍数联系起来，去观察分析。当学生根据列举和分析肯定了4的倍数都是2的倍数时，D老师又反问：2的倍数都是4的倍数吗？立刻激起了学生的兴趣，他们有的观察、有的分析、有的列举，提升了学生的思维品质。然后D老师向学生简单介绍了4、8、9和11的倍数的特征，让学生不要将思维定格在一个数的特征都是看这个数的个位上，拓宽了学生的思路，为后续的学习埋下了伏笔。这样的练习设计由一个问题生发出一组问题，使单一的练习内容丰富化，目标深刻化，适应不同学生的需求，从而促进学生的差异发展。

第八节 照顾差异的板书设计

笔者在平常的听课中，经常发现下课时教师在黑板上没有写任何板书，出现了"零板书"的现象。面对此现象，笔者课后与上课教师们进行交流，他们说："知识的形成过程、难点的突破、重点知识的总结都在课件上一一展示了，再写在黑板上，不是重复吗？"难道真的是这样吗？其实不然。板书受冷落，固然有现代化教学媒体冲击的缘故，但根本原因在于部分教师对多媒体技术的过于盲从，而对传统板书内涵、本质和多方面的作用认识不够。差异教学的理论研究告诉我们：学生的学习能力存在客观差异，具体表现在对新知的感知程序、观察能力、思维速度、概括能力、逻辑推理能力等方面。由于多媒体屏幕空间的限制，新知的内容往往在屏幕上停留的时间不会太长，基本是一闪而过。这样一方面对于思维速度较慢、理解能力较弱的学生而言，他们在这较短的时间内无法吃透新知，当他们想回头再重温刚才的知识形成过程时，屏幕上的内容早就"昙花一现"了，这样的缺陷给这部分学生的后续学习埋下了"隐患"；另一方面对于部分概括能力较弱的孩子而言，由于整节课的知识点被零散地分布在不同的PPT页面上，他们无法自主构建一个较为完整的知识结构，这对于知识的理解与记忆是非常不利的。鉴于此，合理的板书设计，应从学生立场出发，尊重学生的差异，尽可能地满足、照顾不同层次的学生数学学习的需求。教师不仅要在板书布局上进行照顾，更需要从板书内容上着手，根据所学知识内容特点照顾学生差异、统盘考虑，努力实现板书内容丰富、形式新颖，以此促进学生知识、智能的同步增长，并能使学生在潜移默化中养成良好的学习、思维习惯。

一、重点突出，数形结合，满足不同学生的学习需求

好的板书能将教学重难点和关键点条理清晰地展示出来，使学生轻松、明确地感知和领会所学内容。但由于不同学生在感知能力、认知水平、心理素质等方面往往有一定的差距，如有的学生抽象能力不够，他们需要借助图形（或实物）进行理解；有些学生概括能力不足，这时他们需要条理清晰、思路鲜明的知识脉络；有些学生把握关键（或是突破难点）的能力不足，这时他们需要在板书找到提醒的文字或标注。由此可见，照顾差异的板书，在突出教学重点的同时，应通过简练的文字、关键的词句、简明的符号、形象的图式等不同的板书手段丰富板书内容，从而满足不同学生的学习需求。

教学苏教版小学数学六年级下册《图形的放大与缩小》时，根据课程标准的要求以及学生的身心特点，确定本课的教学重点是理解图形的放大与缩

小的含义,并能按指定的"比"把一个图形放大或缩小,教学的难点是学生对于图形变化前后对应边的"比"的理解和表述。为了照顾学生差异,帮助他们较好地掌握重点、突破难点,设计板书时,我们采用了数形结合的方式(如图5-4)。

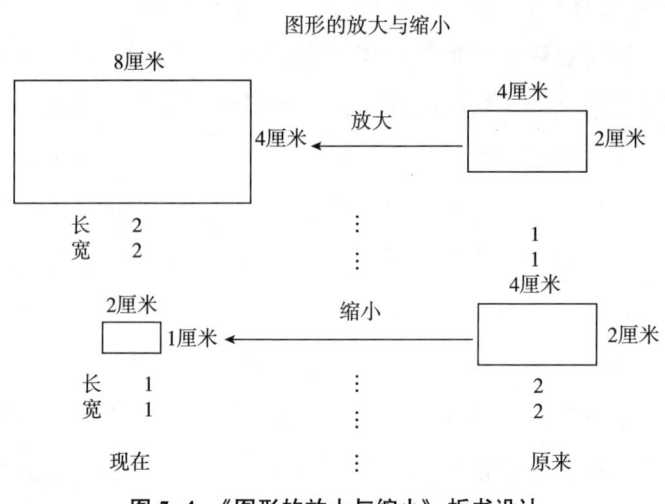

```
                    图形的放大与缩小

      8厘米
  ┌──────────┐                            4厘米
  │          │4厘米    放大            ┌──────┐
  │          │    ←──────              │      │2厘米
  └──────────┘                          └──────┘
     长    2              ⋮              1
     宽    2              ⋮              1

   2厘米                   缩小          4厘米
  ┌──┐1厘米    ←──────              ┌──────┐
  └──┘                                │      │2厘米
                                      └──────┘
     长    1              ⋮              2
     宽    1              ⋮              2

     现在                  ⋮              原来
```

图5-4 《图形的放大与缩小》板书设计

变化前后的图形,形象具体地将知识的形成过程逐步呈现在学生面前,有利于抽象思维能力较弱的学生在比较中掌握重点、突破难点。同时将图形放大和缩小后的"比"作为板书的主体进行对比,这样就能十分明了地表示出放大的"比"的特点是前项大后项小、缩小的"比"的特点是前项小后项大。最后,用红色粉笔标注图形放大和缩小"比"的前项表示物体变化后,即"现在"的样子,而图形放大和缩小"比"的后项则表示物体变化前,即"原来"的样子。这些关键词的提醒能帮助学生、理解并掌握图形放大和缩小"比"表示的都是现在(即放大或缩小后)图形的边长与原来图形对应边长的比这一特征。为了帮助学生更为系统、更为准确地理解并掌握图形的放大与缩小的"比",在学习《比例尺》一课时,应将这里的"比"归纳到比例尺中,即比的前项是图上距离(现在),而比的后项是实际距离(原来)。

二、有效整合，分层要求，促进不同学生的差异发展

由于受班级授课制的约束，课堂上的教学目标一般会依据学生的平均水平制定。这样的教学目标看起来照顾了大部分学生的利益，但其却是造成"优等生吃不饱、待优生跟不上"的根源所在。差异教学的理念告诉我们，教学目标应当体现差异性，考虑不同层次学生的学习需求。因此，我们在具体设计教学目标时应照顾不同层面的学生，为他们制订挑战性的学习目标。而板书是为一定的教学目标服务的，因此，设计板书时，我们除了做到重点突出、纲目分明外，还应注意有效整合教学内容，并将照顾差异的挑战性学习目标落实在板书设计中，实现学习目标的分层要求，最终促进不同学生的差异发展。

如《圆柱的表面积》这一课，教材编排主要分为例 2 的圆柱侧面积与例 3 的圆柱表面积这两部分内容，而对于圆柱侧面积与表面积的计算方法的学习，都是在动手操作的基础上（侧面展开图与表面展开图）进行的，教材只给出两句话：圆柱的侧面积等于底面周长乘高；圆柱的侧面积与两个底面积的和，叫作圆柱的表面积。显然这样的编排意图照顾了部分抽象思维较弱的学生，但由于没有形成公式化（或是程序化）计算结果，使得部分学生无法借助公式进行模仿练习；同时又让抽象思维较强的孩子无用功之处。为了顾照学生的差异，在教学时，笔者将圆柱侧面积与表面积的计算方法进行了公式化，同时将这两个公式进行了有效整合，并依据学生的差异需求，利用乘法分配律进行提炼和简化，使不同层次学生的思维都能得到进一步的发展（如图 5-5）。

圆柱的表面积

圆柱的侧面积=底面周长×高　　圆柱的表面积=圆柱的侧面积+两个底面的面积

$$=底面周长×高+半径的平方×圆周率×2$$
$$=2\pi rh+2\pi r^2$$
$$=2\pi r(h+r)$$

图 5-5 《圆柱的表面积》板书设计

该板书可分为两个层次。第一层次为分步计算，即先算侧面积、底面积，再算总面积。这样计算的过程思路非常清晰，逻辑性强，对保证大部分学生计算的准确率是大有裨益的，所以要求大部分学生达到第一层次的目标要求。第二层次为列综合算式。由于优等生对知识的系统性认识较为清晰，抽象程度更高，思维更深刻，而且喜欢简洁的思维方式，故第二层次的目标要求是针对这一群体的。

三、按序呈现，强化脉络，构建属于自己的知识网络

数学学科中的每一个新知识都是旧知识的延伸和发展，同时又是后续知识的学习基础，旧知与新知形成了一个完整的、系统性的知识网络。多年的教学实践告诉我们，事实上有相当一部分学生存在着似懂非懂、似是而非、丢三落四的混沌现象。究其原因，很重要的一点就是这部分学生在学习数学时，知识点在大脑中是以"点"的形态存在的，这些"点"之间没有较大的关联，造成他们在使用这些知识"点"时，"点"与"点"之间连接不上，所以出现了以上的混沌现象。由此可见，让学生在数学学习的过程中，通过新授课、练习课和各个层次的复习课，自主掌握数学知识的内在联系，并形成属于自己的知识网络，是教好数学的重要前提。但由于学习能力以及概括能力等方面的差异，学生在"连点成线，连线成网，构建知识网络"方面的能力参差不齐。因此，我们在实际教学的过程中，应在充分照顾学生差异的基础上，借助板书将知识有序地呈现给学生，强化知识与知识之间的关联，帮助学生养成整理知识点的习惯，串点成线，交线成网，使各知识点系统化、网络化，让学生的知识体系更加完善和有序，从而形成较为牢固的知识体系，并逐步提升学生整体构建知识的能力。

如在教学苏教版小学数学五年级下册《圆》这一部分内容后，我们对本单元进行一次有效的整理与复习。通过画圆和巧妙的设问，把与圆相关的概念、特征、计算等知识点有机地整合在一起，形成整体认知，构建有效的知识体系（如图5-6）。

整个板书设计分为左右两块，左侧是知识点的网络图，这样的板书设计，

圆

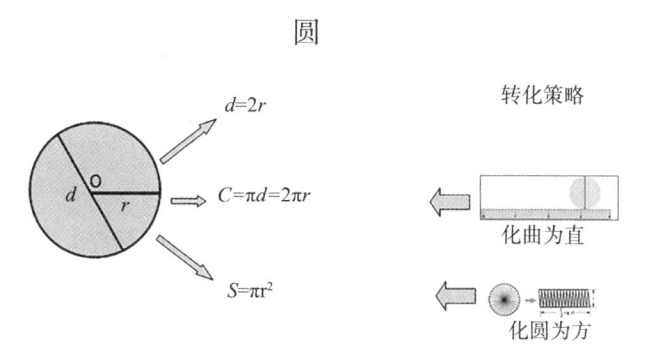

$d=2r$

$C=\pi d=2\pi r$

$S=\pi r^2$

转化策略

化曲为直

化圆为方

图 5-6 《圆的认识》板书设计

帮助全体学生建立起较为完善的知识结构，沟通好知识的内在联系。右侧是这部分知识学习过程中蕴含的数学思想方法的呈现。数学教学有两条线：一条是明线，即数学知识的教学；一条是暗线，即数学思想方法的教学。在日常的教学中，将处于暗处的数学思想方法通过板书的手段呈现出来，这能帮助有一定学习能力的学生在积累丰富数学活动经验的同时，真正形成富有个性的思维活动，全面提高学生自身的数学素养。知识与方法兼顾的板书设计，能让学生形成坚实、有序的认知体系，从而摆脱因知识结构不良而造成的"唤起失败"现象。

第九节 开展多元化教学评价

每位学生都是独一无二的，因此教学评价必须个别化和多元化。以往对学生的数学学习评价仅依靠一次纸笔测试定"胜负"，同样的评测内容、同样的难度系数，学生的差异在这"一次性的测试"中又归为"零"。新课标倡导评价方式的多元化和过程性评价的重要性，鼓励学生参与评价过程，促进自我评价与同伴评价的结合、形成性评价与终结性评价的互补，以全面、客观地反映学生的数学学习状况。基于此，"为差异而教"的教学评价尊重并利用学生的差异，使得差异成为一种有效的教学资源。多元化、开放性的评价方式与过程能够发现差异，因异而评，使得每个学生都绽放属于自己的美丽。

为差异而教：小学数学差异教学十五年探索与实践

一、他评与自评相结合，实现评价主体多元

评价作为教学活动不可或缺的一环，其主体的多元性对于全面、客观地反映学生的学习状况，激发学习兴趣，促进个性化成长具有重要意义。评价主体的多元化，主要包括教师评价、学生自评、同伴互评、家长评价以及社区和专业机构评价等，这样的多元化评价主体，能够凸显学生在学习活动中的主体地位。同时也有效避免传统单一主体评价难以全面掌握学生学习状况的问题，使教师在评价期间顺利发现学生的潜力和不足，提高评价的客观性和准确性，为教学提供更准确的指导。

（一）教师评价：专业引领与个性化指导

教师是传统评价体系中的核心主体，但在差异教学与新课标背景下，教师的评价角色更加侧重于专业引领和个性化指导。教师应根据学生的数学基础、学习进展及能力特点，采用多样化的评价方式（如课堂观察、作业分析、口头提问、项目式学习评价等），既关注学生的学习成果，也重视学生在学习过程中的态度、方法和努力程度。通过及时、具体的反馈，帮助学生明确学习目标，调整学习策略，实现个性化成长。

（二）学生自评：自我认知与反思

新课标鼓励学生成为评价的主体之一，通过自我评价培养学生的自我认知能力和反思习惯。在小学数学教学中，可以引导学生制定个人学习计划，设定学习目标，并在学习过程中进行自我监控和评估。例如，完成一道数学题后，学生可以反思解题思路、错误原因及改进方法，这样的过程不仅加深了自身对数学知识的理解，还培养了批判性思维和自主学习能力。

（三）同伴互评：合作与交流

同伴互评是促进学生相互学习、增进友谊的有效方式。在小学数学课堂上，教师可以组织小组合作学习活动，鼓励学生相互评价作业、解题思

路或项目成果。同伴间的评价往往更加贴近学生的语言习惯和思维方式，有助于发现对方的优势和不足，同时培养学生的合作精神和社交技能。通过同伴互评，学生可以学会倾听他人意见，尊重多样性，形成积极的学习氛围。

【案例】《分数的初步认识》教学片段（苏教版小学数学三年级上册）。

教师提出一个问题，请大家判断："把一个圆分成两份，每份一定是这个圆的二分之一。对吗？"话音刚落，全班同学已经分成两个阵营。面对学生的不同答案，老师没有立即裁决，而让持不同意见的双方各推荐两名代表与同学商量后再发表意见。

正方：(把手中的圆平均分成两份) 我是不是把这个圆分成了两份？

反方：是。

正方：(举起其中的半个圆) 这份是不是这个圆的二分之一？

反方：是。

正方：既然是二分之一，为什么不同意这种说法？

只见反方一个代表顺手从圆形纸片上撕下一块纸片，高举着分得的两部分大声问："这是分成两份吗？"

正方：是。

反方接着把小小的一份举在面前，用挑战的口吻问道："这是圆的二分之一吗？"

正方的底气已经不那么足了，小声说了声："不是。"

反方咄咄逼人："既然不是二分之一，为什么你们还认定把一个圆分成两份，每一份一定是二分之一呢？"

正方仍然不服气："我怎么就得到了二分之一呢？"

坐着的同学开始按捺不住了，举手发言。一个说："这个圆可以折成二分之一，也可以不折成二分之一。"另一个说："如果一个圆平均分成两份，每份是二分之一，但这里说分成两份，怎么分都行。"他在"分成两份"上加重了语气。真理是越辩越明。

学生的差异决定了在课堂学习中总会出现不同的观点和看法，当认知出现"分歧"时，教师在课堂上扮演的角色和对学生的评价直接影响着学生学习方式的形成。在此案例中，当学生对问题产生不同的理解时，教师扮演了一个引导者与组织者的角色，为学生创造了一次生生互评的辩论交流机会。在辩论中，学生通过语言、实例将自己的思维表达出来，两种不同的观点在心与心的交流中进行碰撞，在碰撞中真理越来越明显。一场小小的辩论会，学生们却通过这样的思想交流，真正领会了分数的定义中"平均分"的重要性，疑难知识点在孩子们的辩论中不攻自破。整个过程，学生在辩论中质疑、挑战、探索真理，体验着数学课堂因"辩论"带来的另样快乐，让学生在碰撞中明晰真理，体验探索真理的乐趣。

（四）家长参与：家校共育的桥梁

家长是孩子成长过程中的重要伙伴和支持者，他们的参与能够极大地丰富评价体系的视角和内容。学校可以通过家长会、家校联系册、在线平台等方式，定期向家长反馈学生的学习情况，同时邀请家长参与评价过程，共同关注孩子的成长。家长可以根据孩子在家中的学习表现，提供关于学习态度、习惯、兴趣等方面的信息，为教师提供更全面的评价依据。此外，家长还可以与教师共同制定个性化的学习计划，促进家校共育，形成教育合力。例如，在学习"长方形、正方形的面积计算"这一数学知识时，教师可以让学生找家长帮忙，通过对家里长方形、正方形物品边长的测量，算出面积，使学生能够在日常生活中感受到数学知识的作用，同时增进学生与家长之间的感情，为学生营造融洽的学习环境。

（五）社区的专业机构评价：拓宽评价视野

随着教育改革的深入，社区和专业机构也开始参与到学校教育中来，为学生提供多样化的学习资源和评价机会。例如，社区可以组织数学竞赛、科普讲座等活动，为学生展示数学才华提供平台；专业机构则可以开展数学能力测评、学习力评估等服务，为学生提供科学、客观的评价报告。这些外部评价不仅拓宽了学生的评价视野，也促进了学校与社会的深度融合，为学生的全面发展创造了更加广阔的空间。

教师、学生、同伴、家长以及社区和专业机构的共同参与，可以构建一个全方位、多层次的评价体系，全面、客观地反映学生的数学学习状况，促进学生的个性化成长和全面发展。在这个过程中，每一个评价主体都扮演着不可替代的角色，共同为学生的数学学习之路保驾护航。

二、肯定与否定相结合，实现评价标准多元

在赏识教育成为主导、挫折教育备受冷落的今天，我们的学生在大多数情况下，都处于"好"声一片当中，哪怕认识与真实结果毫无关联，教师也不敢正面"否定"，怕伤了学生的自尊心。试问在一个没有"错误"的教育环境下，学生又如何能全面、准确地认识自己？为了学生能健康、全面地发展，完整的教育评价体系需要肯定性评价与否定性评价相结合，刚柔并济，方能实现评价标准的多元化。

【案例】教学《认识非整千数》片段（苏教版小学数学三年级上册）。

出示四张卡纸数字：4，6，0，0。

师：你能用这四张卡片上的数字，组成一个四位数，然后读一读吗？

学生独立写数，然后同桌两人互相读一读。

师：谁来将自己写的数读一读。

生1：我写的数是4600，读作四千六百。

师：他写的与读的对吗？（生：对），生1，你看数学其实没有想象中那么难，只要自己认真，就完全可以答对，下次勇敢一点好吗？（生1高兴地点着头坐了下去）

师：你能根据要求写数吗？（1）只读一个零的数；（2）一个零都不读的数。

学生独立写数。

生2：只读一个零的数是：4006，4060，6004，6040。

师：非常好，他的答案除了正确之外，还好在什么地方？

生3：他写的数非常有序，他先将4作为千位上的数，写出两个，然后将

6作为千位上的数,再写出两个。

师:分析得非常清楚,那么我想问大家,他这样有序地思考问题,有什么好处呢?

生4:那就不会遗漏了。

师:是啊,我们在思考问题应该向刚才这位同学学习,有序思考。第(2)题谁来?(在作出肯定评价时,同时说明肯定的理由,这样能让被肯定的学生以及其他同学倍感肯定的价值)

生5:一个零都不读的数有:4600,6400。

师:有不同答案吗?

生6:老师,我写了6个。

生齐:不可能有6个的,只有2个。

师:别急,我们先听他说一说。

生6:我写的是:4600,6400,460,640,40,60。

师:对啊,他写的6个数,一个零都没有读。而且比较有规律。有不同意见吗?(面对学生的错误结论,教师应善于从中发现错误中的正确因素,从而让学生不惧怕错误,敢于表达自己的想法)

生7:老师,他写的不是四位数。

师:是吗?我们再来看一看题目要求(学生齐读题目要求)。

生6:老师我错了。

师:错了,你知道错在什么地方吗?

生6:没有看清楚题目要求。

师:是啊,审题是非常重要的,如果连自己要求的问题都不清楚,能做对题目吗?(不),但你的错误也给我们提了一个醒,如果没有这样的前提,一共可以写出多少个数?(6个)

差异教学理论告诉我们,学生的学习水平存在客观差异,具体表现在学习潜能、学习速度、学习风格等方面。面对同一问题,不同学生的理解与感受是有一定差异的。基础较弱的学生一般只注意到问题的表面现象(有时可能连这一点都不能完全把握),缺乏对问题的深入思考,这时教师不仅要肯定他们的"表面"认识，更要对他们的学习态度（如积极思考、勇于发言等）进行表扬，去除他们对学习的恐惧感，激发他们的学习热情。学习中等的学生，他们能很好地掌握一节课的学习内容，能中规中矩地应用所有知识解决实际问题，这时教师应肯定他们的正确方法，从而维持他们的学习自信心与学习的热情。对于学习能力强的学生，教师应通过"还有其他解法吗?""还有不一样的解法吗?"这样的挑战性问题激发他们的聪明才智，一旦发现有智慧火花迸发时，教师应充分肯定他们的思考成果，同时通过暴露其思维过程，让大部分学生能分享这样的成果，从而激活其他学生的思维。这一教学片段启发我们：课堂评价应从实际出发，区别对待，选择不同的评价标准，做到因人而评，少夸聪明，多夸进步，让评价的激励功能真正落在每个学生的心灵深处；与此同时，当学生出现明显错误时，如案例中的学生没有将题目要求看清楚，我们应该敢于给予否定性评价，让其知道自己错了以及错的原因。当然，否定性评价是一把"双刃剑"，需要我们在实施过程中能够从学生的差异出发，巧妙处理、灵活运用，并能与肯定性评价相结合，如此，它就能成为课堂教学中的一道别样风景。

总之，"为差异而教"这一教学主张下的小学数学教学，需要我们在肯定与否定之间找到平衡，通过多元化的评价标准，激发学生的学习兴趣，培养他们的自信心和反思能力，最终实现每个学生的全面发展和数学素养的提升。

三、及时与延时相结合，实现评价时机多元

课堂上，我们常常听到"你真棒!""你的答案很正确!""这样做是不对的!"诸如此类的即时性评价。这样的评价在课堂教学中固然有其积极作用，不过，当我们的课堂全被即时性评价占据时，我们就很难看到百花齐放、百鸟争鸣的景象，也很难让所有学生获得成功的体验、找到学习的乐趣。"为差异而教"，需要教师利用学生个体间的差异，将及时性评价与延时性评价相结合，特别是延迟性评价，其能很好地利用自身"延迟"这一特点照顾学生的差异，给大部分学生留有思考的时间与探索的空间，让孩子们在自由愉快、

为差异而教：小学数学差异教学十五年探索与实践

畅所欲言的气氛中交流想法，并激发其他学生的创意与灵感，诱发更多有创意的思想观点或解决问题的思想方法，从而增强每一个孩子的自信，让更多的孩子获得成功的体验，这样我们就可以聆听到每朵花绽放时的声音。

【案例】《三角形内角和》教学片断（苏教版小学数学四年级下册）。

学习了三角形内角和，教师出示一条拓展题："四边形的内角和是多少度？你有办法解决吗？动手试一试。"

教室里顿时变得十分安静，同学在草稿纸进行着探索，一会儿下面的小手举起来了。

生1：我画了一个长方形，长方形每个角都是直角，而直角是90°，那么4个内角和是90°×4=360°。

生2：我画了一个平行四边形，用量角器量把每个角的度数量出来，分别是72°、108°、72°、108°，加起来一共是360°。

生3：我画了一个一般的四边形，然后画一条对角线，这样就把四边形分成两个三角形，因为一个三角形三内角的和是180°，所以180°×2=360°。

预设中的一些方法都出来了，教师欣喜万分，脱口而出："同学们真会动脑筋！还有别的方法吗？"

这时，一只手半举在空中，有点胆怯。这是A同学，一个比较内向的孩子，平时一般不主动举手，为了鼓励他，教师让他说说。

他说："我得出的四边形的内角和是720°。"

话音刚完，教室内就是一片否定声，A同学满面通红。教师立即示意安静，说道："我真的非常高兴，因为面对前面三个结论都是360°，他还能勇敢地表达自己的观点，我希望大家用掌声给予鼓励，并向他学习。"

教室内掌声一片，小A的情绪有了一些稳定。

师：A同学，你能不能将你的想法与我们分享一下，你是怎么得到四边形的内角和是720°呢？

A说："我在一个四边形里画了两条对角线，那么就把这个四边形分成了4个三角形，1个三角形三内角和是180°，所以180°×4=720°。"（为了便于其他同学理解他的观点，教师在黑板画出了图形）

第五章 "为差异而教"的教学策略

听了A同学的讲述，很多同学找不出错误的原因所在，开始动摇，接纳720°这样的结论。

面对这一"错误"场面，教师并没有急于纠正，而是进行了追问："A同学这样一算，得出的四边形的内角和比刚才三种方法得出的结论还多出360°，这360°多在何处呢？请同学们帮老师找一找。"

学生纷纷动手操作，同桌不断地讨论，教师在一边耐心地等待。

经过一番操作后，学生纷纷举手示意表示找到了问题所在，这时A同学也举手了，教师请他发言，他说："老师，我知道错哪儿了。因为在对角线交点处，这里新增加了一个周角，这个周角恰好是360°。而这个周角不属于四边形的内角，在计算四边形内角和时，要减掉这多出的360°，即720°-360°=360°，所以四边形的内角和应该是360°。"

师：同学们，如果依据A同学们给我们展示的方法，你们能不能算出五边形的内角和呢？

很快，同学们得出五边形的内角和是180°×5-360°=540°。

师：那六边形的内角和呢？n边形的内角和呢？

学生的探索热情被激发，很快得出n边形的内角和应该是180°×n-360°。

师：同学们，A同学一处不小心的错误，却引发了我们如此多的探索与思考，还得出n边形的内角和的一般的计算方法，我希望我们再次用掌声对A同学的大胆发言给予鼓励。

教室内掌声一片，幸福的笑容浮上每个学生的脸庞。

在数学课堂教学中，学生是学习的主体，其学习行为是在不断内化、顺应、反思、改进中完成的。当学生的答案不完整甚至是错误时，教师不应贸然否定学生的见解，而应将评价的时间推迟，这样既可以尊重学生的个体差异，保护学生的自尊心，又能给犯错学生与其他学生较充分的时间和空间去思考、领悟和交流，从而在内省与反思之后走出困境。案例中当A学生得出"四边形的内角和是720°"时，教师并没有立即进行评价，而是通过延迟评价的方式引导学生去寻找"这360°多在何处？"，在教师的激励与引导之下，学生通过操作与交流，很快发现了错误所在。这时教师又采用了延迟评价，通过设问,将错误学生的思考方式引向了"创造",最后得出多边形内角和的公式,从而经历了一个"发生错误—自我内省—纠正错误—应用错误—知识创造"的过程。

苏霍姆林斯基曾说:"在人的心灵深处,都有一种根深蒂固的需要,这就是希望自己是一个发现者、研究者、探索者。在学生的精神世界里,这种需要特别强烈。"延迟评价就满足了学生的这种需要,激活了他们发现、研究、探索的创造活力,为他们提供了一个发表独立意见的思维空间,使每个学生有机会提出与众不同的"真知灼见"。因此,在教学中我们要善于运用及时评价与延迟评价,以不断激活学生的创新思维,促进学生创新人格的形成和发展。

四、过程与结果相结合,实现评价方式多元

《义务教育数学课程标准(2022年版)》明确指出,评价不仅要关注学生数学学习结果,还要关注学生数学学习过程,激励学生学习,改进教师教学。传统的小学数学教学评价以终局性测试为主,并且对学生的评价仅停留在分数这一维度上。但从学生发展的角度而言,同一分数的学生所具备的优势智能、思维特征各不相同,仅靠单一的考试分数难以呈现出这种差异性。因此,我们在评价过程中,应关注结果性评价与过程性评价相结合,通过多元的评价方式,全方位地促进每个学生最大限度的发展。

(一) 过程性评价多元化的策略

课堂学习评价多元化的评价方式不仅强调关注学生的学习结果,而且要关注学生的学习过程。对于学习过程的关注,我们主要从两个方面进行评价,即课堂观察评价以及日记反思评价。

1. 课堂观察评价

该评价主要关注点在于学生在课堂上的表现,即课堂表现性评价。课堂观察时,教师在关注学生知识技能的掌握情况之余,还要关注学生在数学表达、数学思维、情感态度等方面的表现。教师可以借助课堂观察量表对学生

进行系统观察,如表 5-7。

表 5-7 课堂观察量表

项目		评价								水平等级
		自我评价			小组评价			教师评价		
		1分	2分	3分	1分	2分	3分	1分	2分	3分	
"四基"掌握情况	基础知识										1=好 2=一般 3=不扎实
	基本技能										
	基本经验										
	基本思想										
参与学习的态度	课堂听讲										1=认真 2=一般 3=不认真
	课后作业										
参与学习的广度	举手发言										1=积极 2=一般 3=不积极
	提出问题并询问										
合作与交流	听取他人意见										1=能 2=一般 3=很少
	表达自我想法										
思维的条理性	做事有计划										1=强 2=一般 3=不足
	解决问题过程清晰										
	能有条理地表达解决问题的过程										
思维的独创性	会独立思考										1=能 2=一般 3=很少
	能用不同的方法解决问题										
合计											
总评											
等第											

注:得分 45~60 分为优秀;61~85 分为良好;86~90 分为合格;91 分及以上为不合格。

为差异而教：小学数学差异教学十五年探索与实践

课堂观察评价量表从"四基"掌握情况、参与学习的态度、参与学习的广度、合作与交流情况、思维的条理性、思维的独创性等 6 个方面对学生的课堂表现进行评价，综合展现了学生的数学素养。与此同时，此表结合了自我评价、小组评价以及教师评价，充分发挥了评价主体多元化的优势，并采用等级制进行评价。这样的观察评价量表便于教师进行后期数据分析，全面了解学生在某一阶段的学习情况。此表有三方面作用：其一，给评价主体诊断反思单元学习情况提供了更加详细的依据；其二，使教师全方位了解每个学生课堂学习情况有了数据支撑；其三，为学生改进学习和教师改进教学提供了参考依据。

2. 日记反思评价

说到日记，很多人都认为这是语文的学习内容或作业类型。其实不然，数学教学之后，我们也可以适当地让学生用数学眼光与思维，采用日记的形式，将自己的所见所思所学记录下来，这样不仅有助于评价学生的知识掌握情况，而且有助于评价学生的思维、学习和解决问题的方式。

【案例1】二年级小 A 同学的数学日记：《生活中的角》。

今天认识了直角、锐角和钝角后，老师让我们回家找找生活中的角。我发现了生活中有很多角。门的四个角都是直角，还有书、相框、瓷砖、电脑、衣柜、书架的四个角也都是直角。路标指示箭头是个锐角，折扇打开的时候是钝角。我还发现三角板和红领巾都有三个角，三角板上一个是直角，两个是锐角；红领巾上一个是钝角，两个是锐角。

最有趣的是，我把手指伸开，每两个手指间就都出现了大小不同的锐角，而大拇指与食指间既可以是直角，还可以是钝角，这时手得撑得大大的，会有点疼。公园里，刚种的小树都要用两根棍子把它固定起来，这样就组成一个三角形，因为三角形是最稳定的，所以小树就不怕被风吹倒了。

从小 A 同学生动的记录中可看出，她能联系现实情境中熟悉的事物进行"角"的再感知，并能有选择、有目的、有比较地进行归类梳理，可清楚地看出她对"角"的含义理解到位。特别难得的是她会用手指间距进行角的识记感知，能用数学的眼光发现固定小树的缘由，虽表述不尽规范，但重要的是在此过程中她主动参与、用心观察,深化了对角的认识、理解,积累了认识角的数学活动经验。

可见,运用数学日记巩固所学知识是可行的,教师只需加以适当的引导和点拨,为学生留足探索空间,搭建积累数学活动的平台,有效培养学生细心观察现实世界、发现数学问题的慧眼。

【案例2】 五年级小B同学的数学日记:《拉面中的数学问题》。

今天,我和小洵去展销街吃拉面,进了面馆,我就被拉面师傅精湛的手艺吸引住了。

只见这位师傅先把拉面揉成一团,然后对折,拉长,再对折,再拉长……这样重复十几次,一碗可口的拉面就做成了。这时,小洵问:"一团拉面,如果每次把它拉长到1米,12次做成,你知道面条有多长吗?"

我想了想,边算边说:"先把它拉长到1米,这时拉面长1米,即1米(1×1),这是第一次;然后对折,又把它拉长到1米,这时面条长2米(1×2),这是第二次;接着对折,再把它拉长到1米,就是4米(2×2),这是第三次……所以,第十二次时,面条的长度是4096米(2048×2)。"

哇!真长,我们吃一碗手拉面竟然是吃了4096米长的面条呀。

一次司空见惯的街头见闻,小B同学在细心观察后,敏锐捕捉到拉面"对折"现象中存在巨大的数据信息,并用数学的思维进行了合理的分析、推理、释疑活动,再用简洁的数学语言将分析过程表述出来。当小B同学从拉面"对折"现象巧妙链接到"数的平方"时,头脑中再现出"平方"数学规律的思维轨迹,这无疑是一场数学思维的革新、洗礼和重构。可见,数学日记让学生有效跨越数学与现实生活的鸿沟,有效促进他们数学思维的训练和发展,让他们真正感悟到数学是现实的、有价值的。

通过上面两个案例,我们不难看出,学生不仅可以通过数学日记对所学的内容进行整理回顾与实际应用,还可以将数学日记发展成为一份自我报告,评价自己的能力或反思自己的问题解决策略。从这个意义上说,数学日记有助于教师培养和评价学生的自我反省能力。但需要注意的是,在日常教学中切不可让数学日记成为学生的课业负担。我们应通过兴趣激发、方法指导,让孩子们喜欢上数学日记，用数学日记反思自己的数学所学所用，使得数学日记成为评价学生数学学习效果的另一条路径。

（二）结果性评价多样态的策略

纸笔测试，由于其具有评价标准比较客观、操作简洁、尤其适合大班化授课模式这些优势，所以其一般是小学数学结果性评价或是总结性评价的重要手段。但也因为其标准性和统一性，使得其无法满足学生的个性差异的需求。在新时代，如果让纸笔测试充分发挥它的优势，同时又能满足学生个体差异学习的需求？"为差异而教"做了如下尝试。

1. 分层设问

纸笔测试的数学试卷，其题型基本上一致，通常是填空题、选择题、计算题、作图题以及应用题。而这些题型常采用一问一答的方式。面对这样的题型，学生无非就两种状态，即对或错。特别是应用题，其分值较大，错一题有时直接影响到成绩等第。以这样的"失误"或"错误"来评价其数学学习成绩是不太科学的。为了照顾不同思维层次的学生，在编制试题时，可采用SOLO分类理论，对同一个问题情境采用分层设问的方式进行测试。SOLO将学生学习的结果由低到高分为五个不同的层次：前结构、单一结构、多元结构、关联结构、拓展抽象结构。这五种结构的基本含义如下。

前结构：没有形成对问题的理解，只能采取非常简单的方法尝试解答。

单一结构：回答问题时，只能联系一个特征，找到一个线索就立即跳到结论上去。

多元结构：回答问题时，能联系多个特征，但未形成相关问题的知识网络。

关联结构：回答问题时，能够联想多个相关特征，并能将多个事件联系起来。

拓展抽象结构：回答问题时，能够进行抽象概括，结论具有开放性，使得问题本身的意义得到拓展，这一层次的学生表现出很强的创新意识。

第五章 "为差异而教"的教学策略

【**案例**】用火柴棒摆正方形。

用火柴棒摆正方形（如下图），照样子，继续下去，请回答下面问题：

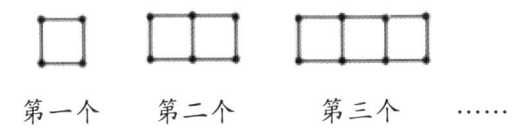

第一个　　第二个　　第三个　　……

(1) 多少根火柴能摆出 3 个正方形？

(2) 摆 5 个正方形比摆 3 个正方形多用多少根火柴？

(3) 用 31 根火柴能摆多少个正方形？

(4) 如果摆成了 n 个正方形，则用去了多少根火柴？

第 (1) 问是单一结构。单一结构的回答只需运用一种策略，即看看题图的相关部分，数一数火柴的根数即可。

第 (2) 问是多元结构。多元结构的回答需要学生做三件事：计算摆 5 个框需要多少根火柴，再数一数摆 3 个框需要多少根火柴，最后计算两者的差。所有这些计算都需要对问题的基本理解，但不必理解问题的整体结构。

第 (3) 问是关联结构。关联结构的回答需要学生理解到：摆第一个框需 4 根火柴，但以后每摆一个框就要利用前框中的一根火柴，所以每加一框只需用 3 根。这样，可以先从 31 根火柴中取 4 根摆成第一个框，剩余部分用 3 去除，得到 9，所以最终答案是 10。

第 (4) 问是扩展抽象结构。扩展抽象的回答需要避开具体数字，直接归纳出一般结论。在这个水平上，学生可能会产生几种不同的解法：

摆一个框要 4 根火柴，以后每增加一个框增加 3 根火柴，则 n 个框需要 $3(n-1)+4$；

摆一个框横着需要上下各 1 根，竖着需要左右各 1 根，摆二个框横着需要 2×2 个，竖着需要 2×1 个，依此规律，则 n 个框需要 $2n+(n+1)$；

摆一个框先竖着放 1 根火柴，再放其他 3 根火柴；摆 2 个框只需要在第一个框的基础上再增加 3 根，依次类推，则 n 个框需要 $3n+1$。

基于以上分析，我们可以知道，SOLO 的五种层次代表了学生对于某项具体知识的掌握水平。教师可以对照上述标准，根据学生对某个问题的回答，评估其对该项知识、内容的掌握情况。这样分层设问编制试题的方式可以帮助教师进行教学诊断，充分了解不同学生对知识理解与应用的情况，特别是对学生的思维水平进行较为清晰的了解。对于学生个体而言，可以依据自身的知识能力水平以及思维层次，对不同层次的"设问"进行作答，从而获得相应的分值。如此一来就避免了只有"对"与"错"的单一性评价的出现。

2. 内容多样

结果性评价是面向全体的一种测试，这种测试很大程度上具有保底性质。因此，在正常的数学测试中，我们会看到一些优秀的学生能用较短的时间完成试卷上面的测试内容，然后就是基本上处于长时间的等待状态。这充分说明这样统一标准、统一内容或统一难度的测试内容是无法满足学生差异学习需求的。这样的内容，对于他们而言挑战性较小，久而久之，他们学习数学的兴趣与激情将会被消耗殆尽。面这样的差异需求，我们在测试内容上可以尝试两种做法：一是增设思维难度大的智力探索题，让一些学有余力的学生在此得到展示自己的机会；二是增设数学拓展题，可以使用学校数学学科的特色活动增加相关测试，让这方面有特长的学生有发挥的余地。

【案例】一份试卷最后的"差异发展"部分。

差异发展（做对可以加☆哦）

1. 玩转数独。
无马数独规则：将数字1~9填入空格内，使得每行、每列和每宫内数字均不重复，彼此形成国际象棋中马步位置的两格内数字不能重复。
要求：填出所有的"4"。

	2	5			
				4	
					2
2					
1					
				4	3

2. 一个圆柱和与它等底等高的圆锥的体积之和是144立方厘米。那么，它们的体积之差是（　　）立方厘米。

3. 一群学生搬砖，如果有12人每人各搬7块，其余的每人搬5块，那么最后余下138块；如果有30人每人各搬8块，其余的每人搬7块，那么最后余下10块。问学生共有多少人？砖有多少块？

第4页，共4页

第五章 "为差异而教"的教学策略

"差异发展"部分是为了满足不同学生学习需求而设计的专属内容。这一部分不作为数学学科最后学习等第的评价标准，即不在等级制评价内容里面，而是等级评价外一种对数学学习能力的评价，以记"★"的方式呈现。如上图中的这份试卷一共包括三道题。第1题：玩转数独。这是学校数学学科特色活动，是人人参与、人人能玩的一种益智游戏。为了激发学生的数独热情，体验数独成功感，学期的结果性评价在内容设计上给所有学生留了一片空间。后两题是思维挑战题，在思维难度与探索性上都有一定程度的提升。这样的测试内容，在最终的学业评价反馈上以专项的形式出现，如差异发展评价：玩转数独（　　），思维拓展（　　）。学生获得几颗"★"，就填入几颗。

3. 可选试卷

《义务教育数学课程标准（2022年版）》在评价建议中明确指出：发挥评价的育人导向作用，坚持以评促学、以评促教。由此可见，小学数学阶段的评价是发展性、促进性、形成性的，而绝非甄别性的。基于这样的认知，试卷的可选择是"为差异而教"在学生评价方面一直追求的目标，其核心意义在于让每一个学生都能够得到真正适合自己的学业评价。这不仅体现了教育的公平性与科学性，更是因材施教理念在评价环节的深刻体现。

然而，在当前的教育环境下，这种追求面临着诸多挑战。首先，家长以及一些教育工作者对于试卷可选择的认知还存在质疑。很多家长仍然习惯于传统的统一考试模式，简单地将分数作为衡量孩子学习效果的唯一标准，而忽视了孩子个体之间的差异以及义务教育阶段评价的功能。同时，部分教育工作者也受传统教学观念的束缚，特别是考试就是"找出好的，辨出差的"这样的认识，对于试卷可选择这种新的评价方式的意义认识不够。同时，试卷的可选择在命题工作量方面也存在着比较大的问题。就小学数学而言，要设计出能够满足不同层次、不同类型学生需求的试卷，需要命题者对小学数学的各个知识点、不同难度层次以及学生的认知发展规律有着极为深刻的理解。这无疑需要投入大量的时间和精力去研究、分析与构建，这对于教育资源有限的学校和教师来说是一个巨大的挑战。

为了践行"为差异而教"教学主张，努力向目标迈进，汶河教育集团在

为差异而教：小学数学差异教学十五年探索与实践

集团办学层面开始尝试采用 AB 卷制度。这种制度基于学校的知名度、生源质量等因素进行初步区分，A 卷通常针对基础扎实、学习能力较强的学生，题目设计更为灵活、深入；B 卷则更注重对基础知识的考查，难度相对较低，适合基础薄弱或学习速度较慢的学生。同时，到了具体的成员校，他们还拥有一定的自主权，可根据本校学生的具体情况对试卷进行 30% 的调整，以确保试卷内容更加贴近学生的实际需求。这种做法虽然在一定区域内实现了评价的差异化，但同一学校内部的学生仍需面对统一的试卷，未能完全实现个性化的评价。

随着教育技术的不断进步和教育理念的不断深化，更具个性化的评价方式必将成为现实。在小学数学中，"一生一卷"或是"一类学生一份试卷"的理念具有深远的意义。对于那些在数学学习上天赋异禀的学生，可以为他们设计包含拓展性、探究性内容的试卷，让他们的思维能够得到充分的激发和锻炼；对于数学学习较为困难的学生，则可以着重设计一些有利于基础知识点巩固、易错点分析的试卷，帮助他们逐步建立起学习的信心和兴趣。当然，要实现这一目标，还需要依托大数据、人工智能等先进技术，对学生的学习数据进行全面、深入的挖掘与分析，从而构建出精准的学生画像。同时，教师也需不断提升自身的专业素养和技术能力，学会运用这些先进技术辅助教学，设计出更加科学合理的个性化试卷。

4. 再考一次

结果性评价在常人眼中往往就是"一考定终生"的评价。然而，义务教育阶段评价的主要功能是以评促学，是发性展评价。因此，"为差异而教"这一教学主张的教学评价，可以给学生再来一次的机会，从而弥补因粗心或是失误的而造成的评价不理想的遗憾。这里的"再考一次"，其实就是再给一次测试或是考试的机会。"再考一次"评价目的在于充分挖掘学生的差异资源，开发学生的内在潜力，通过对学生知识与能力等方面的"二次"评价，帮助他们认识自我，树立信心，主动学习，提高能力。在教学实践中，对自己的数学考试成绩不满意的同学（特别是合格线都达不到的同学），都可以申请再考一次。"再考一次"根据实际情况，可分为即时再考和延时再考，学生可以在两次考试结果中选择自己认为较理想的分数作为评价结果。

当然,"再考一次"的申请审核通过权,并不仅仅由教师掌握,而是需要教师、同学、家长三方都认可方能生效。这对申请的学生本人以及该生的家长都有一定的促动与激励作用。

"再考一次"是对以往一次性评价的"改良与升级",其背后隐含着"延迟性评价或重新评价"的评价策略。其给予学生一次额外的成功机会,允许学生在成长的过程有犯错或试错的空间。这样的"再评价"给了学生学习的动力,增强了他们的自信心。

第六章 "为差异而教"的实践探索

　　课堂是"为差异而教"这一教学主张的萌发点，同时也是归属地。无论是差异教学策略的研究，还是课堂模式的创生，皆产生于课堂，也服务于课堂。小学数学课堂的基本类型主要分为新授课、练习课、复习课、综合实践课等。其中，最重要、最常见的是新授课。根据知识类型的不同，新授课又被细化为概念课、计算课、解决问题课等。《义务教育数学课程标准（2022年版）》指出，数学课程培养学生的核心素养主要包括"三会"，即会用数学的眼光观察世界、会用数学的思维思考世界、会用数学的语言表达世界。本章节围绕这三个核心素养的目标，通过新授课、练习课、复习课以及综合实践课这四种课型的实践研究，从课堂范式、教材分析、教学实践以及同行反馈等方面，展现教学主张的探索过程。

第一节　数学眼光之抽象能力实践探索

　　在义务教育阶段，数学眼光主要表现为：抽象能力（包括数感、量感、符号意识）、几何直观、空间观念与创新意识。

《义务教育数学课程标准（2022年版）》

　　抽象是数学的特性之一。抽象对于数学学科的建立与发展都是不可或缺的。可以毫不夸张地说，没有抽象就没有数学的研究对象。在一年级小学生刚接触小学数学、认识10以内的自然数的时候，抽象就开始伴随他们左右了。他们后来认识小数、分数，以及几何形体也都离不开抽象。到了高年级，他们认识百分数、比和比例，以及长方体与正方体、圆与圆柱等，这些都是抽象的结果。可以这样说，抽象确实早已贯穿了小学数学教学的始终。但在《义务教育数学课程标准（2022年版）》中，小学阶段的核心素养主要表现中并没有抽象能力。这是为什么呢？课标组组长史宁中先生是这样解释的：像数学抽象这个概念，对于小学生而言是不太好理解的，我们换一个更为具体的表达方式——数学抽象就是符号意识和数感。由此可见，数学抽象存在于小学数学核心素养当中，只是表达方式有所不同。处理好数学学科特点与学生思维特点的关系，适时、适度地抽象（形式化），始终是贯穿小学数学教学始终的基本教学策略。

经相关研究表明，性别因素对小学高年级学生数学抽象能力没有明显影响。在数感维度上，男女生平均分最接近；在量感维度上，男生平均分稍微高于女生平均分；在符号意识维度上，女生平均分稍高于男生成绩平均分。同时，年级因素能够影响学生的数学抽象能力水平，且随着年级的增加，呈现进阶性发展趋势。

一、课堂范式（如图6-1）

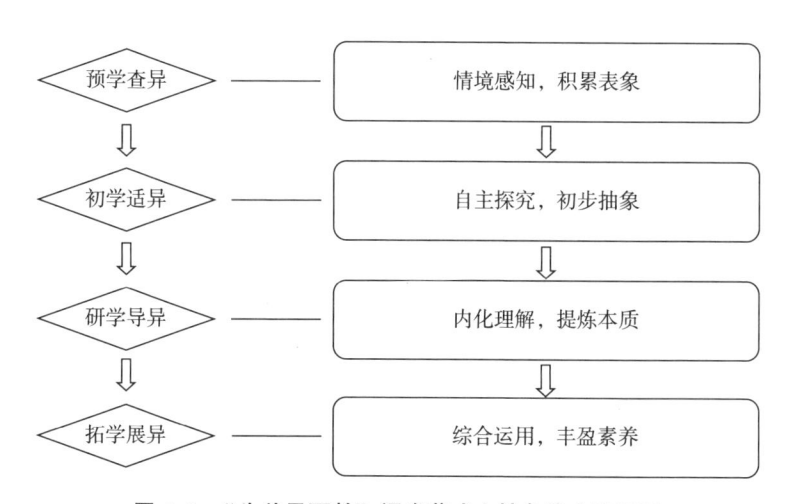

图 6-1 "为差异而教"课堂范式之抽象能力流程图

（一）环节1：预学查异——情境感知，积累表象

1. 环节要义：情境与表象

单纯地讲解数学概念只会让小学生感到枯燥，失去学习数学的兴趣，其数学思维能力也无法得到培养。因此，在概念课的教学中，教师要创造有趣、有效的教学情境，激发学生的学习兴趣。在教学中，教师应尽量为学生提供有代表性的事物，让学生通过观察、比较，从诸多事物中发现它们的共同属性，进而形成正确的概念。

2. 教学注意点

（1）尽量多举几个有代表性的例子，让学生充分发现其共同属性再下结论。

（2）把握表象形成的时机，避免一展示出事物的本质属性就马上下结论。应让其本质属性充分展示出来，甚至要故意夸张，让学生充分感知后再下结论，这样才能水到渠成。

3. 教学策略

多路径精准分析学情；及时、大面积反馈；开展多元化教学评价。

（二）环节2：初学适异——自主探究，初步抽象

1. 环节要义：自主与抽象

出示情境后，应该留给学生足够的空间和时间，让学生根据自主学习要求，独立思考完成。在教学中要引导学生运用多种手段，调动多种感官，比如拼一拼、分一分、摆一摆、比一比、量一量等，从多方面充分感知事物的共同属性，初步积累抽象经验，为形成正确的概念做铺垫。

2. 教学注意点

（1）在学生自主学习时，要保证给他们足够的时间去探究，过程中提醒他们调动多种感官，感知共同属性。

（2）全面照顾差异。自主学习直接面对的是学生的差异，这时就需要发挥差异工具包的作用，通过提供选择性学习内容或选择性学习方式、拟定挑

战性学习目标、给予多样化的学习方式等途径照顾差异，促进差异发展，从而让每个学生都能成长起来。

3. 教学策略

动态地调整学习目标；合理地安排教学内容；动态隐性合作与交流；及时、大面积反馈。

（三）环节3：研学导异——内化理解，提炼本质

1. 环节要义

在抽象概括过程中，要善于把客观世界的实际问题转换成数学问题，再将数学问题转换成概念定义，使之符号化、图式化、公式化。教学中应着力加强转换方法的指导，注意培养学生的转换能力。

2. 教学注意点

（1）教师在引导学生抽象某一类事物的共同特征、本质属性之后，要善于将其本质属性从具体的事物或实际问题里剥离出来，放置到一般角度来看待，用抽象的数学语言来描述，使之转换成数学问题。

（2）教师在引导学生分析、研究同一类数学问题时，要善于将数学问题化"分散"为"系统"，突出和抓住数学问题的最基本的共同特征和本质属性，用更为概括、抽象、简洁的数学语言表达出来，并及时进行符号化处理，使之转换为数学公式。

3. 教学策略

多路径精准分析学情；动态隐性合作与交流；及时、大面积反馈；提供适合的学习辅导。

（四）环节4：拓学展异——综合运用，丰盈素养

1. 环节要义：运用与发展

培养学生的数学抽象能力需要教师把好作业关，通过适当地设计习题，将抽象的数学概念及知识框架综合运用。这样可以启发学生的智慧，激发学生的想象力和创造力，丰盈数学核心素养。

2. 教学注意点

（1）习题设计要求教师遵循学生的身心发展规律，设计满足不同层次学生学习需求的习题。可以设计思维挑战题，让学优生用智慧锦囊等方式帮助待优生进行保底练习。

（2）小学阶段数学知识是相通的，在综合运用环节可以引导学生用图文结合的思维导图梳理知识点，提升学生综合素养。

3. 教学策略

多路径精准分析学情；及时、大面积反馈；提供适合的学习辅导。

二、教学案例

（一）课题名称

苏教版小学数学二年级下册《角的初步认识》。

（二）教材分析

本节课是在学生已经初步地认识了长方形、正方形、三角形以及多边形的基础上进行教学的。教材结合生活情境，引导学生从观察生活中的实物开始，逐步抽象出角的几何图形。通过学生的实际操作，教师需加深他们对角的认识。熟练地掌握这部分内容，为学生进一步学习角的有关知识奠定基础。教师通过培养学生动手操作能力，使学生体会到数学来源于实践。

（三）前测及分析

1. 前测内容

（1）下边的图形叫（   ），它有什么特征？在下图中填写各部分名称。

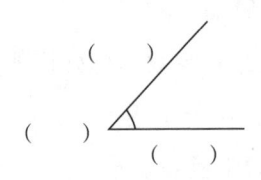

第六章 "为差异而教"的实践探索

（2）哪些是角？是角的在（　　）里画"√"。

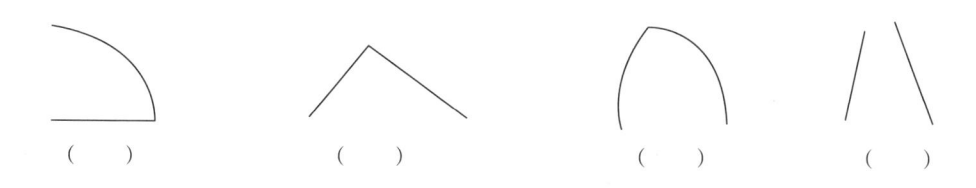

(　　)　　(　　)　　(　　)　　(　　)

（3）在正确选项上打"√"。

A.角1大　B.角2大　C.一样大　　　　A.角1大　B.角2大　C.一样大

2. 前测分析

第1题由三问组成，第一问是测查学生是否认识数学中的角，错误率达到63%，第二问是写出角的特征，第三问是写出角的各部分名称，这两问的错误率都为100%。由前测数据可知，对于角的认识，学生多数停留在对"墙角、桌角、几角钱"等生活经验上的描述。即便学生觉得图形中有角，也依然没有办法抽象出数学意义上的"角"，这种情况与学生的学习心理是有直接关系的。角是认识图形的基本组成单位，需要从实物、图形中抽象出来，而二年级的学生正处于直观思维阶段，抽象出物体或者图形的某一部分对他们来说有比较大的难度。教师因自身已建立角的概念，所以眼中有角；而学生对角的认知尚停留在生活经验的阶段，还需要不断地反复抽象后，才能逐步建立。

第2题，测查内容为判断哪些图形是角，错误率为47%。所有学生都认为2号图形是角，但对于1号图形无法下定论：它有一条边是直的，有一条边是弯的，但是顶端还是尖的。所以从"尖"这个角度来判断是角，但是又有点犹豫，因为它跟2号图形的角又有点不一样。由此说明学生对角的本质认知是比较模糊的，对角的理解仅仅体现在"尖"这个特点上。

第3题由两组图形组成，都是测查比较角的大小。第一组图中的两个角能够明显看出哪个大哪个小，错误率为13%，出错原因皆为漏写，说明学生能够从观察得出结论，具有初步的空间观念，但是否已经把握其内涵还有待进一步测查。第二组图出示了两个一样大的角，只是边的长短不同，学生在判断时错误率达到了84%，说明学生并不能理解影响角的大小的因素是两条边张开的大小，而和边的长短无关。

（四）教学目标

（1）让学生经历由实物上的角抽象出几何图形的过程，初步认识角，了解角各部分名称。

（2）通过动手操作让学生切实体验感知角是有大小的；初步认识到角的大小与两条边的长短无关，而与边张开的程度有关；学生能通过直观观察比较出角的大小。

（3）在创造性地使用工具与材料制作角、比较角的大小的过程中，培养学生动手实践能力和创新意识，体验解决问题策略的多样性。

（五）课堂实录

1. 情境感知，积累表象

黑板、屏幕上出示"角"字。

师：小朋友们认识这个字吗？看到这个字你会想到哪些跟"角"有关的词语？

可能会出现：几角钱、牛、羊角、图书角、桌角、锐角、直角、钝角……

师：小朋友们真棒，说到的有生活中的角，也有数学上的角，那数学中的角长什么样呢？

屏幕上出示三角板、数学书、钟面。

师：这些物体的身上都藏着数学中的角，你能把它们找出来吗？

师：三角尺身上的角，谁愿意上台来指一指？

指名学生代表上台指角。（学生在指角的过程中可能会指角的顶点处）

师：老师把他指出的样子画下来，角是长这样吗？（边说边在黑板上点一

第六章 "为差异而教"的实践探索

个点)

师：谁能把角的样子完整地指出来？

师规范学生的指法，生拿出自己的三角尺跟着老师一起指一指。

生用自己手里的数学书，同桌互相指一指角，指名反馈数学书封面右上方的角。

集体用手势比划钟面上时针和分针形成的角。

【教学思考】在学生的生活经验中，角是物体顶端尖尖的部分，因此他们常常会将物体顶点部分的位置错误地理解为数学意义上的角。教学中，直面学生的最初经验，当学生误将顶点指认为角时，把他们所指的"角"描下来，引导学生借助直观图形，和原有认知产生矛盾，让他们主动认识到"这只是一个点，不是我想要的角"，明确数学概念和生活概念的区别。再通过"怎样才能正确地指出一个角呢"这一问题，让学生主动修正，指出角的两条边，并且明确这两条边都是从这个点出发而引出来的，为学生后面正确把握角的概念奠定坚实基础。这样，从根据经验指"角"，到模仿教师的方法指角，学生经历操作之后的自我反思、自我调整，形成对角清晰、准确的首次感知，这就为建立角的表象打好了基础。

2. 自主探究，初步抽象

（1）回到屏幕，闪烁3个物体表面的角。

师：这些都是角，让我们把它们从物体上搬下来看看，角到底是什么样子？

电脑动态演示角的抽象过程，屏幕上留下大小不同的角。

师：这些角虽然放的位置、方向不一样，但不同中也有相同的地方，你能找到相同点吗？

生独立思考，同桌交流，指名汇报。

生：都有一个尖尖的地方，2条直直的线。

根据学生的回答，师在黑板上完整地画出一个角。

师：你知道这个尖尖的地方和直直的线叫什么吗？

介绍角的各部分名称。（板书：顶点　边　边）

师：角有一个顶点和两条边。为了更方便地表示角，我们还可以用弧线来表示。(在画出的角中画上弧线)

【教学思考】从实物图中抽象出角，让学生明白数学来源于生活，感知数学与生活的密切联系。在抽象角的图形时，应用多媒体让学生清晰地看到由实物的角变化为图形角的过程，帮助学生逐步抽象出角的几何图形，进而通过观察、比较提取共同的特点，认识角的各部分名称，概括出角的一般形式，归纳出角有一个顶点两条边的结论。

师：原来角的样子是这样的，谁来填一填？

(2) 出示：角有（　　）个顶点和（　　）条边。

追问：这两个条件如果缺少一个，还是角吗？

生：不是。

师：也就是说一个角必须要具备1个顶点和2条边，缺一不可。

生齐读一遍：角有1个顶点和2条边。

师：刚才我们认识了角，下面来检查一下，你是否和角交上朋友了？

(3) 出示：下面图形中哪些是角？哪些不是角？

(1)　　(2)　　(3)　　(4)　　(5)

学生手势判断，指名说明理由。

【教学思考】"辨角"有助于学生了解角的基本特征，强化角在头脑中的表象。在教材"想想做做"的基础上更换了第五个图形，丰富了否定例证的类型，进一步突出角的基本特征。在教学处理上，教师在学生判断后隐去不是角的三个图形，利用变式，进一步强化角的共同特征。这样处理，既丰富了学生头脑中关于角的表象，也规范了学生头脑中概念的形成过程。利用角的特征去判断角，既让学生更明晰"角有一个顶点，两条直直的边"这一特征，又掌握了一般概念的常用判断方法。

第六章 "为差异而教"的实践探索

3. 内化理解，提炼本质

（1）想象角。

师：我们知道数学中的角长什么样了，下面老师提高一点难度，给出一些角，你来猜一猜，找一找它会藏在哪里呢？

课件出示3种不同类型的角。

师：想一想，这些角会在什么物体的表面上？

生找一找、说一说。指名汇报。

师：如果我们将这些物体的表面留下的话，会得到一些平面图形，那么角就在这些多边形上。

课件演示角在物体的面上，隐去物体，得到角在多边形上，是多边形的一部分。

（2）数角。

师：这些平面图形中也有角，你能数一数、填一填吗？

出示：下面的图形各有几个角，先给角做上标记，再填一填。

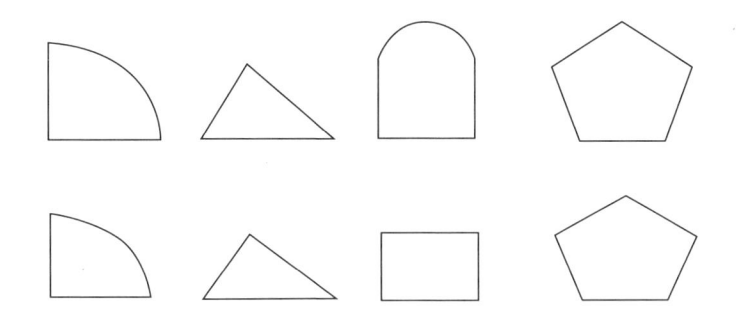

生独立完成。指名汇报。

追问：第一个图形为什么只有1个角？第三个图形为什么只有2个角？

师：如果将第三个图形改成长方形，那么有几个角呢？

隐去第一个图形。

师：仔细观察，你有什么发现？

生：我发现是几边形就有几个角。

师：想象一下，边越来越多，角怎么变化？（生：角也越来越多）如果角

继续增多，一直这样下去，会越来越接近什么图形？（课件演示）

生：圆。

师：如果是一个圆，圆里有角吗？为什么？

师：角从少到多，从有竟然又变成无，数学真神奇啊！

【教学思考】从"想象角在物体的面上"到"数角"活动，通过把角置于平面图形背景之中，进一步向学生渗透角是构成直边平面图形的基本要素。之后，又通过改变原来的图形（将第三个图形改成长方形并隐去第一个图形），巧妙地呈现出三个有规律排列的多边形，引导他们在观察、比较中感受多边形边的条数与角的个数之间的关系，再通过追问得出"角从少到多，从有又变成无"，进而把学生的思维推向了新的高度。

（3）做角。

师：我们认识了角，想不想动手来创造角？

出示提供的材料：扣条、圆形纸片。

操作要求：

①用提供的两种不同材料各创造一个角。

②角做好后，同桌互相说一说每个角的各部分名称。

出示用扣条做的角。

师：用扣条做的角，举起来让大家看看，哇，好多不一样的角，我们来玩一玩这个角。

师：跟着老师一起操作，将角的两边张开再张开，合拢再合拢，感受一下，角有大小吗？（出示板块名称）

师：角确实有大有小！谁能做一个和黑板上的角（之前板书的角）一样大的角？指名上台演示。你怎么知道这两个角一样大的？

明确：顶点重合，一条边重合，另一条边也重合，两个角一样大。

师：同桌比一比，你们刚才做的角一样大吗？

同桌互比，教师巡视，指名上台演示。

师：谁做的角大？你是怎么比的？

明确：把两个角的顶点重合，一条边重合，看另一条边，哪个角的另一条边落在外面,说明两条边张开得大,角就大。

针对做的角小的同学。

师:你能把你做的角变得比他大吗?怎么办?

生:能,我可以把角张开得再大一些。

师:你认为角的大小和什么有关?

小结:角的大小和两边张开的大小有关,两边张开的大,角就大;两边张开的小,角就小。

师:同学们看,这里还有2个角。

出示:一个所画边短一点的,一个所画边长一些的。

师:这2个角,谁大谁小?

动画移动,验证,一样大。

师:如果我将这个角的两条边再画长一些,角的大小有改变吗?

师:你有什么想说的?

生:没有改变。

总结:角的大小与角两边张开的大小有关,与所画边的长短无关。

反馈圆形纸片折的角。

师:这张圆形纸片上本来有角吗?

生:没有。

师:你是怎么创造出角的?

指名上台展示并说出角的顶点和边。

师:同桌互相比一比,用纸折的角,谁大谁小?

同桌互比。指名一桌展示。

【教学思考】"角的大小与边的长短无关"是拓展内容,旨在巩固并深化学生对角大小的认识。在例题教学环节中,学生得到角的"静态"体验,他们很可能片面地认为角是指一个点和两条线。为此,通过做角的体验,让学生感知角是有大小的,它可以变大也可以变小。一静一动的体验,使学生头脑里角的表象有了更丰富的内涵。在引导学生通过不同方法比较角的大小时,教师通过几个有层次的操作,让学生直观地感知到比较角大小的方法,为学

163

生后续学习打下基础。

（4）拼角。

师：摆一个角需要几根牙签？怎样用三根牙签，摆出3个角？

学生动手操作后，指名上台演示并指出拼成的角。

师：真厉害！原来这两个角能拼成一个更大的角。像这样有序思考，我们便能找全所有的角了。

【教学思考】此活动拓宽了学生的思路，激发了学生的想象力，在动手实践中使学生的思维从单一走向多维，突破学生原有认知。除了独立角，还可以将独立角拼在一起形成组合角。事实上，学生的数学学习不应只是简单的概念、公式、法则的掌握，而应该更具有发展性、探索性和思考性，这些恰恰建立在学生扎实的数学基础和丰富的数学想象力上。

4. 综合运用，丰盈素养

师：咱们回顾一下刚才学习的历程。课的开始，我们在不同中找到了相同的地方，认识了角长什么样；接着，发挥空间想象，找到了角在物体的面上，是我们熟悉的多边形的一部分；最后，在动手操作中比较了角的大小。

师：回想一下课的开始，小朋友们提到了一些角（出示课件），这些角跟我们今天学习的角一样吗？

生：五角钱不一样，它是人民币的单位。

生：牛角也不一样，它是牛头上长出坚硬的东西。

生：图书角也不一样，它是一个角落。

师：桌角呢？

生：也不一样，它是指这个突出的地方。

师：那在这个桌角的图上你能找到今天我们认识的角吗？

明确：物体上有面，面上有角，体、面、角原来是有联系的。

【教学思考】和课始"看到这个字你会想到哪些跟'角'有关的词语"相呼应，在学生已有的生活经验中，角和牛角、羊角、桌角、墙角、几角钱等有关。显然，这些来自生活中的体验与教学中角的概念有差异，甚至毫无关联，选用不当就会对学生认识数学上的角造成干扰。所以，在课尾呈现课始所提及的"角",引导学生对照新认识的角的特征进行理性思考,进而在分享中进一步明晰概念,巩固和加深已有的认识。同时,从"桌角"中找数学中的角,让学生再次感受到体、面、角之间是相互关联的。

三、同行反馈

角是平面图形的构成要素之一。"角的初步认识"是角的概念教学的起始课,也是今后研究平面图形特征的基础课,这是低年级学生对几何平面图形由感性到理性的一种认知飞跃。学生经验里的角与数学中的角不完全一致,因此教师需要基于学生已有的经验,帮助学生建立对角的表象的基础认识,初步感知角的特征。在以上案例中教师引导学生经历"感知—探究—理解—运用"的过程,较好地帮助学生实现对"角"的概念的整体建构。

(一) 预学查异,确定教学起点

学生的差异是客观存在的,只有明确学生的已有水平,才能让教师找准教学起点。学生在学习本节课之前,对角的认知主要来自生活经验中的角,如"墙角、桌角、几角钱"等,这与作为数学图形的角差别很大。在学生的经验里角是尖的,所以在前测的第2题中,学生大都根据图形是否"尖"来判断其是不是角。经过前测分析得知,学生需要在不断地反复抽象后才能了解角各部分名称,逐步建构角的表象,感知角是平面图形的一部分,体会角和平面图形之间的联系。

(二) 初学适异,驱动学习过程

为了避免生活经验的负迁移,教师选用跟角有关的词语作为素材,契合学生的认知现实。组织学生开展找角、指角活动,及时组织交流,说一说指角的动作过程,帮助学生积累直接经验。在此过程中,教师巧借错误资源,再通过学生自我反思和自觉调整,促进其自我矫正,充分发挥了学生的主动性,为建立角的正确表象打好基础。同时,同桌互指角、集体手势比划角等环节调动了学生的学习积极性。

（三）研学导异，丰富概念认知

数学中的角具有抽象性，为了帮助学生准确建立角的第一印象，设计符合低年级学生思维特点的感知历程就显得尤为重要。教师在教学中，通过丰富的感知活动，引导学生积累操作经验，辨识角的特征，引发深入思考。教师首先选取了3个有代表性的物体表面的角，将它们搬到大屏幕上，即从实物图中抽象出角，让学生感受数学与生活密不可分。教师接着给学生充分的时间观察、比较，认识角的各部分名称，归纳角的一般形式。最后的辨角活动，进一步突出了角的基本特征：角有一个顶点，两条直直的边。这样通过对正例的交流、比较，深化对角的认知；通过对反例的判断、辨析，进一步凸显概念的本质属性。在多维的思辨中，学生头脑中角的概念表象更加清晰、稳固。

（四）拓学展异，促进素养提升

2022年版新课标指出："教师……向学生提供充分从事数学活动的机会，帮助他们在自主探索和合作交流的过程中真正理解和掌握基本的数学知识与技能、数学思想和方法，获得广泛的数学活动经验。"丰富多彩的数学活动是实现教学目标、体验学习内容的路径，不仅能够帮助学生探究新知，而且能够激发学生的学习兴趣和热情，是学生积累学习经验的载体。学生的理解是一个连续、动态的过程。小学生初步认识角，需要在从事数学的活动中不断深化认识，积累几何活动经验。教师通过想象角、数角、做角等活动，让学生经历观察、归纳、想象、操作、体验，将新知与练习穿插安排，在思辨中进一步加深对角的认识，让知识无痕地流淌进学生心里。

值得我们思考的是，在班级授课制下，多数教师在教学时采用"齐步走，同样学"的模式，这有可能会导致能力强的学生"吃不饱"，而能力弱的学生则"吃不下"。如何能让每位学生获得不同的发展呢？"为差异而教"的理念早已告诉了我们答案，例如研制"内容选择卡"以应对学生学习需求的差异性。在"内容选择卡"上设置"我来学""我来挑战""智慧锦囊"三个部分：

"我来学"，即学教材中的新授例题，是最基本的要求，人人都要通过自主学习掌握；"我来挑战"，即比教材例题在思维难度上、方法途径上要提升一个档次的学习内容，只要求部分学生掌握即可；"智慧锦囊"，即学生自主完成"我来学"遇到困难时，教师所提供的学习帮助与提示。比如"拼角"这个活动，具有探索性和思考性，对于学生的数学思维要求本身就比较高，可以考虑放在"我来挑战"这个板块。

数学教学的终极目标是使学生学会用数学的眼光观察现实世界，用数学的思维思考现实世界，用数学的语言表达现实世界。在课的结尾呈现课的开始所提及的"角"，引导学生对照新认识的角的特征进行理性思考，进而在分享中进一步明晰概念，巩固和加深已有的认识。这一环节让学生利用学到的知识解释生活中的现象，既加深了对概念的理解，又能发展学生的数学眼光。

（扬州市经开区小学数学教研员　陈静）

第二节　数学思维之运算能力实践探索

在义务教育阶段，数学思维主要表现为：运算能力、推理意识或推理能力。

——摘自《义务教育数学课程标准（2022年版）》

小学数学从前身"小学堂算术"诞生之日起，其首要学习任务就是计算，同时计算能力也一直是小学数学"四大能力"之首。到了2001年的《全日制义务教育数学课程标准（实验稿）》提出了六个核心词，虽然其中没有"计算能力"，但强调了"应重视口算，加强估算，提倡（鼓励）算法多样化"。2011年版《义务教育数学课程标准》将核心词增至十个，同时将"计算能力"改为"运算能力"。到了2022年版，运算能力已经成为《义务教育数学课程标准》的核心素养之一。运算能力为什么如此重要，其现实意义是不言而喻的。因为在数学领域里，计算是进行一切数学实践活动的重要技能。不论是数学规律的发现、数学现象的探究，还是数学问题的解决，都离不开计算。就小学生而言，运算能力的差异主要表现在计算基础的差异、计算速度的差异、计算正解性的差异、计算理解力的差异。

一、课堂范式（如图6-2）

```
预学查异  ───────→  全面测查，建立联系
   ↓                      ↓
初学适异  ───────→  创设情境，明理知法
   ↓                      ↓
研学导异  ───────→  巧设练习，优法固技
   ↓                      ↓
拓学展异  ───────→  综合运用，提升素养
```

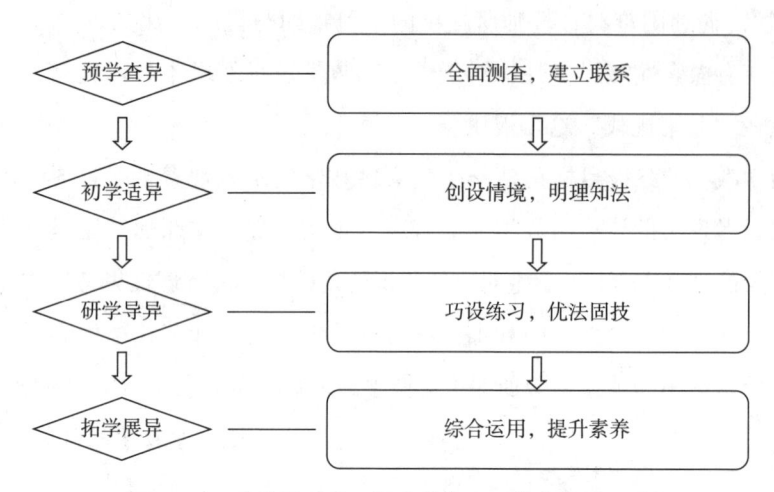

图 6-2 "为差异而教"课堂范式之运算能力流程图

（一）环节1：预学查异——全面测查，建立联系

1. 环节要义

必要的认知前提准备是学习数学知识的基础。因此，在教学新知之前，教师应对必要的认知前提准备进行有效测查，明确不同层次学生的差异情况，了解他们的学情，并采用合理与适时的方式进行辅导。其中，对于需要课前辅导的学生，要提前实施"个别化辅导"，确保全班学生都能掌握所需的储备知识。对于运算法则课型的教学，课堂伊始就要唤醒学生的知识储备，只有做到这一点，才能为下面的学习做好铺垫。

2. 教学注意点

（1）做好前测与分析工作。要认真分析教学内容，找准知识点之间的联系，做好前测设计与统计工作。

（2）预学阶段，精心设计几道计算题，进行大面积练习，交流时让学生自行批改，采用大面积及时反馈的策略了解学生对已学知识掌握情况，从而

动态调整课前预设。

3. 教学策略

多路径精准分析学情；提供适合的学习辅导；及时、大面积反馈。

（二）环节2：初学适异——创设情境，明理知法

1. 环节要义：尝试

自主学习是差异教学要求的主要学习方式。其主要途径是努力创设有效情境，出示情境后，应该留给学生足够的空间和时间，让学生根据自主学习要求，独立思考完成，交流之前进行大面积及时反馈。

2. 教学注意点

（1）确保情境有效。结合教学内容，能够准确把握教材的设计意图，创设有利于学生学习的情境，找准知识的生长点。教师需采用描述等方式，帮助学生理解算理，掌握算法；明晰计算的本质，创设与知识密切联系的情境，引导学生在操作中感悟算理。

（2）全面照顾差异。自主学习直接面对的是学生的差异，这时就需要发挥差异工具包的作用，通过为学生提供选择性学习内容或选择性学习方式、拟定挑战性学习目标、给予多样化的学习方式等途径照顾差异，从而让每个学生都能成长起来。

3. 教学策略

动态地调整学习目标；合理地安排教学内容；及时、大面积反馈。

（三）环节3：研学导异——巧设练习，优法固技

1. 环节要义：互学

提高运算能力，明算理是第一步，算理是算法的根本。在此过程，教师要充分发挥教师的引导、点拨作用，在学生无法说明处、无法概括处、不完善处要及时给予必要的帮助。在此过程，更要发挥生生互助、异质合作学习的作用，让不同的表达成为生生研学的资源，促使学生对运算内在本质进行思考，提高运算能力。

2. 教学注意点

（1）研学的核心要明算理、固技能。在研学的过程中，要让每个学生能真正理解算理。结合运算的特点，通过知识迁移、情境运用、动手操作、实物图动态演示、直观演示、比较等多种策略，加深学生对算理的理解，引导学生归纳出算法。

（2）研学的形式要发挥合作学习的作用。初学强调的是自主、独立，而研学主要强调的是合作。通过生生合作、师生协作，以小组学习的形式，放大差异资源，让能力强的学生发挥自己的潜能优势。通过生生相授的方式影响潜能生，达到共同发展的目的。在合作学习过程中，为了照顾学生的差异，可以从多角度为不同学生提供多样化的学习方式，如思维层面的、操作层面的、实物层面的等。

（3）研学的过程要发挥教师指导引导的作用。在学生探究算理、归纳算法时，教师要适时参与其中，进行指导、共议，与学生形成学习共同体，从而让学生在探究算理归纳算法的过程中少走弯路。

（4）注重数学思想方法。

3. 教学策略

动态隐性合作与交流；提供适合的学习辅导；及时、大面积反馈；设计开放性数学练习。

（四）环节4：拓学展异——综合运用，提升素养

1. 环节要义：运用与素养

2. 教学注意点

（1）内容要贴近学生的"最近生活区"。设计一些符合学生心理特点、联系学生生活实际、采用题组对比形式、内容贴近学生的"最近生活区"的练习，让成功感始终伴随学生的学习旅程。

（2）控制练习的数量。过少则达不到拓展思维的目的，过多学生则没有充足的时间进行探索交流，难以深入思考，达不到思维训练的目的，同时也难以让学生养成踏实、深入、细致的学习习惯。

(3) 注意层次和梯度。设计理念依然立足学生，让每个学生都能有选择挑战的机会。让学优生有激活思维、展现能力、挑战自我的机会，让待优生也有"跳一跳摘到桃子"的希望。

3. 教学策略

动态隐性合作与交流；提供适合的学习辅导；及时、大面积反馈；设计开放性数学练习。

二、教学案例

（一）课题名称

苏教版小学数学五年级下册《异分母分数加减法》。

（二）教材分析

在小学数学课程中，分数加减法是数的运算中重要学习内容，是发展学生运算能力的核心载体。苏教版教材把分数的加法和减法分两次教学。其中，第一次安排在三年级的上册"分数的初步认识（一）"单元和下册"分数的初步认识（二）"单元中，这是基于直观理解的简单的同分母分数加减法；第二次安排在五年级下册，在学生系统学习了"分数的意义和性质"之后，安排在"分数加法和减法"单元，教学异分母分数的加减法。

从分数加减法的知识逻辑上来看，同分母分数加减法是教学异分母分数加减法的直接基础。因为分数加减法的运算本质是相同分数单位个数的相加减，所以计算同分母分数加减法时，能够用原有的分数单位直接进行度量；而在计算异分母分数加减法时，无论使用哪一个原有的分数单位度量，都无法直接得到结果，需要寻求一个新的分数单位去重新度量，即运用通分的方式，将异分母分数转化成同分母分数。因此，学生对同分母分数加减法算理的理解程度，即能否从基于图形的直观理解上升到基于分数单位的意义理解，将会直接影响到异分母分数加减法的教学效果。

从数的运算一致性上来看，分数加减法与整数和小数加减法运算有着密切的联系。无论是整数、小数还是分数加减法,它们的运算本质都是一致的,即相同计数单位的数才能直接相加减。因为异分母分数加减法是小学加减法运算内容的最后一块内容,所以"异分母分数加减法"还需承载贯通整数、小数和分数加减法算理的重要任务——运算的一致性。但分数与整数、小数相比,其加减法的计数单位不够显性,特别是异分母分数加减法。因此无论是算理的理解还是算法的掌握,对于小学生而言是有一定难度系数的。

(三) 前测及分析

1. 前测内容

(1) 计算。

$\dfrac{1}{5} + \dfrac{2}{5} =$ $\qquad$ $\dfrac{5}{7} - \dfrac{3}{7} =$

思考:为什么这样算?请结合一道算式,写清这样算的道理。

(2) 你能想办法求出下面算式的结果吗?试一试!(尽可能写出你的思考过程)

$\dfrac{1}{2} + \dfrac{1}{4} =$ $\qquad$ $\dfrac{2}{5} + \dfrac{1}{2} =$

思考:上面的算式为什么可以这样算?请你从上面的两道算式中任选一题,运用合适的方式说明你这样算的道理。

(3) 一张长方形纸,折小船用了它的 $\dfrac{1}{2}$,折千纸鹤用了它的 $\dfrac{3}{8}$,折小船和千纸鹤共用了这张纸的 ( )。

请你在图中画一画表示出结果,并填入上面的括号里。

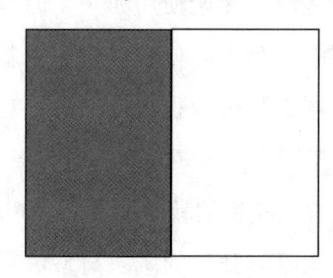

第六章 "为差异而教"的实践探索

2. 前测分析

第1题的计算正确率为100%，说明学生对同分母分数加减法的算法掌握很好。在计算正确的学生中，又对算理问题的应答情况进行了统计。数据显示，30%的学生将算理写成算法或不写，更值得关注的是，即便有27.5%的学生能够基本正确应答，但也没有完全达到"基于分数单位的意义理解"的层次要求，这些充分说明学生对同分母分数加减法的算理理解不够理想。

第2题计算的正确率约为70%，其中多数学生能够写清运算过程，但对下面算理问题的应答多是写成了算法，仅有10%的学生能正确表述。说明学生虽然对算法的已知程度较高，但对算理没有明确思考。针对学生的运算错误，我们进行了详细统计：当"分子相同、分母不同"时，有的学生将分母相加分子不变，也有的学生将分子、分母分别相加；当"分子、分母均不相同"时，多数学生将分子、分母分别相加。为分析学生的错误原因，我们又分别进行了个别访谈。从数据信息和访谈结果中可知，学生产生上述诸多错误的最主要原因是基于同分母分数加减法算法表面形式的负迁移——相同的不变，不同的相加减，而没能从算理的深层把握其运算实质。

第3题画图正确率约为50.8%，填空的正确率约为66.1%。画图的主要错误原因是学生没能找准单位"1"，约占58.3%。

显然，这是学生没能准确理解题意所导致的。反之，如果学生能够正确理解题意，很可能有更多的学生完成正确画图和解答。由此可见，学生借助情境和图形等直观方式自主探索运算是一条可行的学习途径。

综合三题数据分析可知，学生对同分母分数加减法的算理理解不够理想，直接影响到学生对异分母分数加减法运算的探究；运用情境与图形等直观方式有利于学生自主探索异分母分数加减法的运算。再联系"内容分析"，我们认为在组织教学活动时，应重点关注以下几个方面。

（1）重温并提升学生对同分母分数加减法算理的理解水平。

学生对同分母分数加减法的算理理解不够理想，原因可能有多种，但

为差异而教：小学数学差异教学十五年探索与实践

其中一个值得关注的方面是教师的弱化与忽视。基于简化分数加减法教学的需要，教材将同分母分数加减法，由原本以独立"小节"形式呈现变为现在以附属"习题"形式呈现。或许正是这样的变化，导致教师弱化或忽视了对同分母分数加减法算理的再探究（基于分数单位的理解）。这样，直接影响了学生对异分母分数加减法运算的理解程度。因此，在探索异分母分数加减法之前，首先要从分数单位的角度来重温同分母分数加减法的算理。

（2）提供适切、充沛的直观材料，推动学生自主探索新的运算。

为推动学生自主探索异分母分数加减法的算理，教师在教学时，一方面可以创设生动的现实情境，激活学生丰富的生活经验，给学生提供直观的认知背景；另一方面可以为学生准备矩形图等辅助材料，借助数形结合的方式，促进学生对新运算的直观理解。

（3）注重分数加减法与整数、小数加减法运算的勾连，提升学生对加减法运算本质的理解层次。

要实现这种"勾连"，首先需要打通异分母分数加减法和同分母分数加减法的算理，让学生对分数加减法形成整体认知——只有分数单位相同才能直接相加减。在此基础上，把分数加减法与整数加减法及小数加减法进行比较，进而整体把握小学阶段加减法的运算实质——只有计数单位相同才能直接相加减。

（四）教学目标

（1）使学生理解异分母数加减法的算理，掌握计算方法，能正确计算异分母分数加减法。

（2）使学生经历探索异分母分数加减法计算方法的过程，体会知识间的内在联系，感悟转化思想，进一步提高运算能力和数学推理能力。

（3）使学生在参与数学活动的过程中，获得探索成功的体验，增强学好数学的自信心。

（五）课堂实录

1. 创设情境，以旧引新

出示题目：

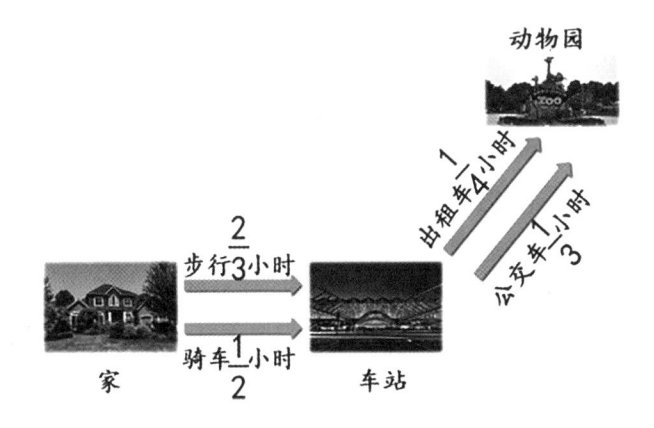

师：周末，李明一家打算从家出发到车站乘车去野生动物园游玩。他们规划了几种不同的方案。仔细看一看，一共有几种不同的方案？

生：4种。

师：每种出行方案各需多长时间，你会列式吗？

指名学生列式，教师板书：

方案1：$\frac{1}{2}+\frac{1}{4}=$

方案2：$\frac{1}{2}+\frac{1}{3}=$

方案3：$\frac{2}{3}+\frac{1}{4}=$

方案4：$\frac{2}{3}+\frac{1}{3}=$

师：你能很快算出哪种出行方案所需的时间？

生：$\frac{2}{3}+\frac{1}{3}=1$（小时）。

师：你是怎么算的？

生1：同分母分数相加减，分母不变，把分子相加减。

生2：2个$\frac{1}{3}$加上1个$\frac{1}{3}$是3个$\frac{1}{3}$，3个$\frac{1}{3}$是$\frac{3}{3}$，也就是1。

师：其他三道算式与这一道算式有什么不同？

生：刚才这道算式是同分母分数相加，而另外三道加法算式的分母不相同。

师：这就是我们今天要研究的异分母分数加减法。

板书课题：异分母分数加减法。

【教学思考】课始创设情境，组织学生帮助李明一家设计出行方案，引出不同的分数加法算式，能让学生体会到计算的价值，激发学生的探究兴趣。前测表明，学生对同分母分数加减法算理理解呈现明显的差异，有30%的学生将算理写成算法或不写。故在情境中，通过提供结构性材料，将新旧运算一同呈现，一方面有利于学生形成合理的认知结构，另一方面通过复习同分母分数加法并追问"你是怎么算的？"唤醒学生已有经验，为接下来探究异分母分数加减法的算理做铺垫。

2. 尝试探究，自主建构

师：$\frac{1}{2}+\frac{1}{4}$，你会算吗？

出示活动要求：

1. 独立计算并利用身边的工具或应用我们学过的知识，说明你这样算的道理。

2. 完成后可以试着挑战红色作业纸上提出的更高要求。

3. 如有困难，老师这有"智慧锦囊"帮助寻找计算思路。

说明：

①给学生提供的工具是长方形纸片。

②"红色作业纸"上的挑战内容是：$\frac{1}{2}$小时=（　　）分钟，你能把$\frac{1}{2}+$

第六章 "为差异而教"的实践探索

$\frac{1}{4}$ 先转化成小数或整数计算，再算出最后结果吗？

③ "智慧锦囊"内的提示是：先涂一涂，再计算。

学生独立完成后，小组交流。

【教学思考】前测数据显示，学生在学习新课之前能正确计算异分母分数加法的占 70%，其中多数学生能够写清运算过程，但对算理的解释模糊不清或写成算法，仅有 10% 的学生能正确表述。数据表明，学生虽然对算法的已知程度较高，但对算理的理解并不清晰。针对学生的真实学情，我们在安排自主学习时提出"利用身边的工具或应用我们学过的知识，说明你这样算的道理"的要求。这样设计意在促使学生主动触及数学内容的实质，不仅包括对计算方法的理解，还包括数学活动经验、数学思想方法的积累和感悟。学生思考"为什么这样算"的过程，既是个性化思考的过程，也是领悟知识本质、沟通知识间内在联系的过程，这样的过程能够促进学生对问题展开深入思考。

3. 明晰算理，形成算法

（1）全班交流，呈现四种方法。

方法 1：把 $\frac{1}{2}$ 和 $\frac{1}{4}$ 先分别化成小数再相加，算出得数为 0.75。

师追问：他是把异分母分数相加转化成什么来计算的？

生：转化成小数。

板书：小数加法。

师：小数加法我们是怎么算的？

生：小数点对齐，从低位算起。

板书：小数点对齐。

师：为什么要小数点对齐？

生：相同数位上的数才能相加。

师：是啊，小数点对齐其实就是为了相同计数单位相加。

方法2：先通分，把$\frac{1}{2}$转化成$\frac{2}{4}$，再与$\frac{1}{4}$相加，算出得数是$\frac{3}{4}$。

板书：$\frac{1}{2}+\frac{1}{4}=\frac{2}{4}+\frac{1}{4}=\frac{3}{4}$。

师：谁知道他是怎么想的？

生：他是先通分，将异分母分数相加转化成同分母分数相加。

板书：同分母分数。

师追问：为什么要将异分母分数相加转化成同分母分数相加？

生：因为$\frac{1}{2}+\frac{1}{4}$不好直接计算，把$\frac{1}{2}$转化成$\frac{2}{4}$后，就表示2个$\frac{1}{4}$加上1个$\frac{1}{4}$是3个$\frac{1}{4}$，也就是$\frac{3}{4}$。

师：$\frac{1}{2}+\frac{1}{4}$为什么不好直接计算？2个$\frac{1}{4}$加上1个$\frac{1}{4}$为什么可以直接相加？

生：$\frac{1}{2}$和$\frac{1}{4}$表示不同的分数单位，所以不好直接计算，而转化成$\frac{2}{4}+\frac{1}{4}$后，分数单位相同了，2个$\frac{1}{4}$加上1个$\frac{1}{4}$就是3个$\frac{1}{4}$。

师：也就是说，通分就是把分数单位不同的转化成分数单位相同的。

板书：先通分，再相加。

方法3：把一张长方形纸看作单位"1"，先平均分成2份，涂其中的一份，并写上$\frac{1}{2}$；再将这张纸平均分成4份，涂出其中的一份，并写上$\frac{1}{4}$，这时所有的涂色部分就是这张长方形纸的$\frac{3}{4}$。

师追问：涂色后，这里的$\frac{1}{2}$发生了什么变化？

生：变成了$\frac{2}{4}$。

师：原来的算式就变成了——

生：$\frac{2}{4}+\frac{1}{4}=\frac{3}{4}$。

师：刚才还有同学挑战了"红色作业纸"，我们一起来听一听他们的想法。

生：时间换算法。1小时是60分钟，它的$\frac{1}{2}$是30分钟，它的$\frac{1}{4}$是15分钟，两部分相加是45分钟，45分钟是60分钟的$\frac{3}{4}$，所以$\frac{1}{2}+\frac{1}{4}=\frac{3}{4}$。

板书：整数加法。

师：通过时间换算，把分数转化成整数进行计算，再还原成分数，方法真巧妙。那整数加法我们又是如何计算的呢？

生：数位对齐，从低位算起。

板书：数位对齐。

师：为什么要数位对齐？

生：计数单位相同才能相加。

师：说得真好，数位对齐就是为了把相同计数单位放在一起相加。

（2）比较反思。

师：刚才，我们通过把分数转化成小数、先通分转化成同分母分数、折纸并涂一涂、分数转化成整数这四种方法，得出了$\frac{1}{2}+\frac{1}{4}=\frac{3}{4}$。比较一下，这四种方法有没有相同之处？

明确：都是将未知转化成已知；相同计数单位相加。

板书：将未知转化成已知。

【教学思考】为了实现学生对异分母分数加减法算理的"真理解"，在学生交流个性化算法之后，教师及时组织学生围绕"为什么要将异分母分数相加转化成同分母分数相加？""我们是怎么算的？""为什么要小数点（数位）对齐？"等问题进行深入探讨；在学生交流不同算法之后，教师及时组织学生比较反思，实现不同算法之间的关联与统一，帮助学生体会转化思想方法的价值,沟通了方法间的联系,无论是哪一种方法都是把"未知"转化成"已知",都是为了统一计数单位再相加。

(3)逐步优化。

师:还有两种方案,用你喜欢的方法试一试。

学生独立完成$\frac{1}{2}+\frac{1}{3}$和$\frac{2}{3}+\frac{1}{4}$的计算,教师巡视。

指名学生回答,师板书:

$$\frac{1}{2}+\frac{1}{3}=\frac{3}{6}+\frac{2}{6}=\frac{5}{6}$$

$$\frac{2}{3}+\frac{1}{4}=\frac{8}{12}+\frac{3}{12}=\frac{11}{12}$$

师:怎么都通分啦?

学生交流明确:这两道算式用化小数的方法行不通,用画图方法很不方便。

师:看来,用化小数或整数的方法和画图的方法都有局限性。以后遇到异分母分数相加时,我们可以怎样很快地算出结果呢?

生:把异分母分数转化成同分母分数。

师追问:为什么要转化呢?

生:因为只有分数单位相同的分数才能直接相加。

师:我们是如何转化的?

生:通分。

【教学思考】数学是讲求简洁的,在算法多样化的基础上,及时通过"试一试",让学生在自主选择的过程中完成算法的优化。在此过程中,学生通过自主尝试、集体反馈交流,逐步认识到分数化成小数、涂一涂(画图)、时间换算法(化整数)等方法的局限性,而先通分再计算的方法更具一般性。从算法多样化到算法的优化,也是算法抽象的过程,学生经历从"慢、繁"到"快、巧"的过程,进一步理解异分母分数加法的算理与算法,使抽象的算理可见、可操作。

(4)异分母分数减法。

师:刚才大家已经学会了异分母分数加法,那异分母分数减法会计算吗?

第六章 "为差异而教"的实践探索

出示：$\frac{5}{6}-\frac{1}{3}=$　　　　$1-\frac{4}{9}=$

学生独立完成，教师巡视。

展示$\frac{5}{6}-\frac{1}{3}$的计算过程时，呈现两种结果$\left(\frac{3}{6}和\frac{1}{2}\right)$，明确得数不是最简分数时，要约分成最简分数。

展示$1-\frac{4}{9}$的计算过程：$1-\frac{4}{9}=\frac{9}{9}-\frac{4}{9}=\frac{5}{9}$。

师追问：你是怎么想到要把1转化成$\frac{9}{9}$的？

生：分数单位相同时才能直接相加减，所以要把1转化成与$\frac{4}{9}$分母相同的分数，也就是$\frac{9}{9}$。

(5) 形成算法。

师：回顾刚才的探究过程，异分母分数加减法应该如何计算？

生：先通分，再计算。

师：为什么要先通分呢？

生：因为只有分数单位相同，分数才能直接相加减。

【教学思考】异分母分数减法的算理、算法与异分母分数加法是相通的。这一环节教师先是"退后一步"，由引导学生探究转向放手让学生独立尝试异分母分数减法计算，为学生提供了迁移运用以及再思考的空间。在学生对异分母分数加减法计算有了完整体验后，教师再适时"向前一步"，引导学生回顾总结，建构算法。这样的教学，彰显了学生主体与教师主导的和谐统一。

(6) 打通算理。

师：回顾一下，今天学习的异分母分数加减法和以前学习的整数、小数加减法以及同分母分数加减法之间有何相同之处？

生：整数和小数加减法要把相同数位对齐，就是把相同计数单位在一起算；分数加减法要先通分，也是把分数单位变成相同之后，再计算。

师：看来，无论是整数、小数还是分数加减法，在计算的道理上是相通的，都是"相同计数单位相加减"。

板书：相同计数单位相加减。

【教学思考】异分母分数加减法与整数、小数加减法以及同分母分数加减法，同属于加减法运算系统，把所学知识置于整体知识的体系中，通过求同比较，在不同知识之间建立实质性的联系，打通算理，有利于学生对小学阶段加减法运算形成更加完整的认知，有利于学生感受数学的整体性。

4. 巧设练习，提升思维

（1）基本练习。

出示：

$\dfrac{3}{4}+\dfrac{1}{6}$　　$\dfrac{4}{5}-\dfrac{2}{3}$　　$\dfrac{7}{12}+\dfrac{1}{4}$　　$1-\dfrac{3}{7}$

师：接下来要考考大家掌握得怎么样了，比一比谁的速度快！限时2分钟，开始！

学生独立完成。

组织反馈。反馈时，呈现学生错例，引导学生分析、纠错。

师追问：在计算异分母分数加减法时，要注意什么？

（2）探究练习。

出示：先计算，再观察、比较，你有什么发现？

$\dfrac{1}{2}+\dfrac{1}{3}=$　　$\dfrac{1}{3}+\dfrac{1}{5}=$　　$\dfrac{1}{4}+\dfrac{1}{7}=$

$\dfrac{1}{2}-\dfrac{1}{3}=$　　$\dfrac{1}{3}-\dfrac{1}{5}=$　　$\dfrac{1}{4}-\dfrac{1}{7}=$

学生独立完成。

师：你发现了什么规律？

先小组交流，后指名汇报。

生1：两个分数相加，和的分母是分母之积，和的分子是分母之和。

生2：两个分数相减，差的分母是分母之积，差的分子是分母之差。

师：任意两个分子是1的分数相加减时，都可以这样算吗？

生：如果两个分母不互质，这样算后还要约分成最简分数。

师：你能再写几个这样的例子吗？

学生列举，应用规律。

师：你能用含有字母的式子来表示这样的规律吗？

【教学思考】练习环节包含两个层次。第一层次是基本练习，运用法则完成异分母分数加减法的计算，并通过反馈、分析、纠错，帮助学生进一步巩固、完善算法。第二层次是探究练习，通过计算、观察、比较、发现，让学生明白计算中不仅有"算"，还有"思"。探究练习既增加了算的机会，又激发了练的兴趣，同时发展了学生的思维。

5. 回顾总结，深化认识

师：通过今天的学习，你有什么收获？

通过回顾，再一次使学生明白：无论是整数、小数还是分数加减法，在算的道理上都是"相同计数单位相加减"。

三、同行反馈

《义务教育数学课程标准（2022年版）》指出，数的运算教学，要让学生"经历算理和算法的探索过程，理解算理、掌握算法"，"感悟数的运算以及运算之间的关系，体会数的运算本质上的一致性，形成运算能力和推理意识"。

本课教学内容是异分母分数加减法的计算方法及其原理，这是建立在学生已掌握的同分母分数加减法基础上的。异分母分数加减法是小学阶段最后一次教学数的加减法，从分数加减法的内部结构看，异分母分数加减法与同分母分数加减法的算理是一致的，学生对同分母分数加减法算理理解的情况直接影响到异分母分数加减法的教学效果。从外部结构看，分数加减法与整数加减法、小数加减法的运算本质也是一致的，都是把相同计数单位的个数相加减，异分母分数加减法承载着贯通整数、小数和分数加减法算理的重要任务。从发展学生的核心素养的角度看，异分母分数加减法关联的核心素养包括运算能力、推理意识、几何直观等。

为差异而教：小学数学差异教学十五年探索与实践

本节课，教师将"运算一致性"贯彻始终，着力引导学生经历算理和算法的探索过程，感悟数学知识的整体性和结构性，很好地促成了学生核心素养的形成和发展。具体来说教学过程有以下几个特点。

（一）以情境为本源，孕伏一致性

现实情境和生活模型是理解算理的重要基础。通过创设情境可以将抽象的运算与实际生活场景相结合，促使学生更好地认识运算的意义和作用，理解运算的原理和规则，掌握运算的方法和技巧；还可以让学生置身于实际问题中，通过解决实际问题提高运算能力和解决问题能力。

本课开始，教师创设了"李明一家打算从家出发到车站，乘车去野生动物园游玩，如何选择方案"的情境。这个情境一方面让学生体会到计算的价值，同时又具有一定的开放性。四种方案中，新旧运算一同呈现，有利于学生形成合理的认知结构，教师从复习同分母分数加法开始并通过追问"你是怎么算的？"唤醒学生已有经验，同时，通过对比同分母分数和异分母分数加减法，让学生产生强烈的需求，并积极思考"异分母分数和同分母分数加法有什么联系？""如何计算异分母分数加法？"的问题，促使学生的认知从感性上升到理性，为接下来探究异分母分数加减法的算理一致性做铺垫。

（二）以任务为驱动，感悟一致性

学习任务承担着教学目标的达成，包括知识的获取、技能的掌握、基本活动经验的积累和数学思想方法的渗透等。教师适时抛出了"$\frac{1}{2}+\frac{1}{4}$，你会算吗？"这个任务，要求学生利用身边的工具（长方形纸片）或学过的知识来解决。为照顾差异，达成沟通"整数、小数、分数"算理一致性的目的，教师给出了两个辅助任务：一是挑战红色作业纸，借用时间单位转化成整数来计算；二是配有"智慧锦囊"帮助，让学生借助直观图涂一涂、填一填理解算理。在这个任务群中，教师的教学紧紧围绕任务驱动学生主动学习，积极思考。一是自主探究算法，学生可以转化成小数，也可以转化成整数，还可以动手折一折，直观看出结果。特别是有直观图的支撑，让思维又有了很好的落脚点和方向，学生尝试计算时便有的放矢，能够较好较快地掌握算理。二是迁移提炼算法，学生带着问题进行思考，以算悟法，在运用数学语言、直观图示、抽象符号等多元表征中，理解了"不同的计数单位相加，必须转化成相同计数单位相加"的必要性。三是提升了"内力"，在解决这一问题中，进一步领悟知识本质、沟通知识间内在的联系。这一任务目标明确，活动环节真实紧凑，有效促进了学生的积极思考、主动建构和深度学习，为感悟算理算法的一致性打下了坚实的基础。

（三）以问题为导向，体会一致性

本节课的教学中，教师于知识的生长点和发展点、于学习的关键处、于学生的思维发展处精心设计有效问题，引发学生积极深入思考，让学生经历思维碰撞、多元互动的过程。在思辨中理解算理、掌握算法，体会一致性。在这一环节，通过五个核心问题，引导学生逐步建立起"相同计数单位相加减"这一思维结构主线，加深对数的加减运算一致性的认识。

第一个问题：把 $\frac{1}{2}$ 和 $\frac{1}{4}$ 先分别化成小数再相加后，提问："为什么要小数点对齐？"让学生回忆小数加法中小数点对齐其实就是为了相同计数单位相加，为后续学习提供经验和支架。

第二个问题：在学生探索出 $\frac{1}{2}$ 和 $\frac{1}{4}$ 相加要通分后，教师追问："为什么要将异分母分数相加转化成同分母分数相加？"通过引导观察直观图，理解 $\frac{1}{2}$ 和 $\frac{1}{4}$ 的计数单位不同，不好直接计算，通分就是把分数单位不同的转化成分数单位相同的。

第三个问题：在学生发现用涂色可以计算后，继续追问："涂色后，这里的 $\frac{1}{2}$ 发生了什么变化？"从而知道其根本原因是计数单位发生了变化。

第四个问题：通过时间换算，把分数转化成整数进行计算，再还原成分数。教师启发："整数加法我们又是如何计算的呢？""为什么要数位对齐？"进一步理解"数位对齐就是为了把相同计数单位放在一起相加"。

最后，在学生交流不同算法之后，教师及时组织学生比较反思这四种方法"有何相同之处"，将不同算法进行关联与统一，帮助学生沟通方法间的联系，并明确无论哪一种方法都是把"未知"转化成了"已知"，都是为了实现"相同计数单位在一起相加"的目标。通过这样的教学，学生不仅对异分母分数加减法的计算法则达成了关系性理解，而且深刻体会到不同算法内在的一致性。

（四）以说理为载体，建构一致性

"说理"课堂是新课改课堂新样态的主要表现特征。课堂中，教师为学生提供充足的独立思考、合作交流、分享展示的时间和空间，让学生在观察、分析、比较、归纳等活动中体验运算一致性。

教师为了让学生充分理解异分母分数加减法"通分"这一方法的普适性，出示了一组对比题：$\frac{1}{2}+\frac{1}{3}$和$\frac{2}{3}+\frac{1}{4}$，在学生独立计算后提出问题"怎么都通分啦？"通过交流说理，学生明确：用化小数或整数的方法和画图的方法都有局限性。学生自主认识到以后遇到异分母分数相加时，用通分的方法能很快地算出结果，从而实现从算法的多样化到算法的优化。

异分母分数减法的教学，教师更加放手。这一环节教师先"退后一步"，放手让学生独立尝试异分母分数减法计算，在学生完整体验后，教师再适时"向前一步"，引导学生讲道理、谈理由，并回顾总结，建构算法。这样的教学循理明法，实现学生主体与教师主导的和谐统一。

在总结阶段，教师引导学生回顾："今天学习的异分母分数加减法和以前学习的整数、小数加减法以及同分母分数加减法之间有何相同之处？"通过讨论、交流、碰撞，帮助学生深刻理解整数、小数、分数在算理和算法上的密切联系，从整体入手，紧扣运算之间的联系，建立了数的运算的结构性认识，深刻感悟数的运算在本质上的一致性，并逐步形成了推理意识和运算能力。至此，整数、小数、分数加减法在算理上的"隔断墙"被打通，其运算的一致性也就充分建构成功。

（扬大教科院附属杨庙小学　王兴伟）

第三节　数学语言之模型意识实践探索

在义务教育阶段，数学语言主要表现为：数据意识或数据观念、模型意识或模型观念、应用意识。

——摘自《义务教育数学课程标准（2022年版）》

数学在本质上就是在不断抽象、概括、模式化的过程中发展和丰富起来的。只有深入到"模型""建模"的意义上，才是真正的数学学习。谈起数学建模，有不少一线老师都觉得这是高校专家们的词汇，距离我们的教学实践似乎还很遥远，小学老师甚至还没有提建模的"功力"。不过，《义务教育数学课程标准（2022年版）》对数学建模这一数学核心素养提出了具体的阶段性要求，即学生在小学阶段能够具备一定的模型意识，在初中阶段形成模型观念。由此可见，模型意识是小学数学必须要面对的核心素养。

数学抽象本就是一种概括、建模的过程，即集中地表明了一类事物或现象在数量等方面的共同特性。据此，1+2=3 也是一个模式的、模型的存在。从这个意义上看，我们的每堂数学课都可能是在建立数学模型。概念教学、计算教学、解决问题教学构成了小学数学教学的主体部分，也基本上对应着以下三大类型（如图6-3）。

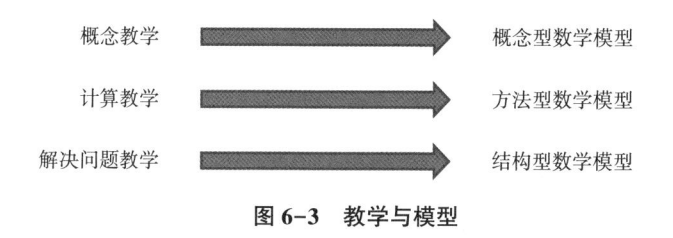

概念教学 → 概念型数学模型
计算教学 → 方法型数学模型
解决问题教学 → 结构型数学模型

图6-3　教学与模型

概念教学、计算教学我们在第一、二节进行了专门的介绍，本节将重点探索解决问题教学中的模型意识的实践研究。

一、课堂范式（如图6-4）

```
预学查异 ──→ 创设情境，唤醒原型
   ↓              ↓
初学适异 ──→ 自主尝试，建设模型
   ↓              ↓
研学导异 ──→ 抽象本质，优化模型
   ↓              ↓
拓学展异 ──→ 深化运用，衍生模型
```

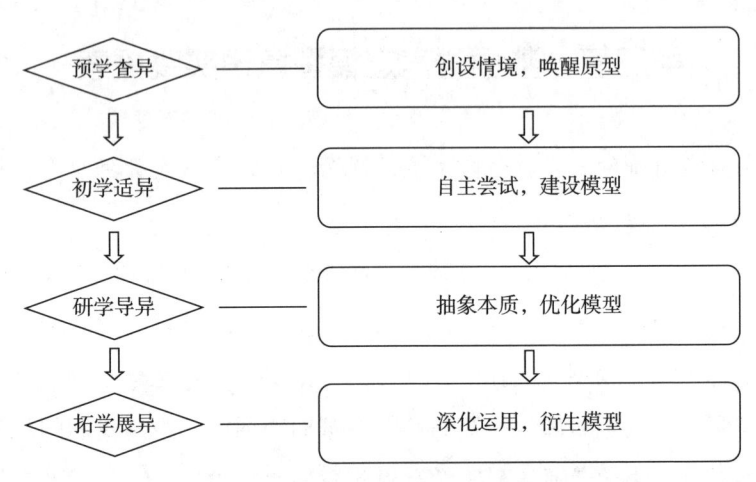

图 6-4 "为差异而教"课堂范式之模型意识流程图

（一）环节1：预学查异——创设情境，唤醒原型

1. 环节要义：查异与唤醒

查异：必要的认知前提准备是学习数学知识的基础，更是数学建模的基础。因此，在建模之前，对必要的认知前提准备要进行有效测查，明确不同层次学生的差异情况，并采用合理与适时的方式进行辅导，确保建模开始前，扫清一切认知阻碍。

唤醒：对于直接建立于生活情境中的数学建模，建模时我们必须对实际原型有充分的了解，明确原型的特征。只有做到这一点，才能使建模者对实际问题进行简化。对于模上建模的学习内容而言，提供必要的前期模型，以便唤醒待建模型的前期认知，这对于保证后期的建模效率是非常重要的。

2. 教学注意点

（1）做好前测与分析工作。要认真分析教学内容，找准认知前提准备以及前期数学模型,做好前测设计与统计工作,初步拟定适合本课节的挑战性学习目标,以及依据学生的差异而准备的选择性学习内容。

(2) 提供学生熟悉的问题背景。我们在提供问题的背景时,首先必须考虑这些背景材料学生是否熟悉,学生是否对这些背景材料感兴趣。我们可以创造性地使用教材,根据目前教材所提供的教学内容,结合学生的生活实际,把学生所熟悉的一些生活实例作为应用题教学的问题背景。这样可以克服教材的不足,使学生对问题背景有一个翔实的了解,这不但有利于学生对实际问题的简化,而且能提高学生的数学应用意识。

(3) 加强个别辅导工作。对于前测中发现的个别认知前提准备不足、达不到新课要求的学生,应采用课前辅导的手段,让其进一步理解并掌握相关内容,唯有这样,这些学生才能跟上节奏,才能为建模提供基础保障。

3. 教学策略

多路径精准分析学情;提供适合的学习辅导;动态地调整学习目标等。

(二) 环节2:初学适异——自主尝试,建设模型

1. 环节要义:尝试与自建

尝试与自建,其实强调的都是自主学习。自主学习,是我们"十二五"课题研究的成果,也是差异教学要求的主要学习方式。在出示问题情境后,应留给学生自主学习的空间与时间,让学生独立审题、独立思考,从问题情境中分析相关信息,提炼问题本质,在解决问题的过程中感受数学模型的特征,初步建设数学模型。

2. 教学注意点

(1) 教师要有"模心"。眼界决定境界。一位教师是否具有"模型"眼光和"模型"意识,往往决定着他的教学是否具有深刻性和数学课堂的品质。对小学数学而言,"建模"的过程,实际上就是"数学化"的过程,是学生在数学学习中获得某种带有"模型"意义的数学结构的过程。在问题解决教学中,这样的"数学结构"往往在题型与解题思路上做文章。

(2) 要充分照顾差异。自主学习直接面对的是学生的差异。在此环节,

为差异而教：小学数学差异教学十五年探索与实践

我们不能因为差异而放弃了自主学习。为了让每个学生都能在自主尝试的基础上自我感受模型、自我建设模型，这时就需要发挥差异工具包的作用，通过提供选择性学习内容、拟定挑战性学习目标、给予多样化的学习方式等途径来照顾并发展差异，让每个学生都能成长起来。

3. 教学策略

动态地调整学习目标；合理地安排教学内容；及时、大面积反馈。

（三）环节3：研学导异——抽象本质，优化模型

1. 环节要义：抽象与优化

抽象与优化的本质就是对数学模型完善、定型的过程。在此过程中，教师要充分发挥引导、点拨功能，在学生无法说明处、无法概括处、不够科学或是不完善处要及时给予必要的帮助。在此过程中更要发挥生生互助、异质合作学习的作用，让不同的表达成为生生研学的资源，从而达到对初模完善、提档、定型的目标。

2. 教学注意点

（1）研学的核心要聚焦模型的"本质"。在研学的过程中，要让每个学生能清晰地感受并聚焦到教师心目中要达成的数学模型上。通过大量对比、强调以及抽象的思维活动，逐步抽象出数学模型的本质。在优化过程中，使数学模型定型并能让所有学生认识到建模成功。

（2）研学的形式要发挥合作学习的作用。初学强调的是自主、独立，而研学主要强调的是合作。通过生生合作、师生协作，以小组学习的形式，放大差异资源，让能力强的学生发挥自己的潜能优势。通过生生相授的方式影响潜能生，达到共同发展的目的。在合作学习过程中，为了照顾学生的差异，可以从多角度为不同学生提供多样化的学习方式，如思维层面的、操作层面的、实物层面的等。

（3）研学的过程要发挥教师指导引导的作用。在学生对数学模建进行共建时，教师要适时参与其中，进行指导、共议，与学生形成学习共同体，从而让学生在探究数学模型过程中少走弯路。

3. 教学策略

动态隐性合作与交流；提供适合的学习辅导；及时、大面积反馈。

（四）环节4：拓学展异——深化运用，衍生模型

1. 环节要义：运用与衍生

在前面数学学习的过程中，让学生自主构想模型、建立模型，主要目的在于培育学生建模的意识，体验建模的过程。但对数学模型的价值体验，以及由数学模型而带来的学生数学素养的提升还没有涉及。建模是提升的基础，我们唯有通过用"模"、拓"模"，让学生充分体验数学建模思想的价值，形成数学建模的思想，提升数学建模素养，才能达到数学建模的最终目标。

2. 教学注意点

（1）再度回归生活，变换情境，从而拓展数学模型的外延。设计一些符合学生心理特点、联系学生生活实际、采用题组对比形式、内容处于学生的"最近发展区"内的练习，让成功感始终伴随学生的学习旅程。

（2）控制练习的数量。过少则达不到拓展思维的目的，过多学生则没有充足的时间进行探索交流，难以深入思考，达不到思维训练的目的，同时也难以让学生养成踏实、深入、细致的学习习惯。

（3）注意层次和梯度，让学习能力强的学生有激活思维、展示能力、挑战自我的机会，让学习能力弱的学生也有"跳一跳摘到桃子"的希望。

3. 教学策略

动态隐性合作与交流；提供适合的学习辅导；及时、大面积反馈；设计开放性数学练习。

总之，运用建模思想来指导小学数学教学，在很大程度上是要在学生的认知过程中建立起一种统摄性、符号化的具有数学结构特征的"模型"载体，通过这样的具有"模型"功能的载体，帮助学生实现数学抽象，为后续学习提供强有力的基础支持。

二、教学案例

（一）课题名称

苏教版小学数学六年级上册《列方程解决稍复杂的分数实际问题》。

（二）教材分析

本节课是让学生在整理数量关系的过程中，用方程解决稍复杂的分数实际问题。在此之前学生已会用方程解决简单的分数实际问题，已积累了一定的解题经验。梳理数量关系一方面可帮助学生理解题意，另一方面可提高学生分析和解决问题的能力。这节课以"理解题意→分析数量关系→列方程解答→检验反思"为线索，引导学生经历解决问题的全过程，促使学生通过独立思考理解题中的数量关系，掌握解决问题的方法，进一步积累解决问题的经验。

（三）前测及分析

1. 前测内容

（1）解方程。

$$x+\frac{3}{8}x=44 \qquad x-\frac{7}{13}x=30$$

（2）根据所给条件写出数量关系。

①六（2）班有50人，其中男生24人，女生26人。

②一根电线，用去了12米，还剩一些。

（3）六年级的男运动员有45人，占六年级运动员总人数的30%。六年级有多少名运动员？（列方程解答）

2. 前测分析

这部分内容主要教学列方程解决稍复杂的分数除法实际问题。这是在学生已经学会解决简单的分数乘除法实际问题，以及稍复杂的分数乘法实际问题的基础上教学的。在《分数四则混合运算》这个单元只安排了解决稍复杂的分数乘法实际问题，并没有安排解决稍复杂的分数除法实际问题。为了遵循学生的认知规律，我们安排了这一节课。学习这部分内容，有助于学生对分数乘、除法的实际问题形成一个完整的知识结构，同时也为以后学习列方程解决稍复杂的百分数实际问题奠定基础。

第1题解方程的错误率为10.8%，学生能很好地解开分数类型的"$x+ax=b$ 和 $x-ax=b$"方程，出错的原因主要是计算问题，说明学生对解这类分数方程有了充分的认知准备，因此这节课对解这类方程没有安排教学环节，而是把教学的重心放在了解决这类分数实际问题上。

第2题通过给出"总量和部分量"的条件写数量关系，正确率为100%，学生都能正确地找到数量关系，也为这节课根据"总量－部分量＝另一部分量"列方程打下了坚实的基础。

第3题错误率为18.9%，对于单位"1"未知的一步方程，有5位学生不能找到正确的数量关系，主要原因是对分数和数量对应理解不够，所以需要课前对这些学生进行辅导，消除认知障碍，为学习这节课的内容打下牢固的基础。

鉴于此，本节课的教学重点放在了选择合适的数量关系列方程解决稍复杂的分数实际问题，教学难点是分析和理解相应的数量关系。

（四）教学目标

（1）根据数量关系列方程解决复杂的分数实际问题，并说明解决问题的思考过程。

（2）使学生在分析问题、解决问题的数学活动过程中，感受稍复杂分数实际问题数量间的联系，培养用方程表示数量关系的能力。

（3）使学生通过独立思考、探索交流等学习方式，逐渐培养主动学习的意识和能力，获得成功的体验，提高数学学习的兴趣和积极性。

（五）课堂实录

1. 创设情境，唤醒原型

师：在解决实际问题的过程中，列式解答的前提是先找到数量关系。

（1）出示题目：根据所给条件说出数量关系。（两题依次出示，逐条解决）

①一本书，已经看了300页，还剩500页。

②一块菜地，15平方米种青菜，其余种萝卜。

师：你能根据所给条件找到数量关系吗？

生：总页数－已看的页数＝剩下的页数。

生：菜地的面积－青菜的面积＝萝卜的面积。

师：下面这道分数实际问题的数量关系是什么呢？

（2）出示题目：六（1）班同学要在植树节当天种植一些树苗，已经栽了$\frac{9}{10}$，正好是18棵。六（1）班同学一共要栽多少棵树苗（列方程解答）？

学生独立完成；指名汇报。

生：总棵数×$\frac{9}{10}$＝已栽棵数。

板书：总棵数×$\frac{9}{10}$＝已栽棵数。

师：$\frac{9}{10}$是什么含义？它是具体数量吗？

生：$\frac{9}{10}$表示把树苗总棵数看作单位"1"平均分成10份，栽了的占其中的9份，不是具体数量。

师：根据数量关系如何列方程？

生：$\frac{9}{10}x=18$。

师：这道题为什么要用方程解答呢？

生：因为单位"1"的量未知，所以用方程解答。

第六章 "为差异而教"的实践探索

师：今天，我们继续学习列方程解决稍复杂的分数实际问题。

【教学思考】通过列方程解决简单的分数除法实际问题的练习，唤醒学生已有模型（总量−部分量＝另一部分量；单位"1"的量×分数＝这个数量），激活学生已有认知经验，帮助掌握思考方法：解决实际问题要先找出数量关系。通过分析数量关系，知道单位"1"的量未知，因此确定用列方程的方法解决，为学习新知做好铺垫。在前测中，对不能找到正确的分数乘法的数量关系列方程的个别学生，在课前进行辅导，确保他们能建立本节课的数学模型。在解决这道一步的分数实际问题时，教师进行大面积反馈，及时了解是否还有学生不能找出正确的数量关系，在后续学习中可以重点关注这些学生，让他们也能够顺利地建立本节课的数学模型。

2. 自主尝试，建设模型

出示例题：马山粮库要往外地调运一批粮食，已经运走了 $\frac{3}{5}$，还剩 48 吨。这批粮食一共有多少吨？

（　　　　）吨数 −（　　　　）吨数 ＝（　　　　）吨数

出示差异要求：

（1）先把数量关系填写完整；

（2）再根据所写的数量关系列方程解答；

（3）有困难的可以跟老师示意，求助智慧锦囊；

（4）写好的想想你的解题思路。

学生独立完成；教师巡视观察，指导有困难的学生，并及时送上智慧锦囊。

【教学思考】这里给了一个减法的数量关系让学生填写完整，作为列方程的依据，其目的在于给学生指明探究的方向，否则学生不懂用哪个数量关系列方程、用哪个数量关系表示另一个未知数以及列出的方程多样化，会对这节课内容的模型建设起阻碍作用。差异要求中点明有困难的学生可以跟老师示意，教师给予智慧锦囊帮助他们分析题中的数量关系以如何用其中一个未知量来表示另一个未知量；对已经写好的学生提出了梳理自己的解题思路的要求，其目的在于提高他们对思路的表述和整理能力。此时每位学生都在经历自我感受模型、自我建设模型，完整经历思考、分析和解答问题的过程，也为后面优化模型打下了坚实的基础。

3. 抽象本质，优化模型

(1) 通过交流，掌握这类实际问题的解题方法。

师：同桌互相交流自己的数量关系式，以及你是如何设未知数的。

同桌互说；指名汇报。

师：请你上台说一说自己的解题过程。

生：这批粮食被分成两个部分，所以用粮食总吨数−运走的吨数＝剩下的吨数。

板书：粮食总吨数−运走的吨数＝剩下的吨数。

生：解：设这批粮食一共有 x 吨。

$$x - \frac{3}{5}x = 48$$

$$\frac{2}{5}x = 48$$

$$x = 120$$

师：跟她列方程解答一样的同学举手。

师：这道题目中有几个未知量？

生：两个。

师：哪两个？

生：一个是粮食总吨数，一个是运走的吨数。

师：你们设哪个量为 x 呢？

生：设粮食总吨数为 x。

师：那么运走的吨数怎么表示？

生：$\frac{3}{5}x$。

师：怎么想的？

第六章 "为差异而教"的实践探索

生：根据总吨数×$\frac{3}{5}$=运走的吨数这个数量关系。

板书：总吨数×$\frac{3}{5}$=运走的吨数。

师：说得真好！谁再来说一说运走的吨数怎么表示？依据的数量关系是什么？

生：因为运走的占总吨数的$\frac{3}{5}$，所以根据数量关系：总吨数×$\frac{3}{5}$=运走的吨数，用$\frac{3}{5}x$表示运走的吨数。

师：这道题有两个数量关系，(手指黑板上的板书）这道减法的数量关系是用来列方程的，而这道乘法的数量关系是用来表示已经运走的吨数（画箭头）。能直接用$x-\frac{3}{5}$得到剩下吨数吗？

生：不能，因为$\frac{3}{5}$不是具体吨数。

师：解答完了，为了确定所求结果是否正确，还要做什么呢？

生：检验。

师：请在作业纸上检验。

师：谁来汇报？

生：72÷120=$\frac{3}{5}$，120-72=48（吨）。

师：检验的方法有很多，可以把答案代入原题看条件是否正确，也可以用其他解法来检验。

师：请有错的同学订正。

【教学思考】此环节我们通过小组交流和集体交流，在异质交流的过程中，层次不同的学生在互换思想、相互激发的基础上，加深对自建和他建模型的理解和完善，从而突破这节课的教学难点。教师在学生的交流中聆听，适时指导并关注学生的学习情况。

(2) 对比单位"1"的量未知的题目的解题方法。

出示题目：

①六（1）班同学要在植树节当天种植一些树苗，已经栽了$\frac{9}{10}$，正好是63棵。六（1）班同学一共要栽多少棵树苗？

②马山粮库要往外地调运一批粮食，已经运走了$\frac{3}{5}$，还剩48吨。这批粮食一共有多少吨？

师：回顾一下，这题和我们以前学习的列方程解决分数的实际问题有什么相同之处？又有什么不同之处呢？

学生思考；教师巡视。

师：谁来说一说相同之处？

生：这两题单位"1"的量都未知，都要列方程解答。

师：说得很具体。那不同之处又在哪里呢？

生：以前是一步计算，今天是两步计算；以前只有一个未知量，今天有两个未知量。

师：数量关系呢？

生：以前是一道数量关系式，今天是两道数量关系式。

师：这两道数量关系分别是什么作用呢？哪道是用来列方程的？

生：粮食总吨数－运走的吨数＝剩下的吨数。

师：这道乘法的数量关系式有什么用？

师：表示其中一个未知量，也就是已经运走的吨数。

【教学思考】通过和以前学过的一步列方程的分数除法实际问题对比，让学生明白当单位"1"的量未知的时候，需要列方程解决问题，这是它们的相同点；而不同点在于以前学习的只有一个数量关系（单位"1"的量×分数＝对应数量），而今天学习的有两个数量关系，这就是复杂之处。其中减法的数量关系是用来列方程的，而"单位'1'的量×分数＝对应数量"这个数量关系是用来表示另一个未知量的，这也是本节课的难点。教师通过和学生对话，适时追问，在聆听的过程中慢慢地让这些学生理解方法，突破本节课的难点。不同之中又有相同之处，解决分数的实际问题都要用到"单位'1'的量×分数=对应数量"这个数学原型。通过这样的对比设计，学生初步认识列方程解决稍复杂分数实际问题的结构特点，加深对数量关系的理解，初步掌握解题方法，在原有数学模型的基础上初步建立本节课的数学模型。

（3）巩固练习。

①出示题目：六年级女生占全年级人数的$\frac{6}{13}$，六年级男生有350人，六年级一共有多少人？

学生独立完成；教师巡视；指名汇报。

师：谁来汇报？

生：六年级人数−女生人数=男生人数。

板书：六年级人数−女生人数=男生人数。

师：很好，对的人举手！有错的同学请认真听别人的发言。女生的人数是怎样表示的？又是依据什么数量关系得到的？

生：$\frac{6}{13}x$，依据六年级人数×$\frac{6}{13}$=女生人数这个数量关系。

板书：总人数×$\frac{6}{13}$=女生人数。

②对比。

师：对比这两题有什么相同之处？你能总结出做这类题的方法吗？先独立思考再和同桌交流讨论。

学生先独立思考，再同桌讨论；教师巡视并参与引导。

师：谁来说一说相同之处？

生：单位"1"都未知，都是两步计算的方程；都用到了两个数量关系式，都是$x-\frac{(\quad)}{(\quad)}x$。

师：刚才说到这两题都用了两个数量关系式。方程都是依据哪个数量关系式来列方程的？

生：减法的数量关系。

师：你能把这两道关系式，概括成一个通用的数量关系式吗？

生：总量-部分量=另一部分量。

板书：总量-部分量=另一部分量。

师：这两道关系式呢？怎么概括？

生：单位"1"的量（总量）×分数=对应数量。

板书：单位"1"的量×分数=对应数量。

师：有什么作用？

生：用来表示未知的部分量。（板书箭头）

师：那做这类题你有哪些经验呢？

生：1. 先理解题意；2. 找到数量关系，再设单位"1"的量为 x，未知的部分量用 $\frac{(\quad)}{(\quad)}x$ 表示；3. 根据减法的数量关系列方程解答；4. 检验。

师：总结得真棒！

师：运用你们的经验完成作业纸第3题。

【教学思考】通过例题和作业纸第2题的对比，学生能够从数量关系上抽象出本节课数学模型的本质；待优生在一步步引导下也能逐渐建立起本节课的数学模型。单位"1"的量未知的时候可以列方程解决，把单位"1"的量（总量）设成未知数，根据减法的数量关系的模型（也就是"总量-部分量=另一部分量"）列方程，而另一个分数实际问题的乘法模型"单位'1'的量×分数=对应数量"用来表示另一个未知量（未知的部分量）。在对比中，学生更加深刻地掌握并理解了解题方法，在生生和师生的对话交流中共建了解决这类题目的数学模型。

(4) 巩固模型。

出示题目：某工程队一共要铺900米电缆，已经铺了 $\frac{7}{10}$，还剩多少米没有铺？

学生独立完成；教师巡视（收三种不同情况的作业）。

第六章 "为差异而教"的实践探索

师：列方程解决的请举手。

师：哎，为什么这么多人直接列式？

生：根据题意我找到了铺电缆的总米数－已经铺的米数＝未铺的米数，已铺的米数可以直接求出，也就是 $900 \times \frac{7}{10} = 630$（米），再用 $900 - 630 = 270$（米）求出未铺的米数。

师：你有什么话想对列方程的同学说？

生：单位"1"的量已知可以不列方程，直接列式计算更简单。

师：非常好。这题单位"1"的量已知，列算式更简单，但列方程也可以。而例题单位"1"的量未知，我们通常会用便于思考的列方程的方法解决，但数量关系不同，解题方法却有很多种，你想挑战一下吗？

【教学思考】通过作业纸第3题的练习，教师及时进行大面积反馈，从学生的错误资源中让学生深刻地体会到此题的模和今天所构建的模的本质区别，解决这道题应该直接列式计算，也就是解决稍复杂的分数乘法实际问题的模型，而不是今天的数学模型。通过和例题的对比，让用列方程解决问题的学生感悟出当单位"1"的量已知时，直接列式计算更简单；当单位"1"的量未知时，用列方程的方法更便于思考。这样对比设计使今天所学的数学模型得以内化，并能让所有学生体验到建模成功的愉悦。

（5）打破模型。

出示题目：张老师打印一篇文章，已经打印了 $\frac{1}{6}$，还剩15页没有打印。这篇文章一共有多少页？（用不同方法解答。）

解法1：　　解法2：　　解法3：　　解法4：　　解法5：……

师：这题和例题非常相似，这节课所学方法，就不用你们再写了，你能想到其他方法吗？独立完成作业纸第4题。

学生独立完成；教师巡视（收不同方法的作业纸）；指名汇报。

师：写出一种的举手。两种的举手。多于两种的举手！

师：发散思维强的人真多！挑战完一题多解，还敢挑战有难度的题目吗？

生：敢！

师：必做题每个人都要完成，选做题选一道完成。

【教学思考】如果教学只是为了建立这节课的数学模型，那这节课就是失败的，这样就固化了学生的思维。本题的设计旨在发散学生的思维，打破模型的固化，形成方法的多样性与优化，让学生感悟出知识间的联系。这样的设计适应每个学生个性发展的需求，使得人人都能获得良好的数学教育，不同的人在数学上得到不同的发展。

4. 深化运用，衍生模型

出示题目：

①必做题：一瓶饮料，喝了 $\frac{1}{3}$，还剩 $\frac{4}{3}$ 升。这瓶饮料原有多少升？

②选做题：

★：火车从甲地开往乙地，上午行驶了总路程的 $\frac{2}{3}$，下午行驶了总路程的 $\frac{1}{4}$，还剩下 200 千米才能到达乙地，甲地到乙地共有多少千米？

★★：一桶涂料，第一次用去 $\frac{3}{8}$，第二次用去第一次的 $\frac{1}{3}$，还剩 30 千克，这桶涂料原有多少千克？

★★★：有红、黄、蓝三色彩带，红彩带长度是另外两种彩带长度和的 $\frac{1}{3}$，黄彩带长度是另外两种彩带长度和的 $\frac{1}{4}$，蓝彩带长 22 分米，求三种彩带一共长多少分米？

必做题全班交流；选做题同质交流。

③课堂总结。

师：请回顾本节课，你有哪些收获？

【教学思考】从照顾学生差异角度来看，此环节为学生提供了必做题（保底）和选做题（展异），选做题的设计理念依然立足学生，让每个学生都能有选择挑战的机会。必做题面向全体，是要求所有学生必须掌握的，通过大面积及时反馈了解学生运用"模"的能力。对于三星题，我们采用同质互查的方式，让思维层次相近的同学在课后交流、互动，实现共同提升。

三、同行反馈

早在 2000 多年前孔子就提出了因材施教的教学理念。人本主义理论与其相呼应，都重视理性和感性的统一，注重人的个性发展，这与新课改"以人为本，以学生的发展为本"的思想高度吻合。差异教学以学生素养发展为根本，是因材施教理念的具体化实施路径，致力于让不同学生得到不同层次的发展，也希望每个学生能得到最大限度的发展。在《列方程解决稍复杂的分数实际问题》一课的教学中，差异教学理念体现在以下几个方面。

（一）谋：差异教学的整体化构建

差异教学的形式既有班级授课的集体教学，也有一对一的个体教学，但绝不是零碎无序的教学。因此，为提升教学效果，教师在实施差异教学活动前，要树立结构化教学理念，从整体性的高度构建课堂教学活动。

在本课教学中，教师借力两个教学阶段，构建了整体化的教学活动。其中，在"精准识材"阶段，教师依据前测分析，得知部分学生不能找到正确的数量关系、对分数和数量对应理解得不够，于是将数量关系的分析、理解、运用设定为本课的教学重点与难点，让"学生缺什么，就教什么"成为差异教学的起点。而在"差异育才"阶段，教师围绕数量关系实施课堂教学，将"理解题意→分析数量关系→列方程解答→检验反思"作为教学主线，引领学生全体发展，在此基础上，通过交流讨论、汇报展示，让学生认识到稍复杂的百分数实际问题中，有两类重要的数量关系：一类作为列方程的依据，另一类来表示两个未知量。学生的思维在碰撞，智慧在闪烁，进而让"学生缺什么，就学什么"成为差异教学的主旋律。

（二）模：差异教学的阶段化推进

抽象、推理、模型是数学三个重要的学科思维，它们是数学核心素养的

为差异而教：小学数学差异教学十五年探索与实践

重要组成部分。模型思想与"三会"中"学会用数学的语言表达现实世界"相对应。在小学阶段，其核心素养表现为模型意识。在差异教学中，生本教育思想是出发点，对知识本质的追寻则是着力点。在本课中，教师遵循模型意识形成的几个重要阶段，推动了差异教学的有效实施。

第一阶段是"预学查异——创设情景，唤醒原型"。学生不是空着脑袋走进课堂的，在学习与生活中，他们已经积累了一定的知识经验，其中就包括一些简单的数学模型。比如，在学习本课前，学生就已经初步具备了减法模型与乘法模型的意识，差异教学就是要尊重这样的知识与经验，并加以差异化分析，为后续的因材施教奠定基础。

第二阶段是"初学适异——自主尝试，建设模型"。在这里，教师也采用了差异教学的方法：一方面，发挥优等生的引领作用，让他们自由充分表达自己的思路，培养他们的整理归纳能力；另一方面，在优等生表述的过程中加强对待优生的点拨与指导，通过画线段图等直观方式，帮助他们自我感受模型、自我建设模型。

第三阶段是"研学导异——抽象本质，优化模型"。教师在此阶段加强了对比。首先，将今天所学的列方程解决问题与以往所学进行对比，使学生认识到，其中的数量关系更为复杂，从而聚焦学习任务；接着，将例题与练习题以题组形式呈现，并展开对比研究，找出共同点，即两个数量关系在列方程的过程中发挥的作用不一样，初步掌握模型的运用方法；然后，将单位"1"的未知量与已知量进行对比，使学生认识到列方程在处理单位"1"为未知量时更显方便，从而成功地建立模型、强化模型；最后，利用一题多解，让学生跳出原有的模型结构，避免了模型的固化，同时在多种方法的对比中寻找知识间的联系，实现知识结构的贯通和思想体系的完善。在此阶段，不同层次的学生有交流、有反思、有总结，他们在差异教学的活动中也有了不同的收获。

第四阶段是"拓学展异——深化运用，衍生模型"。在这一阶段差异教学理念的体现更为明显：教师设计了分层作业。作业中有"必做题"，即全体学生应知应会的基础内容，这里涉及的模型结构与例题相仿，易于解决；有

"选做题"，即不同层次的学生可以自由选择的挑战内容，这里涉及的模型结构是例题的拓展，这些选择题由易到难，梯度编排，极大地激起了学生的挑战欲，进而让"两头"学生吃得饱，"中间"学生吃得好，实现差异教学效益的最大化。

(三) 魔：差异教学的个性化发展

"为差异而教"这一教学主张，其本质在于充分认识和重视学生的个体差异，并以此为基石构建起适应每个学生独特需求的教学体系。尊重差异、照顾差异和差异发展是"为差异而教"的三个核心要素，其中，尊重差异是前提，照顾差异是过程，差异发展是目标。

在本课中，教师围绕数量关系的提取、运用、优化、内化，让不同的学生获得了不同的学习体验，并逐步发展形成了相应的模型意识。面对一个个生命个体，教师没有厚此薄彼，而是秉承因材施教的理念，通过"显微镜"欣赏每一位学生的优点，通过"望远镜"努力为他们的长远发展奠定基石，通过"万花镜"期待他们能拥有属于自己的绚丽多彩。差异教学就是这样有魅力，从知识到能力，从思维到思想，学生们从中找到了属于自己的表达语句，实现了差异发展、个性发展、共同发展。

(扬州市文峰小学　王卫东)

第四节　核心素养落实之练习课实践探索

徒弟：师父，今天您上什么课啊？我想去学习一下。

师父：今天我上混合运算的练习课。

徒弟：练习课啊，那就等您上新授课的时候再学习吧。

……

以上是一组师徒的真实对话，这次对话激发了我对"练习课"的思考。数学练习课作为与新授课、复习课并列的三种课型之一，在实际教学中的课时数明显多于新授课、复习课，但从历来的公开课或是课堂教学研讨活动中却难见其踪影。再结合刚才那段师徒对话，不难看出数学练习课在部分数学教师心中的地位与其在数学教材中所占有的分量是成反比的。练习课是巩固知识、运用知识、训练技能技巧的有效途径，更是培养学生良好心理品质、促进学生智力发展和能力提高以及形成数学核心素养不可或缺的重要手段。

小学数学练习课，根据练习内容可以分为单项练习课和综合练习课两种。单项练习课：练习的要求比较单一，可以在新授课之后，针对教材的某一个重点或难点安排练习；也可以针对某一个容易混淆的概念安排练习，以提高学生辨别的能力；还可以在平时作业或试卷解答中发现问题和错误，为了及时纠正和补漏而安排针对性练习。综合练习课的目的是使学生更深刻地理解和掌握知识间的内在联系和本质规律，拓展学生的解题思路，提高学生分析问题和解决问题的能力。综合练习课安排的习题必须由易到难、由简单到复杂，教师应根据学生实际设计一些有一定挑战性但可完成的练习题。练习课一般分为巩固阶段、深化阶段、综合阶段三大模块。

一、课堂范式（如图6-5）

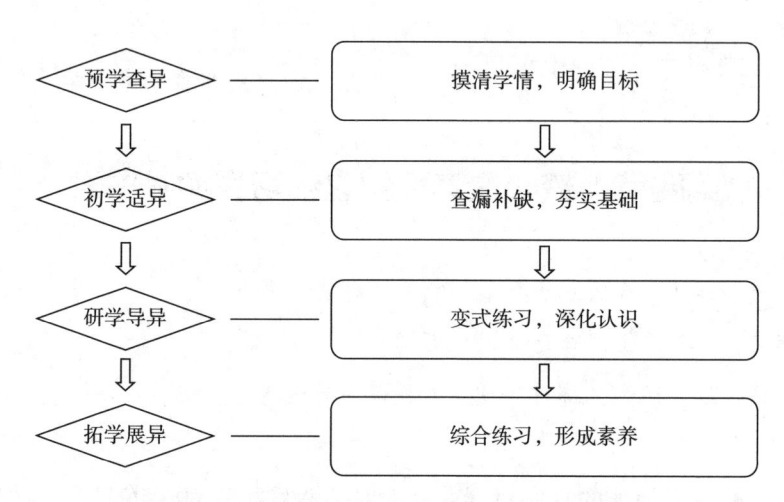

图6-5 "为差异而教"课堂范式之练习课流程图

（一）环节1：预学查异——摸清学情，明确目标

1. 环节要义：学情与目标

课前，教师彻底统计新课练习效果，摸清学生对新知的理解与掌握情况，通过对不同层次学生的学情分析，明确练习课的学习目标。

2. 教学注意点

（1）分层统计新课检测练习（补充习题、练习与测试）的效果，明确学生在哪些方面掌握得比较出色，在哪些方面还存在着不足。教师特别要关注大面积出错点，这些知识的"短板"需要通过练习课进行强化巩固，这也是练习课的重要目标之一。

（2）面对统计结果，首先分析在教与学的过程中师生的得失，同时还要分析教材中练习内容的知识点，从而确定本节练习课的教学目标。

（3）对于新课内容掌握特别不理想的学生，要采用新授课课后辅导的手段，让其进一步理解并掌握新课内容的基础知识。唯有这样，这些学生才能跟上课堂节奏，让练习课顺利进行。

3. 教学策略

多路径精准分析学情；提供适合的学习辅导；动态地调整学习目标。

（二）环节2：初学适异——查漏补缺，夯实基础

1. 环节要义：查漏补缺

课始，让学生独立完成基础性练习题，并结合大面积反馈的教学策略，及时了解学生对新课内容的掌握情况。重点关注个别学生的差异，利用课间巡视等机会，适时进行个别辅导。

2. 教学注意点

通过课始前5分钟左右对基础性练习题的检测，再次查清学生对新知掌握的情况，适时关注学生差异。此时练习，无须教师过多讲解，可采用小组长负责、组内交流，并配合大面积反馈等手段，教师在其中只负责照顾个别学生即可。

3. 教学策略

及时、大面积反馈；合理地安排教学内容；动态隐性合作与交流。

（三）环节3：研学导异——变式练习，深化认识

1. 环节要义：变式与提升

变式练习的目的在于深化理解、熟练应用新知识，通过变化知识的应用情境、解题方法、练题类型，围绕知识的重点、难点、关键点进行练习，要注意引导学生思辨，加强理解，提高兴趣，从而夯实基础。

2. 教学注意点

（1）设计科学的变式练习题。根据学生的掌握新知出现的问题（大面积出错点）以及教材中的练习内容，科学地、有层次地设计针对知识要点的变式题。

变式题的设计，应遵循"低人、多思、高出"的原则。所谓"低人"，指题目思考的起点低，所有学生都能投入思考。所谓"多思"，指题目本身具有较大的思维空间，不同的学生会有多样的思考或是解决问题方法上的差异。所谓"高出"，指不同的学生通过思考都有相对于自己而言的高产出，都有较大的进益。因为存在差异，所以在课堂汇报、交流的过程中，学生之间相互补充、修正，让每位学生都深度参与，生成新的认识、新的想法，获得新的长进。

变式题的题量要在认真分析知识点的基础上进行科学设计，切忌过多、过杂，要求"变"在要害处。

（2）组织学生先独立完成，再集体交流（可集体交流，也可小组内交流），教师要了解学生的练习效果，在学生暴露出知识和能力的缺陷时及时讲评，帮学生拾遗补缺。

3. 教学策略

合理地安排教学内容；动态隐性合作与交流；及时、大面积反馈。

（四）环节4：拓学展异——综合练习，形成素养

1. 环节要义：应用与素养

综合练习的目的在于提高学生综合应用知识解决问题的能力，要注意沟

通知识间的联系，练习内容要体现思维的张力和探索的活力，从而丰富学生的数学学习经验。

2. 教学注意点

（1）练习课进入综合性的训练阶段，就要求教师不仅要在教学中重视核心的内容，更要求侧重综合性的考量。教师根据教材的编排和学生的情况，把所学的知识置于更广阔的背景中，可以通过一道题将新的知识、旧的知识综合到一起，也可以通过一题多解的方式发展学生综合的开放性思维能力，还可以通过题组对比式练习提高学生思维的深刻性，更可以通过一些游戏或和竞赛的项目来创造一个活跃的课堂氛围、引发学生的学习兴趣。引申性的训练也是一种不错的方式，尤其在教授后续知识方面有着很好的作用，启发学生使用既有的知识和经验来解决新的题目。

（2）控制练习题数量。过少则达不到拓展思维的目的，过多学生则没有充足时间进行探索交流，难以深入思考，达不到思维训练的目的，同时也难以让学生养成踏实、深入、细致的学习习惯。

（3）注意层次和梯度，让学习能力强的学生有激活思维、展示能力、挑战自我的机会，让学习能力弱的学生也有"跳一跳摘到桃子"的希望。

教师在此环节的作用不容忽视：教师要了解学生的想法，有针对性地进行指导；要鼓励不同的观点，参与学生的讨论；要评估学生的学习情况，对学习进度做出调整；要调控课堂，使活动有秩序进行；要为学生创造良好的情感环境、思考环境和人际关系环境，为高质高效的课堂提供保障。

3. 教学策略

动态隐性合作与交流；及时、大面积反馈；设计开放性数学练习；开展多元化教学评价。

二、教学案例

（一）课题名称

苏教版小学数学三年级上册《长方形和正方形的周长计算》

（二）教材分析

《长方形和正方形的周长计算》是苏教版小学数学三年级上册第三单元的知识。本节课是一节周长计算的练习课，是在学生学过了长方形、正方形的特征以及周长的含义的基础上进行教学的。本节课的重点是综合运用长方形周长计算方法解决实际问题，找到复杂情境中求长方形周长的方法。

（三）前测及分析

1. 前测内容

（1）计算长方形和正方形的周长。

（2）一个长方形的长是20分米，宽比长短6分米。这个长方形的周长是多少分米？

（3）用两个长4厘米、宽2厘米的长方形拼成正方形或长方形，拼成的正方形、长方形的周长各是多少厘米？

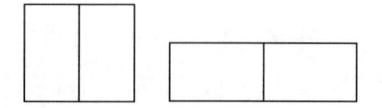

2. 前测分析

序号	测试人数	正确人数	错误人数	错误率	错误原因
第1题	20	19	1	5%	计算错误
第2题	20	16	4	20%	（1）计算错误 （2）单位名称未写 （3）题目意思理解不清，没有审清题目中的长和宽

第六章 "为差异而教"的实践探索

续表

序号	测试人数	正确人数	错误人数	错误率	错误原因
第3题	20	10	10	50%	（1）计算错误 （2）在计算时未找长方形的长和宽、正方形的边长，虽然已经组合成新的图形，但还是直接将原来的每条边分别相加，因而漏掉其中的1条或2条边 （3）已经分别找出组合后的长方形的长和宽以及正方形的边长，但在应用公式时出错

前测第1题，只有一名学生出错，而且是计算型错误，从而得知学生对长方形（或正方形）的周长概念及其计算方法掌握得比较好，故在教学设计时，这种简单的应用公式进行计算练习的内容就可以不必再出现了。

前测第2题长方形周长计算的综合运用，从20%的错误率可知，学生对于长方形周长计算综合运用能力还有待加强。因此，提升学生长方形周长计算的综合运用，特别是解决问题能力将作为本节课的重要教学目标之一，且放在"初学"环节，让学生运用长方形周长计算方法自主尝试解决。

前测第3题是教材中的第11题，从前测效果看，学生基本上不能理解拼成后的图形周长与原有两个图形周长之间的关系，也就是说不能很好地理解拼成后图形的周长。因此，练习课教学时将该内容安排在"研学"环节进行教学，重点让学生明白图形"拼"与"分"之间周长的变化关系。

（四）教学目标

（1）让学生能综合运用长方形周长计算方法解决实际问题。

（2）使学生理解图形"拼"与"分"之间周长的变化关系，并能正确求出"拼"与"分"之后图形的周长，找到复杂情境中求长方形周长的方法。

(五) 课堂实录

1. 预学查异——摸清学情，明确目标

出示：一块长方形花圃。

师：这是什么？什么形状的？

师：工人叔叔要给这块花圃四周围上栅栏，需要多长的栅栏？就是求什么？

生：长方形的周长。

师：长方形周长，你们会算吗？

教师示意学生计算，但学生没有动笔。

师：怎么不动笔？

生：不知道长方形的长和宽。

出示条件：长5米，宽3米。学生独立完成，并进行大面积及时反馈。

师：通过刚才的过程，你们知道在计算长方形周长时，一般需要知道什么吗？

明确：要求长方形的周长一般情况下需要知道长方形的长和宽。

【教学思考】设计这题为预学，目的在于检查学生能不能用长方形周长计算的方法解决简单的实际问题，同时通过"小手段"（不出示长方形的长和宽），再次强化在计算长方形的周长时要找到长方形的长和宽这两个条件。通过大面积及时反馈，摸清学习能力弱的学生的情况，以便在后面的教学时对他们多加关注、指导。

2. 初学适异——查漏补缺，夯实基础

(1) 出示：一个长方形，宽是6厘米，长是宽的3倍。这个长方形的周长是多少厘米？

学生独立完成。教师指名板演，集体交流。

师：谁知道他是怎么想的？

追问：为什么要先求出长方形的长呢？

生：因为计算长方形周长，要知道长与宽。

师：是啊，计算长方形周长，一般情况下需要知道长方形的长和宽。

【教学思考】此处"初学"的目的在于加深对新知的应用，培养学生综合运用长方形周长计算方法的能力，是新授课的延伸。教学时，通过自主尝试、学生点评的方法，明确解题思路，进一步强化计算长方形周长时要先找出长与宽这两个关键要素的意识。

（2）出示：王叔叔要建一块长方形菜地，长8米，宽5米。如果这块菜地一面靠墙，需要多长的篱笆就能把菜地围起来？

提出差异学习要求：

①先独立思考，能直接列式计算，可列式完成；

②不能直接列式，可以借助作业纸上老师提供的一面墙，画一画，围一围，再列式计算；

③如果还有困难，可以寻求老师帮忙。

师：哪些同学是直接列式完成的？哪些同学是借助作业纸画一画，然后完成的？（通过这样的大面积及时反馈，及时了解学生的学习方法，以及差异所在）

师：我们先一起来欣赏一下，通过画一画完成任务的同学的计算过程吧。

请不同画法与解法的同学上台展示，并叙述解题思路。借助学生形象直观展示，一方面提醒部分思考不全面的学生有两种不同的设计方案，另一方面也通过这样的展示形象直观地解释了为什么这样计算的道理。

教师进行总结，并表扬通过独立思考直接列式计算的学生。

师：你觉得王叔叔选择哪种方案更合适？

学生讨论，并说明理由。

【教学思考】此处"初学"的目的在于让学生在相对复杂的情境中，提高灵活运用所学知识解决实际问题的能力。在教学设计时，首先将原题中的问题"篱笆至少长多少米"改成"需要多长的篱笆就能把菜地围起来"。其次为学生提供了不同的解决问题的方法,其目的在于照顾学生差异,让有能力的学生独立思考,并全面解决问题;让能力较弱的学生在图形直观的帮助下,全面或部分解决问题。让不同水平的学生都能获得成功的体验,得到自身最大限度的发展。最后,在两种设计方案的对比和教师的追问"你觉得王叔叔选择哪种方案更合适"中明白出于节约的角度,"篱笆至少长多少米"就是要将长方形的一条长边靠墙,加深了他们对长方形周长计算方法的理解,同时也将数学与生活紧密相连,体现了数学的应用价值。

3. 研学导异——变式练习,深化认识

(1)"拼"图形。

出示:用两个边长4厘米的正方形拼成一个长方形,拼成的长方形周长是多少厘米?

提出"研学"要求:

①先想一想拼出的是什么形状,想好了的可以直接列式计算;

②有困难的同学可以先在作业纸上画一画,然后再列式计算;

③画图有困难的同学,可以用正方形纸片摆一摆,然后再列式计算;

④解决完和同桌交流想法,你发现了什么?

学生自主"研学",教师课堂巡视,对需要帮助的学生进行个别辅导。

学生完成后,教师指名汇报算式并板书:

解法一:	解法二:	解法三:
4+4=8(厘米)	4×6=24(厘米)	4×4=16(厘米)
8+4=12(厘米)		16×2=32(厘米)
12×2=24(厘米)		4+4=8(厘米)
		32-8=24(厘米)

师生交流,生生互动,并通过电脑演示,让每个学生明白其中的算理与算法,着重让学生领悟三种方法中的关键数据表示什么,即解法一的"8+4"是指拼成的长方形的长和宽;解法二中的"6"表示将拼成的长方形的周长看作由6条小正方形的边长围成的;解法三中的"8"是拼接一起消失的两条边长的和。通过这样的分析,让学生明确两点,即拼成的图形的周长比原来两

个正方形之和要少；当两条边拼接在一起时，对于拼成的图形的周长而言，他们就不存在了，也就是说拼成的图形的周长比原来两个正方形周长之和要少。

师：如果给你3个边长4厘米的正方形，拼成长方形，拼成的长方形周长比原来3个小正方形周长（　　）（填"多"或"少"）了（　　）厘米。

生：拼成后的图形的周长会比原来的周长和少。

生：因为三个正方形拼长方形，需要有两次拼接，而每次拼接会减少2条边长，两次一共减少4条边长，那最后的结果是：拼成的长方形周长比原来3个小正方形周长少了16厘米。

【教学思考】这部分内容是"研学"的重点，因为这里有方法的传授和规律发现与应用。在教学设计时，为了照顾不同学生的学习需求，我们提供了可选择的自主研学方法，即独立思考，直接列式；动手画一画，再列式；借助模型拼一拼，再列式。每个孩子都能选择适合自己思维能力与思考方式的学习方法，从而保证了每个孩子都有"研"的可能。三种不同角度的解题方法，其实是学生思维习惯与学习能力差异最为有力的体现。通过动画的手段展示这些解法的算理，其目的在于利用"差异成果"发展差异，在锻炼了学生的思维能力的同时，让他们明白：两个图形拼成一个图形，拼成后图形的周长会比原来的周长和减少，减少的是拼接处的两条边，有几处拼接，就会少几个边长的二倍。

(2)"分"图形。

出示：把一个边长4厘米的正方形平均分成两个小长方形，小长方形的周长是多少厘米？

学生独立完成；教师指名汇报。

师：你是怎么想的？

师追问：谁有不同方法？(完整呈现学生的3种方法)

师再追问：分开后的小长方形周长之和比原来正方形的周长（　　）（填"多"或"少"）了（　　）厘米。

教师指名汇报，并追问：为什么？

生：分开后的图形的周长和会比原来正方形的周长多。

生：因为正方形平均分成两个小长方形后，会多出2条边长，那最后的结果是分成的小长方形周长和比原来正方形的周长多了8厘米。

最后通过"拼"与"分"的对比，让学生明白：拼图形后，拼成的图形的周长要比原图形的周长和减少；分图形后，分成的图形的周长和要比原图形的周长增加。

【教学思考】分图形是将书中的第11题进行了改编，由合到分，由形象思维转换成了抽象思维，较上题层次上有所提升。这里不再为学生提供解决的方法，只让学生通过算一算的方式解决问题，通过追问"还有不同方法吗？"有效检查在"研"的过程中，学生对上题讲解的三种方法的掌握情况，深化学生的认识。这样也能让所有学生明白：一个图形分成几个图形，分成后的图形的周长之和会比原来的图形的周长增加，增加的就是多出的几条边长，多几条边，就会多几个4厘米。最后的对比环节是在图形的分与合中进一步培养学生灵活运用长方形和正方形周长计算方法的能力，引导他们关注图形组合过程中边长和周长的变化，锻炼推理能力，发展空间观念。

4. 拓学展异——综合练习，形成素养

出示：两个长5厘米，宽2厘米的长方形重叠成下面的图形，你能算出这个图形的周长吗？

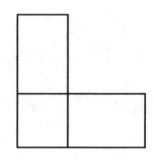

提出"拓学"要求：

①可以直接列式计算；

②如果有困难，老师这儿有1号锦囊可以帮忙；

③如果在1号锦囊的帮助下，还不能完全解决，还可以向老师申请2号锦囊。

学生独立完成，教师在巡视的过程中，根据学生的学习需要，提供1号或 2 号锦囊。

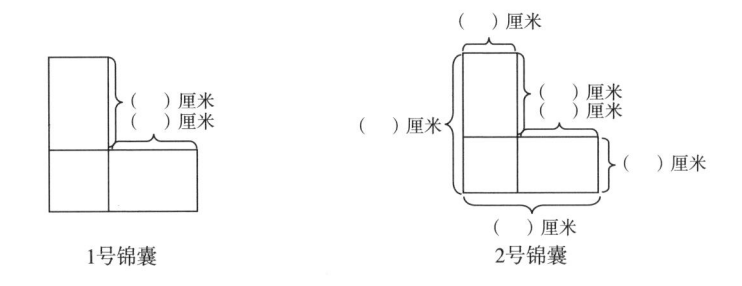

1 号锦囊

2 号锦囊

学生完成之后，小组交流，介绍自己的想法。

集体反馈时，通过大面积反馈，了解通过锦囊完成与独立思考完成的情况。

指名汇报，在理解该图形周长概念的基础之前进行不同解法的介绍。

师追问：有没有更简单的方法？

生：5×4＝20（厘米）

师：和他想法一样的举手。

师：他是怎么想的呢？

生：他是将两条3厘米的边平移过去。（动画演示）

师：接着呢？

生：平移过去后，原来不规则图形就变成了一个正方形，边长是5厘米，所以周长是5×4＝20（厘米）。

师：平移后的图形与原来图形周长一样吗？

生：一样的啊，你看平移后正方形除这两条3厘米的边长，其他部分都是原来图形的周长的一部分，而原来图形中多的两条3厘米的边，现在移到这儿，所以他们的周长是一样的。

师：你们看懂了吗？说得非常好，掌声表扬。

【教学思考】从照顾学生差异的角度来看，此处"拓学"环节首先为学生提供可选择的学习方式，为有能力的学生提供激活思维、展现能力、展示自我的机会，让待优生也有"跳一跳摘到桃子"的希望。学优生可以不用锦囊，独立解决这个问题，这是教师最希望看到学生完成学习任务的方式；当然，遇到困难的学生还可以通过不同难度系数的锦囊提示完成任务，从而获得提升的可能。其次为不同学生提供了展示思维成果的舞台，由于学生思维能力存在差异，解题思路也有所不同。待优生可能想到的方法就是将所有边的长度相加，求出重叠后图形的周长。而学优生想到的就是通过平移，将不规则图形转换成已经认识的规则图形，再求出其周长。通过不同层次的思维过程的展现，让所有学生在差异中获取适合自己提升的"养分"。

三、同行评课

练习课是实际教学中的盲点，也是重点和难点。提到练习课，很多老师给出的办法就是"刷题"。杨宏权老师关于练习课的实践与思考，给了一线教师可复制、可借鉴、可实操的课堂教学范式。从学习者视角审视，练习课《长方形和正方形的周长计算》既深度落实了学生空间观念、推理意识、应用意识、创新意识等核心素养表现的进阶，又逐步达成学生可持续发展的终身学力的夯底筑建，真正践行了新课标"人人都能获得良好的数学教育""不同的人在数学上得到不同的发展""逐步形成适应终身发展需要的核心素养"的课程理念。

（一）在结构化的练习活动中基于差异落实核心素养的进阶

结构化的练习活动与基于差异是本课的显著特点。结构化练习方面，从求长方形和正方形周长的基本练习，到变化条件的重点练习，到"拼""分"长方形和正方形的变式练习，最后到情境更为复杂的综合练习，四个板块之间具有数学知识螺旋上升、能力素养逐步进阶的双逻辑关系，高匹配度地呈现了"预学查异（摸清学情，明确目标）"→"初学适异（查漏补缺，夯实基础）"→"研学导异（变式练习，深化认识）"→"拓学展异（综合练习，形成素养）"的整体结构。基于差异方面，教学活动之间、教学活动内部的设计与实施均实现了"尊重差异""照顾差异"和"差异发展"。例如，为什么"一面靠墙围篱笆"的实际问题非要把原题"篱笆至少长多少米"改成"需要多长的篱笆就能把菜地围起来"，还把这道看似简单的"小"习题设计成三个层次加一个追问的"大"活动？因为教师心中有学生，有全体学生，有全体学生的差异，有全体学生的差异发展。老师们都知道，很多学生对这道经典习题是不理解的，教学中要"刷"很多遍才"会做"，而本节练习课练一遍就能让全体学生基于自己的方式方法掌握，这就是"为差异而教"的力量与魅力所在。

在结构化的练习活动中基于差异落实核心素养的进阶是本课的最大特色。以本课主要素养目标"空间观念"为例，其是小学与初中的数学核心素养表现之一，到高中后进阶为直观想象，在小学学段是存在着不同层次水平的。如"拼"图形的练习，学生的空间观念呈现出三个层次水平：第一层是动手操作，用正方形纸片摆一摆；第二层是借助图示，在作业纸上画出示意图；第三层是空间想象，在头脑中直接想象操作，分析解决。练习中教师没有硬性规定学生必须进入哪种层次水平，而是基于差异允许学生自主选择。但这不表示对空间观念的目标停留在原有层次，具体练习中的第一学习要求，如"先独立思考，能直接列式计算，可列式完成""先想一想拼出的是什么形状，想好了的可以直接列式计算"，无不鲜明地体现出"差异发展"的目标指向，即全体学生在大方向上要走向空间想象力这一最高层次。本节课正是在有层级的结构化练习活动中，基于学生的认知差异，允许学生以自己的节奏、自己的方式获得充分的经验积累后迈向空间观念的更高层次，达成核心素养的进阶。

（二）在具身性的练习体验中基于差异达成终身学力的夯基

本节练习课通过前测实证数据分析确定教学目标及习题，采用动态分层与互补互合作相结合策略、预设与生成挑战性学习目标的策略、大面积及时反馈与调节教学策略、扬优补缺的辅导与训练的策略等，"低入、多思、高出""'变'在要害处""小手段"等实用窍门层出不穷，将理论的高观念与实践的深刻性高度融合，值得一线教师学习借鉴的亮点很多。最让人欣赏和钦佩的是一种教育家情怀，不仅仅是让学生掌握"长方形和正方形的周长"相关具体问题的解决与思维能力的提升，还关照了学生的终身发展，在潜移默化中为学生的可持续发展夯基。教学的最高境界是什么？个人认为，是从"教我学"到"我会学"，到"我会自主学"，再到"我会在欣赏中自主学"。

为差异而教：小学数学差异教学十五年探索与实践

一是生长自主学习的关键能力。自主学习力是一种强大的可持续发展的核心竞争力，没有自主学习力如同无源之水，很难长久。很多练习课，老师为学生设计精致的习题、精心地讲解，但学生离开老师独立面对习题时，常常一筹莫展。为什么？因为老师过多地关注了教，忽视了自主学习力的培养。这节练习课的习题设计与实施方式非常与众不同，特别关注学生"自己来"。"围篱笆"的习题改造，让每个人能不同程度地解决问题；"拼"图形的三种解题方法，给每个孩子选择适合自己的思维能力；"分"图形不再为孩子提供任何支架，让他们自己借助前面的活动经验独立探索……基于差异，展现差异，学生在自主思考与比较反思中，不断提高自己的自主学习力。二是陶冶相互欣赏的美好情感。情感的力量，在人的终身发展中起着至关重要的作用，特别是在我们当下所处的新时期、新阶段。相较于一般练习课"比谁快""比谁好"的"零和"价值，本节练习课展现出"互赏""互学""共进"的"共赢"价值取向，这也是未来发展所必需的正向情感力量。应当说，这是一节非常难得的有深度、有温度的好课。

（扬州市仪征市都会小学　李相林）

第五节　核心素养落实之复习课实践探索

数学复习课是学生对已学数学知识的再现、梳理、查漏、补缺、温故、创新的过程。复习课是一个创新的天地，给学生自主发展、自主生成的空间，使他们加深对所学数学知识的理解、融合、迁移、运用，焕发数学实践经验的活力。其引导学生整理数学学习方法和策略，反思数学学习思想，更为重要的是促进学生良好数学学习习惯和数学思维品质的养成。如果说新授课是栽活一棵棵树苗，那么复习课就好似浇灌一片树林。我们要让每一棵树根深叶茂，更要营造一片生命自由呼吸的绿色原野。

复习课是对已学数学知识的系统回顾和梳理，是构建知识网络化、形成核心素养的重要课型。然而在现实教学中，很多数学教师对复习课该如何进行教学知之甚少。在日常的听课中，笔者发现复习课主要有两种现象。

现象1：走过场。学期初制定了教学计划，上复习课就是执行了其中的一项计划。其采取的形式就是简单播放教材配套的光盘，把教材上的整理、复习内容与习题内容一个个按程序播放完，就算完成复习任务。没有问题，没有发现，更没有学生的生命成长。

现象2：炒冷饭。将复习课上成了简单的做题课，没有思维演算，没有"整理"环节，以练代讲。教师不厌其烦地讲、练、做。学生对复习课顿生烦躁之感。

通过明察暗访得知这部分教师心理活动是"复习课难上啊，学生无精神，像木头人，不拨不动""复习和不复习没有区别，会的学生还是会，不会的学生还是不会"。而来自学生的回应是"复习=重复学习""复习=反复练习"。是什么造成这种现象的呢？究其原因是人们对计算复习课的价值认识不足。还有一个重要原因就是对学生的差异理解不到位，如上文提到的"会的学生还是会，不会的学生还是不会"。如果我们充分认识学生的差异，尊重这些差异，并适时、有效地利用生生之间的差异资源激发每个学生潜能的自由发展，通过这样复习之后的"会"还是以前的"会"，但"不会"还是以前的"不会"吗？关注差异，利用差异，发展差异，这才是复习课应有的本色与价值追求。

一、课堂范式（如图6-6）

```
预学查异  ───→  自主整理，初建网络
   ↓                    ↓
初学适异  ───→  查漏补缺，完善结构
   ↓                    ↓
研学导异  ───→  活化练习，提升能力
   ↓                    ↓
拓学展异  ───→  实践探索，拓展思维
```

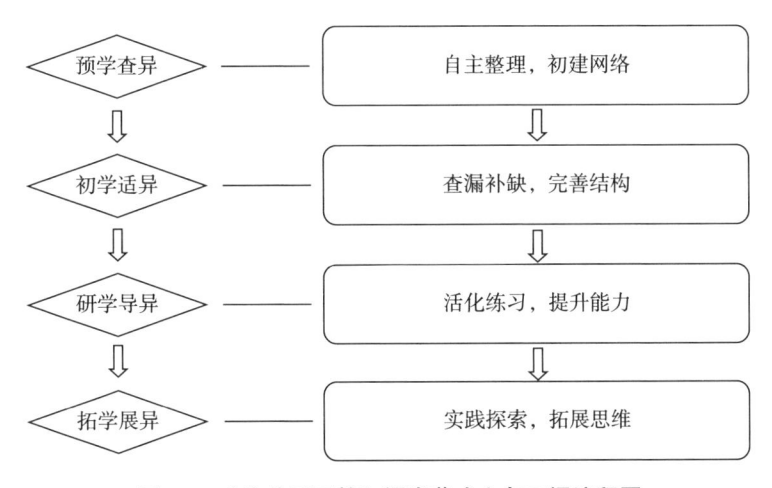

图6-6 "为差异而教"课堂范式之复习课流程图

为差异而教：小学数学差异教学十五年探索与实践

（一）环节1：预学查异——自主整理，初建网络

1. 环节要义：预学与查异

预学：通过课前的预学单让学生自主对复习内容进行整理，加深印象，让学生对有规律性或是结构性较强的内容初步构建知识网络图。

查异：课前，教师彻底统计学生对知识的掌握情况，查找整体知识缺陷，为复习课找准"补缺点"；同时还要对不同层次学生进行排查，了解他们的学情，对于需要课前辅导的学生提前实施个别化辅导，确保其跟上复习课的节奏。

2. 教学注意点

（1）预学单设计要考虑到年段、知识结构的特点合理设计，如低年级用补充式，中年级用问题式，高年级用自主整理或小组合作式。

（2）课始，预学阶段，以交流、反馈预学单为主，通过大面积及时反馈策略了解学生的预学情况，从而动态调整课前预设。

3. 教学策略

多路径精准分析学情；动态地调整学习目标；提供适合的学习辅导；及时、大面积反馈。

（二）环节2：初学适异——查漏补缺，完善结构

1. 环节要义：查漏与补缺

初学：在这里需要回答学什么的问题。对复习课而言，这里的"学"指查漏补缺。漏：前面教学未涉及的知识内容，特别是与本单元知识内容关联特别紧密的内容，以及在教学过程中未能将相关核心要点讲透讲明的问题。缺：学生整体缺陷处。这里整体强调的是一般性、普遍性，即大部分学生的知识缺陷，非个体性缺陷。如果是个体性缺陷，可以通过个别辅导策略进行点对点解决；而整体性缺陷，则需要通过课堂教学进行修补。

2. 教学注意点

（1）通过对预设练习的自主学习、生生互动、教师引领，达到查漏补缺、

完善知识结构的目的。

（2）这部分的操作，与研学环节可能会形成几个小的循环，主要看"漏"与"缺"的多少。

3. 教学策略

设计开放性数学练习；动态隐性合作与交流；及时、大面积反馈。

（三）环节3：预学查异——活化练习，提升能力

1. 环节要义：活化与提升

复习课教学不仅要使知识系统化，还要让学生对知识有新的认识与提升，使一部分学有余力的学生能得到有效的发展。所以，复习题的选择应有层次性，由浅入深，要通过练习激发学生的求知欲望，充分利用学生的差异资源，做到"活化练习"。

2. 教学注意点

活化练习，其中练习的内容可以采用教师选题与学生荐题两种方式进行。

教师选题：即根据学生特点，有层次地安排一些巩固性练习，从而巩固知识构建，提升能力。不足：学生是被动的。优势：可把控。

学生荐题：在预学单中增设"我向大家推荐""我的成功体验""我的错误教训"这样的内容。研学时就这样的内容进行交流，让学生在互动中加深认识，提升能力。不足：动态生成多，对教师要求高。优势：源于学生，学生有同感，易接受。

3. 教学策略

动态隐性合作与交流；及时、大面积反馈；设计开放性数学练习。

（四）环节4：拓学展异——实践探索，拓展思维

1. 环节要义：实践与拓展

目的在于提高学生综合应用知识解决问题的能力，要注意沟通知识间的联系，练习内容要体现思维的张力和探索的活力，从而丰富学生的数学学习经验。

2. 教学注意点

此处的实施操作与练习课的要求相近，但综合性、思维性会更强一些。

教学策略：提供适合的学习辅导；设计开放性数学练习。

二、教学案例

（一）课题名称

苏教版小学数学四年级上册《"两、三位数除以两位数"单元复习课》。

（二）教材分析

《两、三位数除以两位数》是苏教版小学数学四年级上册第二单元的内容。教材在新授部分安排了几个主要内容：一是两、三位数除以两位数的除法，二是两步连除计算的实际问题，三是商不变规律。通过本单元的教学，学生应该知道哪些除法可以口算，哪些除法需要笔算；应该掌握两、三位数除以两位数的计算法则，试商和调商的方法；理解商不变规律并应用于某些除法计算；会分析两步连除计算实际问题的数量关系并正确解答。在复习部分安排了两个内容，一个是除法的口算、笔算方法及其验算以及商不变规律，另一个是选择合适的方法解决问题。我们主要研究的是第一课时。计算复习课，要引导学生自主整理本单元所学计算内容，查漏补缺，在巩固新知的基础上，沟通新旧知识的联系，使之融会贯通，让学生在完善认知结构的过程中温故而知新，发展数学思考能力，领悟思想方法，提升数学素养。

（三）前测及分析

1. 前测内容

（1）用竖式计算，画☆的验算。

192÷30 =　　　192÷34 =

192÷38 =　　　☆990÷60 =

990÷62＝　　　　　990÷66＝

（2）上面的6道算式，你可以分分类吗？

我按照_____分类，分成了_____类，分别是：_____。

2. 前测分析

第1题，由6道算式组成，涵盖了两、三位数除以两位数笔算的各种情况，计算正确率约为72%。除了这6道算式，我们还对学生课堂作业中的计算情况进行分析。通过前测分析发现，学生在笔算除法时正确率不高，在试商时速度较慢，部分学生对于商偏大和偏小还有些模糊，特别对于利用商不变性质进行简便笔算时，部分学生没有养成简算习惯。

第2题，学生计算后，要求他们对这些算式进行分类，主要呈现出以下两种分类方法，即根据"商的位数"和"试商的方法"进行分类。第一种方法凸显知识的本质，第二种方法聚焦试商方法。此题是为课堂中梳理笔算方法服务，根据此题的分类情况，课堂中对笔算方法的复习，需要引导学生深入理解算理，形成运算技能。因此，在试商方法的分类过程中，要通过追问"商为什么会出现偏大的情况？商偏大了，怎么办？""'四舍'和'五入'两种试商方法有什么相同和不同？"启发学生在比较中明晰两种试商方法的相同与不同，在形成结构化认知的同时感悟其中蕴含的数学思想方法。

（四）教学目标

（1）通过回顾整理，了解本单元所学的内容，进一步掌握除数是整十数的除法口算，正确掌握除数是两位数的除法笔算方法和相应的验算方法，能正确笔算得数，解决相关实际问题。

（2）尝试沟通知识之间的联系，学会反思自己的学习状况，逐步养成回顾学习过程的习惯，培养积极向上的学习情感。

（五）课堂实录

在实际教学中，为了进一步摸清学生的两、三位数除以两位数的现状，以及教会学生自主整理单元知识的方法，教师在课前设计了如下预学单。

> **预学单**
>
> 1. 结合数学书第二单元所有例题,整理本单元我们学习了哪些计算?分别举一个例子。本单元还发现了什么规律?这个规律的具体内容是什么?
>
> 2. 46÷9=　　389÷2=　　89÷42=　　632÷54=　　552÷68=
>
> 通过计算,请你说一说除数是一位数的除法怎样计算?除数是两位数呢?你觉得除法应该怎么算呢?

第1题的设计是引导学生回忆和整理本单元的主要知识。这是学生第一次遇到"整理与练习"课,重点在"理",如果这时完全放手让学生整理本单元的知识,学生可能无从下手,而且学生的回忆可能是零星的,这时通过几个关键问题的引导,学生的回忆就能串成线,并整理成合理的知识结构,让学生体会"理"的过程,感受"理"的价值。

第2题的设计有两个意图,一是通过对所学过的除法计算进行练习,并通过课前批改及时了解学生的掌握情况,以便调整本节课的目标定位以及内容选择。二是通过除数是一位数、两位数除法的计算法则,让学生课前先思考除法到底如何计算,即除法的计算法则(通则)是什么,为课堂教学作好提前思考的准备。

1. 构建知识网络

师:课前我们在预学单上做了五道计算题。(幻灯片出示)

46÷9=　　389÷2=　　89÷42=　　632÷54=　　552÷68=

学生依次汇报答案,其他人判断对错。(幻灯片逐条出示答案)

师:这些都是我们已经学过的除法计算,这节课我们就一起来整理除法的计算方法。

师:除数是一位数的除法你是怎么算的?

生:先看被除数的前一位,不够看前两位,除到哪一位,商写到那一位上面。

师:余数有什么要求?

第六章 "为差异而教"的实践探索

生：每次除的余数比除数小。

师：除数是两位数呢？

生：先看被除数的前两位，前两位不够看前三位，除到哪一位，商写到那一位数上，余数比除数小。

师：如果除数是三位数，它的计算方法是什么呢？

生：看被除数的前三位，前三位数不够看前四位，除到哪一位，商写到那一位数上，余数比除数小。

师：根据预学单上的内容和同桌交流一下，除法怎么算？

小组交流，统一思想，指名汇报，从而得出除法的计算法则，教师板书：除数是几位数，就先看被除数的前几位，如果前几位不够除就往后看一位，除到哪一位，商就写在那一位的上面，余数要比除数小。

【教学思考】两、三位数除以两位数是小学阶段整数除法的最后一单元。在此处进行整理时，并不是从知识点或是单个计算法则进行"温故"，而是需要通过回忆旧知，并将这些旧知串联起来，形成"线"。因此，在预学单，通过学生对先前除法自主练习与整理，概括出"点"的计算法则；课堂教学是通过"除数是三位数的除法如何计算"这样的追问，让学生通过知识迁移，推导出除数是三位数的除法计算法则，从而再扩展到"除法的计算法则"。这样的整理既让学生对除法有了一个整体认识，形成了结构较为完整的知识体系，又培养了学生推理能力。

2. 深化知识网络

（1）深化除法。

师：除法会算了吗？试两题！

出示：先在□里填上你的幸运数字，再列竖式计算。

□15÷39　　　　35□÷51＝

师：看清要求。(幻灯片出示)

①独立完成计算；

②写好后可以挑战红色作业纸上的更高要求。

红色作业纸：你敢挑战吗？

为差异而教：小学数学差异教学十五年探索与实践

35□÷51=

初商不用调，□里可以填（　　　　　）。

初商要调小，□里可以填（　　　　　）。

学生独立完成，教师巡视。

【教学思考】"初学"强调的是学生自主学习。每个学生在计算能力、计算速度等方面存在差异，为了确保每个学生都能在尝试中获得成功，提升计算能力，"初学"为学生提供可选择的学习内容，即计算能力强、计算速度快的学生，自主独立完成计算，在学有余力的情况下继续挑战更高层次的习题。为激发学生计算热情，笔者设计了在□里填上幸运数字的方式，让学生自主选择，从而实现一题多样的变式效果。这样的练习设计，既让学生愉快地进行计算练习，也为红色作业纸上更高要求的习题做好了思维准备。

师：第一题，可以填哪些幸运数字？

生：1~9。

师：第二题呢？

生：0~9。

师：为什么第一题只有9种填法，第二题有10种呢？

生：因为最高位不能填0。

师：第一题，这9种填法，哪些商是一位数，哪些商是两位数？怎么思考的？

生：1~3是一位数，1~3填进去不够除以除数。

师：剩下的为什么是两位数？

生：剩下的数填进去够除以除数。

师：下面找到你的幸运数字，核对答案。(停顿20秒)

师：全对的举手。(大面积反馈)

展台出示学生错误答案。

师：请大家帮他看看错在哪里？

生：他的商个位没有写0。

师：在计算时遇到不够除的时候要写0占位。

第六章 "为差异而教"的实践探索

【教学思考】通过大面积及时反馈策略,让开放性的习题反馈得到很好的回应。做对的学生立即感受到成功的喜悦,出错的学生也明白自己的问题所在。同时通过"为什么第一题只有9种填法,第二题有10种呢?"的问题让学生明白一个数的最高位不能为0。通过"哪些商是一位数,哪些商是两位数?怎么思考的?"这样的追问,让学生再次明白判断商的位数的办法。看似简单的几个追问,其实还在一步步帮助学生不断回顾、整理除法中相关知识。

师:刚才有哪些同学挑战了红色作业纸?请将红色作业纸举起手来给大家看一看,真棒!

师:想不想一起来看看红色作业纸上是什么内容?

生:想。

师:这题的初商是多少?

生:7。

师:应该填几?

生:7。

师:只能填7吗?

生:7、8、9。

师:怎样思考的?

生:初商是7,商乘除数等于357,要使初商不用调,被除数必须够减357,所以□里可以填7~9。

师:第二题呢?

生:0到6。

师:为什么?

生:7、8、9不能填,只能填0到6。

师:为什么会出现调商?

生:当被除数不够减357时,初商要调小,所以□里可以填0~6。

【教学思考】在作业与前测分析中,我们就发现学生在试商时还存在着问题,因此,通过此处的研学,让学生进一步加深理解为什么会出现初商偏大或偏小的情况,以及发现初商偏大或偏小该如何调商。学优生在挑战红色作

229

为差异而教：小学数学差异教学十五年探索与实践

业纸的时候已将这部分知识进行内化，并能灵活运用。在学优生进行汇报时，待优生会进一步明白调商的原因，让自己进一步掌握调商的方法，从而形成计算技能。

(2) 深化商不变性质。

师：比比谁算得快，准备好了吗？开始！

$888 \div 24 =$　　　$172 \div 18 =$　　　$620 \div 56 =$　　　$920 \div 30 =$

汇报答案，纠错。

针对 $920 \div 30$ 这道题，师生继续讨论。

师：刚才我看到有人这样写，对吗？

生：对的。

师：为什么？

生：被除数和除数同时扩大10倍，商不变。

师：用了什么规律？

师：余数是多少？为什么是20不是2呢？

生：因为划掉一个0，余数要添上去。

生：92个10除以3个10等于3个10，余2个10。

师：全对的举手。(大面积反馈)

师：你们做题目真细心！

【教学思考】在前面的基础上，再次安排除法计算，其目的在于进一步系统地、更有深度地理解除法法则，查漏补缺。在这四条"初学"练习中，包括了"四舍法""五入法"试商、调商以及商不变规律在除法计算中的运用。在教学时，针对 $920 \div 30$ 的两种算法进行对比，让学生再次理解商不变规律如何在除法计算中运用，养成简约的数学思想。

师：刚才有一道算式 $888 \div 24 = 37$，那 $444 \div 12$ 你会算吗？

大部分学生迫不及待直接报出得数：37。

师：怎么这么快就算出来了？

生：我是根据商不变的规律来算的。被除数除以2，除数也除以2，商不变。

第六章 "为差异而教"的实践探索

师：这题呢？（222÷6）为什么？

生：和上一题的规律是一样的，从444÷12到222÷6，被除数和除数同时除以2，商不变，还是37。

师：这题呢？（999÷27）

学生不吭声。

师：难住了吧？

出示差异学习要求：

①能通过上面三题进行推理的，可以独立完成，并想一想自己的理由；

②如果推理有困难，你可以通过计算算出结果，再找一找与前面三题的联系；

③仍然有困难的，老师这儿有智慧锦囊给予帮助。

智慧锦囊：222÷6＝37

　　　　　111÷（　）＝（　）

　　　　　999÷27＝（　）

学生独立完成，教师巡视，并适当发放智慧锦囊。

同桌交流。

师：谁来说说自己的想法？

生：222÷6＝37，被除数和除数同时除以2可以转化成111÷3＝37，111和3再同时乘9得到999÷27，商也不变，所以999÷27＝37。

师：说得非常好，你们听懂了吗？掌声送给他。

师：谁再来说一说？

学生再汇报。

师：999÷27和888÷24没有直接联系，这时我们将它转化成了111÷3，由此得出商是37。在今后的学习中，我们遇到无法解决的难题时，可以用转化思想，从而使问题变得简单。

【教学思考】复习课并不是单纯对旧知的重复，而是要在温"知"时而知"新"，这里的"新"往往是数学思想方法的渗透或是提升。此处"研学"是对书中的第七题进行了改编。由前面"初学"中学生计算过的888÷24＝37

入手，让学生直接写出 444÷12、222÷6 的商，根据商不变的性质进行推理，此时不仅复习了商不变的性质，同时也进行了巩固应用。接着出示 999÷27，并出示差异学习要求，满足不同学生的学习需求。跳跃性思维强的学生直接看出 999÷27 与 888÷24 相关的除法算式 111÷3，从而直接根据商不变的性质写出答案；对于思维跳跃性不强的学生，还可以通过笔算发现结果仍然是 37，并通过"再找一找与前面三题的联系"启发式追问，倒逼他们去思考与前者之间的联系，从而获得顿悟的体会。当然学生也可以通过"锦囊"提示的方式达到成功的彼岸。在这里不仅仅有思维的涌动，更为可贵的是让学生深刻体会到了"转化"思想的魅力。

3. 拓展数学思维

师：接下来让我们用今天所学的知识独自解决一些问题。请每位同学完成必做题，做完必做题的同学可选择完成选做题。

学生独立完成，教师巡视。

必做题：

师：谁来汇报第一小题？

生：先用小红家到学校的距离÷小红从家到学校的时间＝小红从家到学校的速度。

师：算式？

生：845÷13＝65（米）

师：谁来汇报第二小题？

生：路程÷速度＝时间。

师：算式？

生：520÷65＝8（分）

师：全对的举手。（大面积反馈）

选做题：

一星题出示答案核对。

二星题、三星题同质交流。

【教学思考】从照顾学生差异的角度来看，"拓学"环节为学生提供了必做题（保底）和选做题（展异）。必做题是为了检查学生本节课的保底目标是否达成，通过独立完成、大面积及时反馈了解每个孩子的目标达成情况。选做题的设计理念依然立足学生，让每个学生都能有选择挑战的机会。☆号题是给不同学生实现自我提升服务的。在处理必做题与选做题时，我们采用不同的合作形式。必做题面向全体，是要求所有学生必须掌握的，我们采用了"异质互纠"的方式，让不同层次的学生互相启发，发现问题，及时订正，完善自我认识，这样既节约了时间，同时也大面积提升了学习的效果。选做题是学生根据自我能力水平自主选择的，我们采用"同质互查"的方式，让思维层次相近的同学在一起交流，一起思维互动，实现共同提升。

三、同行评课

《义务教育数学课程标准（2022年版）》在课程实施的教学建议中指出：在教学中要重视对教学内容的整体分析，帮助学生建立能够体现数学学科本质、对未来有支撑意义的结构化的数学知识体系。这就要求教师在教学设计时以"结构化"的视角探索发展学生核心素养的路径。

"两、三位数除以两位数"有重要的数学价值，从知识体系看，主要包括口算除法和笔算除法两大核心部分，是对整数除法的进一步扩展；从技能发展看，涉及的口算除法中的两位数除以两位数的估算，以及笔算除法中的试商、调商、验算，是提升学生运算能力的关键技巧；从思维提升看，对除法运算本质的理解更是学生后续能够顺利学习小数、分数除法等复杂运算的坚实基础。除此之外，本单元还承载着培养学生数感、逻辑推理、应用意识等核心素养的重任。

本节复习课的编排打破了"先练习再校对"的传统复习方式，聚焦知识结构，以"除法的计算法则"为教学主线，有效串联除数是一位数和两、三位数除法的课程内容；科学融合口算、笔算，以及试商、调商等计算方法；合理运用运算法则解决实际问题，引导学生在不断尝试的过程中进一步理解算理、掌握算法，帮助学生实现除法运算能力的全面提升，充分凸显了复习课的实效。

为差异而教：小学数学差异教学十五年探索与实践

（一）聚焦梳理，构建知识网络

教育心理学家莫雷说："所谓结构化，是指将逐渐积累起来的知识加以归纳和整理，使之条理化、纲领化，做到纲举目张。"可见，对学习内容的梳理有利于学生形成系统、整体的知识网络。除此之外，本课是学生在小学阶段第一次遇到"整理与练习"课型，让学生充分体会"复习课"的价值显得尤为重要。在教学设计中，课前"预学单"的设计正是基于学生现状及已有认知的充分考虑，帮助学生在回顾旧知中系统建构思维生长的"支架"。"预学"中，首先给出了如"举例本单元学习的计算""计算中发现的规律"及"规律的具体内容"等整理提纲，其次给出了如"通过计算，说一说除数是一位数的除法怎样计算？""除数是两位数呢？"及"你觉得除法应该怎么算呢？"等具体可见、逐层递进的复习小提示，鼓励学生在自主整理的过程中用自己的语言归纳除数是一位数和两位数的计算方法，并在小组交流和相互补充中追问"如果除数是三位数的除法，计算方法是什么呢？"，引导学生在知识迁移的过程中提炼"整数除法"的运算法则，为计算知识体系建立更合理、完整的架构。

（二）深入分析，落实查漏补缺

"查漏补缺"是复习课的重要教学目标之一。为将"查漏补缺"落到实处，教师不仅要关注学生的整体缺陷，还要关注学生的个体性缺陷。首先，教师通过作业与前测分析了解到学生计算能力和计算速度等方面的差异、试商与调商是学生在学习过程中普遍感到的障碍与挑战等实际情况。其次，通过对学生认知现状进行细化分析，层次性地设计习题，并在教学设计多处结合扬优补缺的辅导与训练、大面积及时反馈等策略，帮助学生不断完善知识结构，发展运算能力。

如在"深化除法"环节中，教师为学生设计了可选择的学习内容，在出示"先在□里填上幸运数字，再列竖式计算"的基础要求后，又给出了"红色作业纸"的挑战，帮助学生在进行大面积及时反馈中的巩固基础、激发潜能，学生在提高运算能力的过程中，进一步系统地、深刻地理解除法法则。

再如在"深化商不变性质"中，从 888÷24＝37 到 444÷12，又从 444÷12 到 222÷6，再到 999÷27，整个练习过程由"扶"到"放"，要求逐层提高，并借"智慧锦囊"寻找 111÷3 这一关键算式，引导学生在比较中厘清数与数、式与式的内在联系，体会"转化"的数学思想方法，让学生的思维更加灵活与深刻。

（三）融通本质，拓展数学思维

《两、三位数除以两位数》是小学阶段整数除法的最后一单元，在整理与复习中，除了技能训练之外，还需要回归生活实际，在解决实际问题的过程中升华对除法运算本质的理解。本节课的学习活动分三个层次：第一层，利用各类算式的整理抽象计算法则（通则）；第二层，把学生的关注点引到计算上，针对算式尝试计算，侧重计算步骤和计算方法，引导学生体会算法多样化和算法的优化；第三层，解决数学问题，通过将计算教学与实际问题情境联系起来，学生能够更好地理解和应用计算知识。通过这样三层教学，"算"与"用"紧密结合，既能让学生快速掌握计算方法，又能提高他们分析问题、解决问题的能力。如此，"整数除法"的整个知识体系便形成了一个完美闭环，学生对该内容的认识也更为深刻、清晰、完整，数学思维得以提升。

（扬州市文峰小学　刘菲菲）

第六节　核心素养落实之"综合与实践"实践探索

小学数学中的"综合与实践"对于数学教师来说并不陌生，因为其早就存在于我们的教材中。小学数学的"综合与实践"并非"数学课程标准"的产物，早在 2000 年 3 月，教育部颁布《九年义务教育全日制小学数学教学大纲（试用修订版）》，在培养创新意识、实践能力思想的指导下，就提出了"结合有关教学内容和学生生活实际，每学期至少安排一次数学实践活动"的要求，并明确规定了每个年级的教学内容和教学要求，与之相应的教材也编

为差异而教：小学数学差异教学十五年探索与实践

入了实践活动的内容。随后2001年出台的《全日制义务教育数学课程标准（实验稿）》，在此基础上更突出数学"综合与实践"的重要性。到了2011年，新修订的《义务教育数学课程标准（2011年版）》明确指出："综合与实践"的实施是以问题为载体、以学生自主参与为主的学习活动。它有别于学习具体知识的探索活动，更有别于课堂上教师的直接讲授。它是教师通过问题引领、学生全程参与、实践过程相对完整的学习活动。《义务教育数学课程标准（2022年版）》沿用了2011年版课标的四大内容领域的标题名称，但在具体课程内容设置方面有了新变化，尤其在"综合与实践"领域做了很大的结构性调整。

通过上述历史分析，不难看出我们对于小学数学"综合与实践"的关注与研究已有二十余年。然而在现实教学中，小学数学"综合与实践"课的实施状况似乎并不如人意。

重视不足，随性大。由于该课型的学习内容一般情况下并不作为学业评价的主要内容，所以在实施过程中，有不少数学教师不愿在此多花时间，遇到这样的课或简单处理、一带而过，或干脆直接跳过。这是教师"重知识轻实践"的陈旧教育思想的具体体现。

定位不准，走样大。由于对小学数学"综合与实践"价值认同不强、目标定位不准等，有的教师将"综合与实践"课上成了缺乏学科特点的简单游戏活动课、手工劳动课，有的上成了知识讲授课、单元复习课或综合练习课。走了样的"综合与实践"课，没有了学生的主动"实践"与探索，没有了生生之间的交流与合作。这样的"综合与实践"课不符合《义务教育数学课程标准》对"综合与实践"的价值定位与追求。

现实复杂，难度大。虽然"综合与实践"出现在教材中已有二十余年，但相对于其他成熟的知识内容而言，仍属于新领域的教学内容，并没有多少可以直接借鉴的经验；再加上"综合与实践"课型种类多、课程实施要求高（如学校硬件条件是否到位、研究内容与本校实践情况是否匹配等）、学生之间的差异大等现实问题，导致教师在实施"综合与实践"课时产生畏难情绪。

回首小学数学"综合与实践"的发展历程，我们不难发现，其实我们对

"综合与实践"的认识与实践仍然处于初级阶段。这一惨淡现状的根本原因在于广大教育工作者对数学"综合与实践"教育价值认识不够。"综合与实践"以培养学生的综合运用能力和动手实践能力为目的,以学生的自主参与为主,探究是其主要的学习活动方式。探究过程可以摆脱空间与时间限制,是有别于具体知识学习过程的真正的探索活动。学生在探究过程中运用数学思维与同伴合作交流、对话,积极反思,有利于他们把握探究的关键,形成数学的关键能力并内化为素养。由此不难看出,数学"综合与实践"课是积累活动经验、落实科学精神、学会学习、实践创新等多个素养的载体。

由于"综合与实践"课型类型较多,无法用较为稳定的课堂范式进行概括,因此本节的"为差异而教"并没有研究统一的"综合与实践"课堂范式,而是通过实践研究的案例形式,与大家分享我们在差异教学理念指导下,如何在小学数学的"综合与实践"中照顾并利用学生间的差异资源,实现由"各美其美"到"美美与共"。

一、教学案例

(一) 课题名称

苏教版小学数学五年级上册《钉子板上的多边形》。

(二) 教材分析

"钉子板上的多边形"是苏教版五年级上册安排的一次"综合与实践"教学内容。该课选材于皮克定理,从"综合与实践"课型特点上来分类,本节课属于"探索规律"型,是一次既有趣又有挑战性的"综合与实践"活动。有趣体现在"好玩"上。在钉子板上围图形、数钉子的枚数、算图形的面积,这些都是学生喜欢做、能够做的事情,他们乐意参与这次活动,主动探索的心理倾向比较强。有挑战性体现在"难度"上。由于钉子板上围出来的图形大多数不是规则图形,也不是简单图形,求它们的面积没有现成的方法可以使用,得出图形的面积比较难。而且,本次活动要探索围成的图形面

为差异而教：小学数学差异教学十五年探索与实践

积与图形边上的钉子枚数之间的关系，还要用含有字母的式子表达这种关系，这对于大部分学生而言是相当有难度的。当然也正是这样的"趣"与"难"，方能体现"综合与实践"活动的教育价值，有助于培养学生探索精神和数学思维能力，提升数学核心素养。

教材安排了四次活动，分别是：探索多边形内的钉子数是1时，面积与边上钉子数的关系；探索多边形的内部钉子数是2时，面积与边上钉子数的关系；探索多边形的内部钉子数是3、4……以及0时，面积与边上钉子数的关系；回顾和反思本次活动中获得的经验和体会。教材中呈现的学习内容层次分明、有序性强，由此我们不难看出这是编者基于小学生知识基础和思维特点而精心设计与编排的。然而，当认真回味以上设计时可以发现，"探索规律"型"综合与实践"课，其教学价值不仅仅在于得出规律，也不要求学生应用这些规律去解决实际问题，而是通过这些规律的探索和发现过程，让学生体会数学与生活的关系，帮助学生积累数学活动经验，感悟数学思想方法，发展数学思维能力，形成数学核心素养。这正是小学数学"综合与实践"课的价值追求所在。

（三）学生的差异分析

"钉子板上的多边形"属于"探索规律"型"综合与实践"课，其对于改善学生的学习方式、促进课程目标的整体实现有积极意义。一般情况下，该课型主要课堂教学模式为"创设情境、明确问题；围绕问题、拟定方案；自主探索、深度交流；回顾反思，设疑再探"。从照顾差异的角度出发、从培养核心素养（合作与交流）的角度出发，本节课采用的是异质组合作学习的方式，即课前根据学生的学习能力、知识基础、性格特点等情况有倾向性地进行分组，将不同能力水平的学生（即异质）放在同一小组学习。利用个体间的差异资源，让每个学生的核心素养都能获得最大限度的发展。

（四）教学目标

（1）发现钉子板上围成的多边形的面积，与围成的多边形边上的钉子数、多边形内部钉子数之间的关系。

（2）经历探索钉子板上围成的多边形面积与相关钉子数间的关系的过程，体会规律的复杂性和全面性，体会归纳思维，体会用字母表示关系的简洁性，发展观察、比较、推理、综合和抽象、概括等思维能力。

（3）获得探索规律成功的体验，树立学习数学的自信心，感受数学规律的奇妙，对数学产生好奇心，提高学习数学的兴趣和积极性。

（五）课堂实录

1. 创设情境，明确问题

课件出示钉子板。

师：这是什么？

生：钉子板。

教师要求学生抢答。(10秒之内说出答案)

钉子板上出示一个长方形。

师：它的面积是多少？

生：3平方厘米。

师：怎么想的？

生：数出来的。

钉子板上出示一个三角形。

师：它的面积是多少？

生：2平方厘米。

师：怎么想的？

生：2×3÷2＝3（平方厘米）

师小结：用数和算的方法都能求出图形的面积，解决问题时可以根据实际情况灵活选择。

钉子板上出示一个不规则图形。

师：它的面积是多少？

学生迟疑，短时间内没人举手。

师：这个图形较为复杂，我们虽然可以用割补的方法去解决，但10秒的时间肯定是不够的。那你们猜一猜，这个多边形的面积可能和什么有关？

生：和钉子数有关。

师追问：和哪里的钉子数有关？

生：和不规则图形边上的钉子数和不规则图形里面的钉子数有关。

师板书：图形的面积和图形内部钉子数以及边上钉子数有关。

【教学思考】抢答是学生争着表现自我的机会，调动了学生的学习积极性。课伊始的抢答设计有两个作用：一是通过简单图形的面积抢答梳理求钉子板上多边形面积的基本方法——数和算，这既为后面研究多边形的面积明晰方法、提高效率，也照顾不同层次学生解决问题时选择的不同策略，让学生明白当不能灵活运用公式计算简单图形面积时，数数也不失为一种好的方法；二是引发认知冲突，学生不能在短时间内得到较复杂图形的面积，教师需要引导学生探索和发现规律，并在交流中让学生初步体会到钉子板上多边形的面积与它边上的钉子数、内部的钉子数有关。

2. 围绕问题，拟定方案

师：多边形面积到底与图形内部钉子数和边上钉子数有什么样的关系呢，这就是我们这节课要研究的内容。

出示课题板贴"钉子板上的多边形"。

师：当我们研究的问题由两个因素决定时，该怎么办呢？小组讨论。（课件出示讨论的问题）

生：可以把内部钉子数确定为1或者2来进行研究。

师：就是确定内部钉子数不变。（板书：不变）去看边上钉子数的什么？

生：边上的钉子数的变化。（师板书：变化）

师：还可以怎样来研究？

生：先确定边上钉子数不变，研究内部钉子数的变化。

师小结：当我们在探究问题时，有两个变量对问题产生了影响，可以先确定其中一个变量不变，再去研究另一个变量的变化，看它有什么规律。也就是我们可以确定内部钉子数不变，研究边上钉子数的变化；也可以确定边

第六章 "为差异而教"的实践探索

上钉子数不变，研究内部钉子数的变化。这也是我们今天要学的研究方法。今天就从内部钉子数不变开始研究（板贴：多边形内的钉子数），看看多边形的面积数（板贴：多边形的面积数）和多边形边上的钉子数（板贴：多边形边上的钉子数）有什么关系？你想从哪一个内部钉子数开始研究？

生：1枚。（多边形内的钉子数下面板书1）

师：我们研究问题时通常从最简单的入手，那我们就从内部钉子数是1枚开始研究。

【教学思考】"综合与实践"不承载具体知识的教学任务，而是更加关注过程自身的价值[①]。因此，本节"综合与实践"课的教学目标并不在于让学生牢固掌握钉子板上多边形面积与钉子数之间的规律，并运用该规律进行问题解决，而是通过探索钉子板上多边形面积与钉子数之间的规律，积累一定的探索活动经验，养成科学探究的方法，从而由"学会"走向"会学"，从知识走向素养。面对钉子板上多边形面积大小与两个变量有关的探究课题，教学时并没有直接给予探究方案，而是通过引导让学生得出可以确定一个变量不变，有规律地改变另一个变量，来寻找该变量与问题之间的关系。其实这样的研究方法叫控制变量法，它是科学探究中的重要思想方法。通过这样的有效渗透，让学生从小培养科学探究的思想方法。可以这样说，"综合与实践"不仅需要培养学生的综合应用能力和动手实践能力，同时也要培养学生的科学探究意识和能力，从而形成科学探究的思想方法，这样的探究过程有助于发展学生的核心素养。

3. 自主探索，深度交流

探究多边形内有1枚钉子的规律。

出示例题。

师：观察一下这几个图形有什么共同点？

生：它们内部钉子只是1枚。（师课件出示图形，突出内部钉子数是1枚）

[①] 顾丽英，吴建亚. 打开数学教学的另一扇窗——浅谈"综合与实践"的教学价值[J]. 小学数学教育，2016（6）：2.

师：多边形上每两个钉子之间的距离是1厘米。1号图形的面积是多少呢？

生：2平方厘米。

师：边上钉子数有几枚？

生：4枚。

让学生上台指一指图形边上的钉子数，在学生回答后，课件强调图形边上钉子数。

出示探究单（一）。

师：你们能接着数一数、算一算，将剩下的表格填写完整吗？

出示要求：

①独立完成表格，写下发现；

②如果有困难，举手向老师请求帮助；

③完成后小组交流自己的发现。

学生独立思考；小组交流；全班交流。

师：仔细观察表格，你发现了什么？

生1：图形边上的钉子数除以2等于图形面积数。

生2：我还要补充一点，就是图形内部钉子数是1时才有这个规律。

师：为了更简洁、方便地表示出这个规律，我们可以用字母来表示。如果用 n 表示多边形上的钉子数，用 S 表示多边形的面积，那上面发现的这个规律用字母怎样表示？

生：$S=n\div 2$（师板书：$S=n\div 2$）

生2：我有补充，当 $a=1$ 时，$S=n\div 2$。

验证猜想。

师：当内部钉子数为1时，多边形的面积和多边形边上的钉子数之间真的存在这样的关系吗？我们需要进行验证。

要求：

①独立画出图形，填好表格；

②如果有困难，可从小组长那里拿钉子板围一围，填好表格。

第六章 "为差异而教"的实践探索

学生独立完成；指名汇报（4名学生）。

师：回顾刚才的探究过程，我们是怎么做的？

明确：在探究的过程中，先仔细观察，然后异中求同，提出猜想，最后通过验证，形成定论。

【教学思考】"多边形里有1枚钉子"这种情况下的钉子板上多边形面积规律是较为简单的，学生有能力进行自主学习，因此这一部分内容是完全放手让学生独立进行探究，并用自己的方法描述发现的规律。这样安排，一是可以帮助学生梳理求钉子板上多边形面积的方法，为后面的探究活动奠定基础；二是可以引发学生对钉子板上的多边形面积规律的好奇心和求知欲；三是为学生提供自主探究的机会，促使他们积极调动经验系统中有关探索规律的认知体验，感悟发现和提出问题的过程。学生在初步提出猜想后，通过同学之间的互相补充，明确规律适用的前提条件，使发现的规律在表述上更为精准。这也为后面研究多边形里有2枚及2枚以上钉子的情况打好了基础。此环节中有两处学生自主探究的机会。第一次自主探究时，教师要关注的是待优生在计算图形面积是否有障碍，同时也要关注他们是否能表述出自己的想法。第二次自主探究是对第一次探究后提出的猜想进行验证，同样也为不同层次学生提供了不同的探究手段。以核心素养为框架，尊重学生个体差异，在这样的探究过程中让学生获得对数学知识更为透彻的理解，激活数学素养中的活跃因子。

探究多边形内有2枚钉子的规律。

师：这个研究结束了吗？你还有什么新的问题吗？

生：内部钉子数是2枚的规律。

师：如果多边形内有2枚钉子（板书 $a=2$）时，会不会有同样的规律？（此时课件出示一个内部有2枚钉子的不规则图形）

出示探究要求，师解读活动要求，宣布活动开始。

要求：

①每6人一小组，每人画一个内部有2枚钉子的多边形，如果有困难，从小组长那里拿钉子板围一围；

243

为差异而教：小学数学差异教学十五年探索与实践

②数一数、算一算多边形的面积和它边上的钉子数，并填好表格；

③独立完成后向小组长汇报数据，组长汇总小组成员数据，完成任务单；

④观察表格中的数据，小组交流自己的发现，并记录下来。

在此过程中，如有困难可以寻求老师的帮助。

学生完成探究单（二）；教师巡视，选取完成迅速且具有典型性的小组作品，准备展示；小组汇报展示。

【教学思考】多边形的内部有 2 枚钉子时，它的面积与边上钉子数之间的关系是本节课的难点。因此，教学中专门设计了"探究单（二）"，通过 6 人小组合作自主探究，要求每人画一个内部有 2 枚钉子的多边形，数一数、算一算多边形的面积和它边上的钉子数，并填好表格完成后向小组长汇报数据，组长汇总小组成员数据，完成任务单，交流形成规律。此处同样照顾了不同层次的学生，为学生提供了多种可选择的解决问题的方法，引导学生自主经历"操作—比较—发现"的过程，并通过交流认识到由于全班同学利用不同的图形发现了相同的规律，同学之间的研究是可以相互印证的，所以无须再对获得的结论加以验证。这对于丰富学生探索规律的经验，培养他们灵活运用数学方法解决问题，获得数学活动的经验，形成数学核心素养是十分有益的。

探究多边形内有 3 枚及以上钉子的规律。

师：你们太了不起了，如此迅速地从不同的多边形中找到了两条规律。如果多边形内有 3 枚、4 枚……钉子，它的面积与它边上的钉子数的关系会怎样变化？

分组探究：$a=3$　$a=4$。

分组并编号。

师：在没画图前，对规律已经有了猜想的人请举手。那你们就完成红色的探究单（三）。(师手拿红色的探究单告知学生) 那剩下的人就完成黄色的探究单（三）。(师手拿黄色的探究单告知学生)

出示要求：

①如果你已有猜想，就先填猜想，再独立画出图形，填好表格；[红色探

第六章 "为差异而教"的实践探索

究单（三）][如果猜想错了，请完成黄色探究单（三）]

②如果你暂时没有猜想，那就先画图，再算出面积，填好表格；[黄色探究单（三）]

③有困难，可向小组长拿钉子板围一围，再填表格；

④独立完成后向组长汇报数据，小组讨论自己的发现。

在此过程中，如有困难可举手向老师请求帮助。

学生活动，教师巡视；小组汇报，验证。

师：$a=3$ 时，有什么规律？

小组1：$a=3$ 时，$S=n\div2+2$。

师：跟他发现一样的举手。

通过其余探究内部钉子数为3的小组进行验证。

师：当 $a=4$ 时呢？

生2：$a=4$，$S=n\div2+3$。(教师板书 $a=4$，$S=n\div2+3$)

通过其余探究内部钉子数为4的小组进行验证。

师手指板书，追问：你发现了什么？当 a 是5时，S 怎么表示？

生：$S=n\div2+4$

师：内部钉子数是10枚呢？

生：$S=n\div2+9$

师：你发现了什么？

生：式子中的加数都比图形内部钉子数少1。

师：如果 a 等于0呢？

生：$S=n\div2-1$

师：像这样的式子说得完吗？

生：说不完。

师：如果内部钉子数是 a，你能用式子表示图形面积吗？

生：用字母表示就是 $S=n\div2+(a-1)$。

师板书 $S=n\div2+(a-1)$。

【教学思考】 对于多边形的内部有3枚、4枚钉子的情况，则让学生选择

为差异而教：小学数学差异教学十五年探索与实践

一项以小组合作的方式展开研究，同时提出相对灵活的活动要求。探究单分层设计，可以直接填表完成红色作业单；如若不能就先画图再填表完成黄色作业单，为学生提供画图求面积的策略；还可以直接用钉子板解决问题，照顾了不同层次的学生差异。学生自主选择 a 等于几的情况来举例验证，既凸显了学生的主体性，又关照了不同层次学生的需求，有利于提高活动的参与度。而内部没有钉子的情况，则是在归纳出一般性规律之后，把它作为特例启发学生通过推理解决。整个教学过程，引导得法，收放有度，层层递进，环环相扣，使学生在充分感受数学研究一般方法的同时，不断积累数学活动经验，体验学习成功的喜悦，感受数学的独特魅力。在这个过程中，学生经历了发现规律的过程，产生对规律发现活动和过程的兴趣，培养了观察、比较、推理、归纳等逻辑思维能力，进一步体会了数学研究的方法，形成数学的关键能力并内化为素养。

4. 回顾反思，设疑再探

师：你们知道你们今天做了件什么事吗？我们今天研究的规律，是数学上著名的皮克定理。该定理被誉为有史以来"最重要的100个数学定理"之一。这么伟大的发现都被你们探究出来了，你们真的是太厉害了。如果你们有进一步学习的需求，可以读读闵嗣鹤的《格点和面积》。

师：回顾这节课探索和发现规律的过程，你有什么收获要与大家分享？

生：我们在研究问题遇到两个因素时，我们一般先确定一个因素不变，再去研究另外一个因素的变化。

师：今天我们确定的是多边形内部的钉子数不变，即 a 不变时，S 与 n 之间的关系；那如果多边形上的钉子数不变，即 n 不变时，S 与 a 之间又有什么关系呢？我们应从几开始研究？你能仿照本课的探究方法找到规律吗？下课的时候看哪个小组最先找到规律。

【教学思考】介绍皮克定理及相关著作，一方面渗透了数学文化，另一方面将学生探寻的目光引向课外，拓宽了学生的视野。回顾的过程，其实就是反思的过程，也是感悟学习的方法、积累学习的经验的过程。这样的回顾与反思，有助于学生进一步明确探究的思路、把握探究的关键、感受探究活动所蕴含的数学思想方法，也有利于将探究真正内化为一种学习意识和学习素养。最后的"再探"其实是一种延伸，一种数学思想方法的延伸，一种不断探索未知精神的延伸。

二、同行评课

小学数学中的"综合与实践"板块承载着培育学生核心素养的重要使命，这也是"综合与实践"板块存在的重要价值。具体而言，就运用某一个或某一些知识解决实际问题的过程关系到与具体知识相关联的核心素养的培养。而就其独特性而言，"综合与实践"领域是"积累活动经验，落实科学精神、学会学习、实践创新等多个素养的载体"。《义务教育数学课程标准（2022年版）》通过主题式或项目式学习活动，设计并凸显了跨学科学习，让学生在具有挑战性的任务中综合运用数学知识和其他学科知识方法分析、解决问题，这对于培养学生的创新意识有着不可替代的作用。

然而多年以来，小学数学"综合与实践"教学问题依然存在，由于重知识传授轻素养养成、重结论求解轻过程探究、重机械训练轻自我反思等原因的存在，"综合与实践"所承载的培养创新意识的成效没有得到有效彰显。如何突破这一教学困境，让小学数学核心素养在"综合与实践"领域生根发芽，尤其是培养适应未来社会具有创新意识的人才方面实现新的突破？用差异教学理念改造的"钉子板上的多边形"一课为我们作出了这样的努力和尝试。

（一）确立高位价值，在差异中追求统一

任何教学都由价值引领，什么样的价值决定什么样的课堂。教学价值存在高低，高位引领和低位引领的区别如同带领学生登山：高位引领能够让学生看到更多更美的风景，获得更为深刻的感受和人生体验；而低位引领只注重让学生尽快到达现实的目的地，忽略了对学生精神的关照和可能性的发现，远处的风景成为缥缈的幻想。在差异教学的理念下，"钉子板上的多边形"既关注学生的结果学习目标，如"发现钉子板上围成的多边形的面积，与围成

的多边形边上的钉子数、多边形内部钉子数之间的关系"，又强调过程学习目标，注重"经历""体会"等关键期，更为重要的是注重了结果与过程的统一。从教师和学生共同探讨研究方法，到新的研究问题的产生等，这些都无不表明"钉子板上的多边形"并不在于让学生牢固掌握钉子板上多边形面积与钉子数之间的规律并运用该规律解决问题，而是通过探索钉子板上多边形面积与钉子数之间的规律，积累探索活动经验，养成科学探究方法，从而由"学会"走向"会学"，从知识走向素养。学生的经历是实实在在的，学生的体会是多姿多彩的，自然学习结果是生动有效的。虽然现实中每个学生都是有差异的，但是差异中应该有统一。这种统一是价值的统一，是教学的高位价值的师生共识。这是差异教学改造的"钉子板上的多边形"一课给我们的第一个重要启示。

（二）强化路径支持，在选择中达成协同

"照顾差异"不是压高就低，更不是放任高低，而是帮助每个学生寻找到自己的优势，并不断突破自我的局限，放大成长的空间，从而共同奏响学习协奏曲。实现差异教学的关键在于教师学会如何帮助学生找到自己的优势并给予有效的支持，所以"照顾差异是一项复杂而细致的工作，需要教师付出更多的时间和精力"。其中最为复杂的是在选择中如何达成协同。以"钉子板上的多边形"一课为例，在"创设情境，明确问题"环节，教师认为不同层次学生解决问题可以选择不同的策略，学生可以选择"数"，也可以选择"算"，师生始终保持一种开放的视野。更为重要的是教师在引导学生开展深入研究的时候，对于"研究的问题有两个因素决定时该怎么办"的核心问题，让学生进行了充分讨论，从而形成研究路径：可以确定内部钉子数不变，再研究边上的钉子数的变化；或者先确定边上钉子数不变，研究内部钉子数的变化。最终师生达成研究共识："我们研究问题时通常从最简单的入手，那我们就从内部钉子数是1枚开始研究。"在教学方法上，无论是具体的学习策略，还是进一步深入的学习主题，差异教学强调学习路径的支持，始终为学生敞开学习的怀抱，强调将不同的学生引领到精彩纷呈的数学世界中来。

（三）注重深度反思，在沉淀中实现拓展

"差异发展"既是过程，也是结果，其核心在于"发展"。"差异发展"是发展的本真要义。作为过程的差异发展，其中一个重要的观察要素是学生的反思性表达。差异教学注重学生的反思性表达，引导学生逐步走向深度反思，从而实现作为结果的真实意义上的差异发展。在"钉子板上的多边形"一课中，教学的每一个环节都有促使学生进行高质量反思的"按钮"。如在"创设情境，明确问题"环节，教师问："这个图形较为复杂，我们虽然可以用割补的方法去解决，但10秒的时间肯定是不够的。那你们猜一猜，这个多边形的面积可能和什么有关？"这里教师将学生从旧有的经验中引导到关系的思考中。在"自主探索，深度交流"环节中，当学生对发现的规律进行了验证之后，教师引导学生"回顾刚才的探究过程，我们是怎么做的"，将学生从对结果确定性的喜悦中转移到对过程的回顾与反思中。在探究多边形内有2枚钉子的规律之后，教师紧接着抛出问题："这个研究结束了吗？你还有什么新的问题吗？"从而让研究的视野从眼前拓展到未知的领域。在"回顾反思，设疑再探"环节中，教师更是注重引导学生从探索和发现规律的过程开始，关注某一类问题的研究方法，进而引发学生用相同方法研究不同问题的兴趣，让差异发展从课堂拓展到了课外，从当下拓展到了未来。

教学因差异而充满生机与活力。"钉子板上的多边形"这一节课很好地体现了差异教学的核心追求，即在尊重差异的前提下，充分做到照顾差异，最终实现学生差异发展。

(扬州市蜀冈—瘦西湖风景名胜区小学数学教研员　赵庆林)

参考文献

[1] 华国栋. 差异教学论［M］. 北京：教育科学出版社，2001.

[2] 华国栋. 差异教学策略［M］. 北京：北京师范大学出版社，2009.

[3] 华国栋. 差异教育学［M］. 北京：教育科学出版社，2023.

[4] 荷克丝. 差异教学——帮助每个学生获得成功［M］. 杨希洁，译. 北京：中国轻工业出版社，2004.

[5] 石鸥. 选择一种课程就是选择一种未来［J］. 中国教育学刊，2003（2）.

[6] 鲍明丽. 个性化教学的课堂特征与实践途径［J］. 现代中小学教育，2013（4）.

[7] 李炜. 新课程课堂教学从弹性预设到动态生成［J］. 当代教育科学，2005（10）.

[8] 沈金寿. 新课程理念下数学生成教学的探讨［J］. 福建（中学数学），2006（8）.

[9] 程向阳，华国栋. 学生差异资源的教育教学价值初探［J］. 教育研究，2006（2）.

[10] 马思腾，褚宏启. 基于学生核心素养发展的学情分析［J］. 现代教育管理，2019（5）.

[11] 燕学敏，华国栋. 差异教学课堂模式的理论建构与实践探索［J］. 教育理论与实践，2020，40（17）.

[12] 许卫兵. 磨·模·魔——小学数学建模教学的程序思考［J］. 江苏教

育，2011（3）.

[13] 曹培英. 小学数学学科核心素养及其培育的基本路径［J］. 课程. 教材. 教法，2017（2）.

[14] 燕学敏. 中小学课堂差异教学评价体系的建构与反思［J］. 教育理论与实践，2021，41（11）.

[15] 侯正海，徐文彬. 试论小学数学抽象教学的时机把握［J］. 课程. 教材. 教法，2013（9）.

后 记

当笔者为这本书敲上最后一个句号时,万般思绪涌上心头。回首这段漫长而又充满挑战的研究之旅,无数的画面如电影般在脑海中一一闪过。这本书凝聚了太多人的心血与付出,也承载着笔者对教育事业的执着与热爱。

"为差异而教"这一教学主张的提出与实践,并非一蹴而就,而是经历了漫长的探索与磨合。在这个过程中,笔者遇到了许多人,他们给予了无私的帮助和支持,让笔者在教育的道路上不断前行。在此,笔者要向所有提供过帮助的人表示最诚挚的感谢。

首先要感谢帮助指导过我的教育专家和学者们。中国教育科学研究院研究员华国栋教授,因为您,我才遇到差异教学、走进差异教学,并在您的鼓励下,潜心于差异教学研究,您的谆谆教诲让我有了长足进步;北京师范大学石欧教授,您在百忙之中为本书提出了宝贵的建议,您的耐心指导让我倍感荣幸,受益匪浅;笔者还要感谢导师——南京大学教育研究院原院长、陶行知教师教育学院原执行院长王运来教授,在这一教学主张提炼的过程中,您给予了我太多的鼓励与支持。同时,笔者还要感谢江苏省第二批"苏教名家"小幼职教所有导师与同学们,在导师们的指导与鞭策下,在小伙伴们的交流与学习中,笔者拓宽了自己的教育视野,提升了自己的教育理念。

其次,笔者要感谢同事们。感谢林俊、孙冬梅、于蓉、黄元虎、王卫东、杨春燕等同志的鼎力相助;感谢育才实验差异教学研究团队以及扬州市杨宏

后 记

权小学数学名师工作室的小伙伴们的全力相助,感动感恩永在我心。在教学研究的过程中,我们一起探讨、一起实践、一起反思。我们共同分享教学中的点滴经验,共同解决遇到的问题。正是因为有了大家的陪伴、付出与创新,笔者的教学主张才得以不断完善和发展。我们一起吃过苦,一起为了一个教学目标而努力奋斗。那些一起加班备课、一起观摩课堂、一起研讨教学问题的日子,将永远铭刻于心。

笔者要感谢自己的家人。他们在笔者忙碌于教学研究的日子里,给予了充分的理解和支持。他们的爱与关怀,是笔者求知探索的动力,更是困顿、疲惫时的一束光。

此外,笔者还要感谢学生们。他们是笔者教学主张的实践者和检验者。他们的差异和个性,让笔者深刻认识到"为差异而教"的重要性。在课堂上,他们的积极参与和反馈,让笔者不断调整教学方法,提高教学质量。他们的成长与进步,是对笔者最大的鼓励和回报。

这本书的出版,对于笔者来说,仅仅是"为差异而教"教学主张研究的一个新起点。笔者深知未来的日子还有很长的路要走,还有很多的挑战需要面对。但是,笔者坚信,只要我们始终坚持以学生为中心,关注学生的差异,为每个学生提供适合的教育,我们就一定能够让每一朵花都绽放出属于自己的美丽。接下来,笔者将继续带着对教育事业的热爱和执着,朝着胜利的远方继续前行。笔者会不断地学习和探索,不断地完善和发展"为差异而教"的教学主张;会更加深入地研究学生的差异,探索更加有效的教学方法和策略;会努力提高自己的教学水平,为学生的成长和发展贡献自己的力量。同时,笔者也希望更多的教育工作者能够关注学生的差异,积极践行"为差异而教"的教学理念。让我们共同努力,为学生创造一个更加公平、更加优质的教育环境,让每一个学生都能够在教育的阳光下茁壮成长。

最后,再次感谢所有在笔者成长道路上给予帮助和支持的人。是你们让我相信,教育是一项充满希望和爱的事业。笔者将永远怀揣着这份感恩之心,在教育的道路上不断前行,为实现教育的公平与优质而努力奋斗。笔者相信,只要我们坚持不懈地努力,"为差异而教"的教学主张一定能够

为差异而教：小学数学差异教学十五年探索与实践

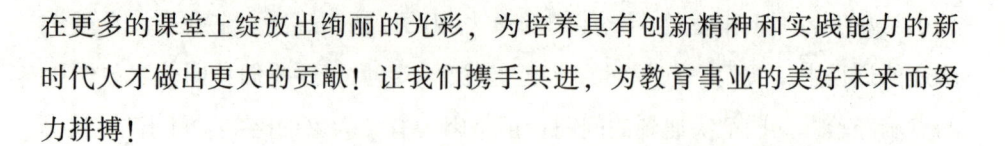

在更多的课堂上绽放出绚丽的光彩，为培养具有创新精神和实践能力的新时代人才做出更大的贡献！让我们携手共进，为教育事业的美好未来而努力拼搏！

杨宏权
2024 年 11 月